中国式现代化：一个比较现代化的审视

*Modernization and the Chinese Path
to Modernization*

现代化与
中国式现代化

任剑涛 著

天津出版传媒集团

天津人民出版社

图书在版编目（CIP）数据

现代化与中国式现代化 / 任剑涛著. -- 天津 ： 天
津人民出版社，2025. 1. -- ISBN 978-7-201-20893-0

Ⅰ．D61

中国国家版本馆 CIP 数据核字第 2024DX3497 号

现代化与中国式现代化

XIANDAIHUA YU ZHONGGUOSHI XIANDAIHUA

出　　版	天津人民出版社
出 版 人	刘锦泉
地　　址	天津市和平区西康路 35 号康岳大厦
邮政编码	300051
邮购电话	(022)23332469
电子信箱	reader@tjrmcbs.com

策划编辑	郑　玥
责任编辑	郭雨莹
封面设计	李　一

印　　刷	天津新华印务有限公司
经　　销	新华书店
开　　本	710 毫米×1000 毫米　1/16
印　　张	18.25
插　　页	2
字　　数	240 千字
版次印次	2025 年 1 月第 1 版　2025 年 1 月第 1 次印刷
定　　价	82.00 元

绪　言

　　2022年末,"中国式现代化"成为高频热词。一时间,杂志的编辑们不约而同地约我撰写这一主题的文章。因为我一向耳根很软,对杂志编辑们的约稿都会以积极的态度回应。不意围绕这一主题,在大半年内写了六篇直接讨论"中国式现代化"的文章。加上为其他杂志撰写的相近主题文章,正好编辑在一起,成为一本小书。

　　现代化问题本来不是我关心的学术主题。一方面是因为这个论题在20世纪90年代文学界掀起现代性讨论以后,已经冷却了不短时间,学术界不大提及现代化,相关的学术讨论几近冻结。我不能免俗,所以也很少涉及这个论域。另一方面是因为现代化论域相当宏大,不知从何下手才能说出点新意,因此避之再三,不置一言。从一个社会领域,或政治、或经济、或社会文化切入现代化论题,一定有挂一漏万之憾;而从整体上论述现代化问题,学力不逮,会有信口胡言之险。再一方面,现代化的国家与全球走向,在近期都显得复杂起来、前景晦暗不明,不仅难以厘清事实,而且很难进行评价。这对现代化的学术研究来讲,是一个横亘在学者面前的巨大难题。因此,现代化论题似乎隐匿起来的状态,就再正常不过了。

　　党的二十大重提现代化问题,并明确将"中国式现代化"作为中国现代化发展的目标模式,给了人们重新探讨现代化问题的政治契机。政治总是中国制造学术热词最强有力的力量。但如何抓住相应出现的学术契机,对现代化有一个更为合理的认知,对"中国式现代化"有一个政治与政策之外的学术梳理,还需要不同学科,在世界现代史、中国大历史、中国当代史的视角进行复合的解释。这是一个大工程。非中国学术界与国际学术界携手而为,难以奏效。但势单力薄如我,自知很难对现代化理论做出啥突破性贡献,却不愿意袖手旁观,对关乎中国前途与人类命运的大问题视而不见。故而有此书之作,尝试从个人角度来解读现代化全球进程中的中国式现代化问题。因为是应时之作,肯定会受到时事政治的影响,但我尽力将时事政治中包含的学理内容展现出来,以便与同道一起,将"中国式现代化"命题中的特殊意蕴与普适内涵呈现出来。以此,对现代化理论或实践的推进略尽绵薄之力。

至于这一论题的深层学理之揭橥,有待进一步的努力。

目 录

探寻历史：
在现代化史脉络中理解中国式现代化

　　"中国式现代化"是一个新命题。这一命题，既是中国现代化自晚明开启其进程以来的、一个中国现代化当下模式的概括，也是世界现代化史持续五百余年发展的一个中国果实。只有在现代化史的脉络中，才能找到理解中国式现代化的锁钥。现代化史展现出高度关联的社会环节，构成了现代化史的复杂性与中心性线索：在现代化的世界史这个大历史线索中，认识中国式现代化的小历史；在现代化的世界史这个国别结构图中，辨认中国式现代化的驱动力。"中国式现代化"一定是现代化的政治、经济与文化诸方面的一个合成结构。但世界现代化史并不将中国式现代化标示为绝对例外的历史产物，它约束并规定着中国式现代化的基本特性：现代化是上位特征，中国式是下位特征，现代中国历史被现代化规定了国家方向与发展状态。

探寻历史：
在现代化史脉络中理解中国式现代化

"中国式现代化"是党的二十大正式提出的一个命题。这是一个政治命题，也是一个学术命题。从政治命题上讲，其目的是为了统一思想、凝聚共识、设定目标、指引发展；从学术命题上看，可以在多个维度上展开中国现代化的认识史。其中一个维度，就是从现代化史的脉络来理解中国式现代化。理解"中国式现代化"的现代化史的角度，在总体上归属于历史学范畴。历史学的分析，这也是我们中国人比较熟悉的、自古至今延续的一个思维模式。但是历史学的分析并不是直接从历史中抽取出政治结论的活动。从历史中引申的、对中国式现代化的认识模式，是试图在活的历史进程中，理解中国式现代化。从现代化的总体进程来讲，现代化的进程是一个世界进程、国家表现；从现代化的世界与国别关系来讲，大历史与小历史、全球史与国别史、规范性与例外性，构成认识"中国式现代化"的历史坐标。

一、现代化：话语重启与世界进程

在中国，"中国式现代化"可以说是对现代化话语的重启。在党的二十大报告中，有两段话可以作为重启现代化话语的强势表述。一段话是，"从现在起，中国共产党的中心任务就是团结带领全国各族人民全面建成社会主义现代化强国、实现第二个百年奋斗目标，以中国式现代化全面推进中华民族伟大复兴"①。另一段话是，"中国式现代化，是中国共产党领导的社会主义现代化，既有各国现代化的共同特征，更有基于自己国情的中国特色"②。正是这两段话，将中国式现代化的历史内涵凸显出来：前一段话将中国式现代化前一百年与未来一百年关联起来，从而将二十、二十一世纪的中国现代化进程连接起来，将中国现代化的历史的丰富内涵灌注其中；后一段话则将中国现代化史与世界现代化史关联起来，从而将中国现代化历程放置到世界现代化的长时段中关照，同时将世界现代化史的当下进程放置到中国这一特定空间中加以审视。前一段话凸显的是中国自身历史变迁所指示的现代化方向：一个曾经领先世界的大国，在世界现代化史相当长的一段时期落后于世界步伐，如今，以国内生产总值的疾速增长，以及在此基础上的综合国力提升，将重现其历史辉煌；后一段话凸显的是中国式现代化受全球现代化进程的驱动，体现了世界现代化史的总体特征，在此基础上又表现出中国现代化的国家特点，因此为世界现代化史增添了颇具中国国家特色的新意蕴。

分析起来，中国的"现代化"（modernization）话语，已经退场将近30年。退场，不是指存在性隐退，即从中国的话语场中彻底消失；而是指重要性退场，即现代化话语不再成为像20世纪80年代那样令人瞩目的核心话题。这与自1990年起始的中国话语场重大转变直接相关：在90年代，由于反思现代化进程的缺失以及现代化话语的缺陷，中国引入了"现代性"（modernity）话语。③现代性成为现代化的话语替代者。现代性话语对仍然在展开中的现代化世界进程缺乏认同性关注，因此对现代化的社会变迁甚少关注，其关

---

①② 习近平：《高举中国特色社会主义伟大旗帜 为全面建设社会主义现代化国家而团结奋斗——在中国共产党第二十次全国代表大会上的报告》（2022年10月16日），《人民日报》，2022年10月26日。

③ 参见曾军：《从"一种现代性"到"两种现代性"——对20世纪90年代以来中国文学研究中的"现代性"话语的反思》，《西北师范大学学报》（社会科学版），2004年第6期。

注的焦点是现代性的非西方贡献以及西方现代化的缺陷。同时，也由于现代化进程中呈现出曲折起伏的状态，不如人们所意料得那样一往无前，故人们对广义的非西方国家现代化前景很难做出准确描述与分析。这就让现代性话语旨在反思现代化缺陷、将现代化扩展为一个不是由西方国家驱动，而是由全球自驱、贯通古今的漫长演进过程。据此，似乎更为平等地看待了西方国家与非西方国家对现代化所做的贡献，这是现代性话语广泛流行开来的缘由。它不仅在西方国家的人文社会科学话语场中盛行，而且也成为全球现代话语的一个流行范式。在现代性话语流行于中国差不多30年的时间里，人们对现代化社会变迁的关注，逐渐弱于对现代性问题的热议。直到党的二十大报告提出"中国式现代化"概念，才再次将现代化重新安顿在中国社会中心议题的位置上。

如前引述，中国式现代化不仅强调现代化的中国特色，更凸显其世界共性。这是需要从两个角度分别呈现的现代化史内涵。由于自1840年以来，中国愈来愈将国家目光聚焦在"中国向何处去"的问题上，因此国家关怀强烈到抑制了世界眼光。故而，在中国现代化的国家特色与世界共性之间，需要将审视的目光首先投向后者。就此而言，需要明确强调的是，一部现代化史，就是一部世界进程史；一部世界现代史，就是一部现代化史。这可以从现代化的时间线索与空间结构两个维度加以认知：就前者讲，现代化的世界进程起于16世纪到19世纪，这一时期出现了现代化和传统社会运作模式的"大分流"。[①]一般而言，人们将"大分流"理解为东西社会的大分流，其实这一理解相对狭隘了一点。因为所谓东西社会，实际上就是欧亚社会。这是

---

① 对"大分流"进行系统论证的，是加州大学彭慕兰的《大分流：欧洲、中国及现代世界经济的发展》。彭对两个时间节点尤为强调，一是1800年以前东西方社会变迁过程的相似性，二是1800年以后欧洲在资本主义、市场成长与工业革命表现出独异性，从而成就了"欧洲奇迹"。参见该书史建云译本，江苏人民出版社，2003年，第1~4页。

一个以欧亚大陆为背景论述的世界史,是一个陆权时代的概念。

实际上,人类社会的地域非常广袤,政治体繁多,发展状态非常复杂。起之于16世纪止于19世纪的大分流,可以说是欧洲社会区别于非欧洲社会,包括亚非拉与发达的欧美之间的一个分流。从历史视角看,起至16世纪的现代化世界总体进程,在大分流之前就开启了它不短的历史积累过程。从13世纪的英格兰肇始,历经4个多世纪的渐进推进,终于在17世纪后期生成了第一个现代国家。而在英格兰建构现代国家的过程中,因为对法国的战争,也同时推动了欧洲大陆的种种变革。欧洲大陆内部的种种新生因素的持续发展,让欧洲地区成为人类现代转变的第一个区域:在拿破仑横扫欧洲的情况下,"马背上的世界精神"将现代化国家方案带给了整个欧洲。①美国革命将英国的现代建国方案创造性移植过去,促使北美地区转型为现代国家,使之成为现代化的第二个区域。接着,现代化浪潮席卷欧美以外的世界其他地区,让现代化的世界进程上演了一幕幕从地区到国家、再到区域,最后到全球的历史大剧。现代化的近期发展,竞争的是全球现代化的第三个区域。惜乎从20世纪的七八十年代的南美到同一个世纪八九十年代的东亚,第三个现代化区域都曾崭露轮廓,但未能正式落地。

就后者即现代化的空间扩展来看,作为一个世界历史进程的现代化,以三个势不可挡地呈现出的全世界意味的特征展示给世人:

一者,由科技带动,以市场经济推进,促成了全球市场经济体系。按马克思、恩格斯的说法,"不断扩大产品销路的需要,驱使资产阶级奔走于全球各地。它必须到处落户,到处开发,到处建立联系。资产阶级,由于开拓了世界市场,使一切国家的生产和消费都成为世界性的了"②。这是马克思、恩格斯对资本主义经济的先知性预见,现代资本主义经济不断拓展市场空间,

---

① 参见钱乘旦等:《走向现代国家之路》,四川人民出版社,1987年,第83~149页。
② 《马克思恩格斯选集》(第一卷),人民出版社,1972年,第254页。

以跨国公司与国际资本集团为载体,确实将其发展初期的地区市场、成型期的统一国家市场,最终打造成全球市场。经济的现代化由此构成了世界现代化进程最直接而强劲的动力。由于现代化的世界进程直接根植于人类的物质财富生产过程之中,因此经济的现代一体化有力地推动了全球经济的共同进步。中国人在80年代熟稔于心的"国际经济大循环",就正是对一个不可阻挡的、席卷全球的现代化世界进程的反映;进而,以中国特色社会主义市场经济体制的确立,宣告了中国融入市场经济的全球体系。

二者,现代化进程表现为现代政治机制的形成。现代政制也就是现代民主政体,从个别国家推向全球范围,构成现代化世界进程的另一大特点。溯源及流,现代政制起源于英格兰13世纪的宪政变革运动,也就是人所熟知的大宪章的签署,到1688年光荣革命方始确立起立宪民主政体。经由法国大革命,现代政制不仅具有了不同于传统的政治基本价值和制度设计的基本框架,而且开启了它的世界历史进程。这个世界化过程,呈现出的一条基本线索是:从英格兰到英国其他地区、再到西欧、中欧、东欧、北美、亚洲、非洲、拉丁美洲。依宪治国的政制成为一个限权的民主化、世界化进程。这一进程,在亨廷顿那里被表述为民主三波,"第一波民主化起源于美国革命与法国革命",在约100年的时间里,在30多个国家中生成了最低限度的全国性民主制度;"第二波短短的民主化始于第二次世界大战",民主的世界进程略有推进;"第三波民主化,……尽管碰到了抵制和挫折,迈向民主化的运动变成几乎是势不可挡的世界潮流,而且从一个胜利走向另一个胜利"[1]。在民主三波中伴有两次回流,但总体上民主的世界化进程线索是清晰可见的。在中国,关于民主一度流行的否定性批判,最终以"全过程人民民主"的一锤定音,宣告中国现代化进程对民主的承诺。

---

[1] [美]亨廷顿:《第三波——20世纪后期民主化浪潮》,刘军宁译,上海三联书店,1998年,第15~21页。

三者,现代化进程塑就了全球趋同的社会生活方式。简单地讲,就是在政治理念上让长期混生的公私领域显著分流;在实体运作上,公私生活呈现出一种高度关联的嵌套状态。公和私的清晰界限、基于公和私分化后的互动,是西欧在现代早期对人类生活的独特贡献。这样的生活方式也从欧洲席卷全球。全球大流动对生活空间的拓展,日常生活中呈现的公私生活划界,人们不再以公共生活为人生唯一目的所寄;在公共生活之外拓展广泛的私人生活空间,公共权力以保护私人空间不受侵犯,私人不再直接将自己的私性生活推演到公共领域。这些现代生活样态,逐渐成为全球趋同的生活模式。"公共-私人二分体的现代剥离不仅使它们从传统与社会实践共同场域分离一事成为必要,而且彼此分离:将公共从私人中分出。"①这是一个极为重要的现代面相:一者它意味着公共,尤其是公共权力不再能随意干预私人生活;二者标志着私人生活具有其划定的固有区域,可以接受公权力的合法介入,但要求公权力按照法律行事。在中国,随着《中华人民共和国民法典》的颁布实施,公私、私私关系的清晰划界,这样的生活方式有了法律保障。

从现代化世界进程的上述三个意义上,可以推出一个基本结论:现代化确实是一个不可阻挡的世界潮流。因为在总体性社会的政治、经济、社会这些主要构成要素上,均呈现出现代化的全球性和世界化驱动力。三者的合力,不仅直接推动了现代化的世界化进程,也成为现代化的世界进程的动力机制。可以说,现代化的世界进程,不是哪个国家愿不愿意接受的问题,而是一个国家怎么接受的问题。其间的差别体现为:在不同国家,由于现代转变的目标存在一个先后顺序的问题,因此现代化发展程度出现明显差别;也因为在发展位置上存在一个先后次序的问题,因此现代化的优势呈现与

---

① [美]迈克尔·麦吉恩:《家庭生活秘史》,胡振明译,华东师范大学出版社,2022年,第4页。

劣势克制存在明显落差;还因为在实现现代化目标的结果状态上呈现为一个先后、优劣的问题,因此不同国家的现代化完成度的差异相当悬殊。需要进一步强调的是,上述的世界现代化进程,是以国家作为主体单位推进的。在这一特定意义上,现代化并不是一个自动自发的世界进程,而是由国家权力与社会力量共同推动的现代化变迁。在国家权力是不是规范地作用于现代化进程上面,不同国家之间存在广泛差异,这是国家间的现代化结果产生重大差异的决定性原因。

二、现代化三波

可以说,一部世界现代化史,在形式结构上,被限定在民族国家的框架里;在实质结构上,呈现在前述的统一时间线索与空间结构组合中。世界范围的现代化史,不是自始至终都展现为"世界的"面目,相反,它展现于实实在在的具体国家进程之中。如此一说,是不是构成对现代化世界史的挑战呢? 既然现代化世界史是由国家史所构成的,那不如在一个一个具体国家的范围内去具体认识现代化史,那样岂不更为切实和可靠呢? 这是一个需要分析的断言。在现代化的世界史总是从国别史体现出来的意义上讲,离开具体国家所言说的现代化史确实是不存在的。因此,确实需要从具体国家的现代化状态上去认知现代化的世界进程。但从现代化之所以被命名为现代化来讲,就是因为它超出了一个具体国家而具有的国家间共性:其不仅体现为任何国家免不了被卷入现代化的世界洪流之中,而且在一波接一波的现代化世界大潮中,国家间的发展所呈现的政治经济与文化趋同性特点,愈来愈令人瞩目。

在现代化的世界进程中,国家的发展程度高低,主要是看它规不规范、现不现代;而对国家自身的现代进程来讲,则看其是否可以建构规范的政体,并且按照规范政体的原则持恒地运行下去。就此而言,其一,现代化的世界史起点,就是那个为现代世界确立起国家典范的国度开始其现代化进程的时间点,这是现代化世界史开其端绪的重要标志。从时间上讲,从13世纪开其端绪,到17世纪中后期结出现代国家的果实;从空间上讲,大致限于英格兰范围。对此,不是说其他国家就没有现代因素的浮现、成长和成熟,但从总体上讲,没有任何其他国家能与英格兰的现代化开端和发展媲美。其二,当现代化的国家典范溢出其原生国家范围,并且与其他国家的现代化内驱力相互结合的时候,它就获得了世界范围扩展的强有力支点,构成现代化的世界史进程的第一波浪潮。其时空要素可以表述为:17、18世纪的西欧、中欧部分国家,是为此轮现代化世界史进程的重要载体。现代化世界史的第一波,卷入其中的基本是欧洲文化圈的国家,因此以其文化同质性,呈现出现代化世界史的欧洲特性。这是现代化世界史从英格兰经由法国,扩展到整个欧洲,因此浮现现代化的欧洲中心或西方中心论的缘故。

现代化世界史的第二波浪潮是从19世纪的欧洲文化圈扩展到亚洲,尤其是东亚文化圈,这是现代化向相异文化圈的扩展进程。在这一波现代化的世界进程中,极少数非西欧国家如日本、中欧的德国,得以跻身现代化国家行列,证明了现代化并不是西欧文化的单一产品。现代化世界大潮的真正到来,是在20世纪现代化世界史的第三波浪潮到来之际,这让当今世界上的所有国家都被卷入现代化进程之中:尽管取得令人瞩目的现代化成就的国家仍然不是很多,但在现代社会的不同领域中,尤其是在经济成长的特定领域中,呈现现代化轮廓的亚洲、非洲与拉丁美洲国家愈来愈多。此间,像以前那样明确采取反现代化立场的国家愈来愈少,而认同现代化目标的国家愈来愈多;抗拒现代化的思想主张明显减少,而促成对现代化世界史做出不同于西方国家贡献的国度明显增多。

对此可以做相对详实的回顾。现代化的世界史起始点确定无疑是在13

世纪的英格兰。①英格兰以政治现代化奠基,在此基础上寻求经济现代化,终于在第一次工业革命时期,成为一个政治、经济、文化多重意义上的总体性现代国家。英格兰以此为所有后来尝试实现现代化的国家垂范。"从12世纪开始,英格兰与欧洲大部分地区之间发生了一次大分流,在英格兰,前文描述的所有特点不仅延续下来,而且有增无已:反城市主义,商贸天赋,共同体的缺位,法官和陪审团的共同审理,普通法的非成文法性质,法律意义上的不同身份群体的缺位,教会与君王之间的张力,核心家庭体系——以夫妻关系为核心,妇女相对平等,子女没有天生继承权;所有这些表征都在持续和巩固。"②而13—18世纪的欧洲大陆,似乎走向了相反的方向。

英格兰则在立宪政制与社会经济成长的相互推动下,于17世纪最终确立了立宪君主政制,18世纪开创了现代工业文明,成为政治、经济与社会携手发展的、完整意义上的现代国家,并因此成为整个欧洲发展的引擎。"有不少事物历来被认为是英格兰的'出口产品',其中较重要的有工业革命、农业革命、民主政治范式、英格兰法律的多项原则、现代科学的多个侧面、包括铁路在内的多项技术。"③英格兰确实是当之无愧的第一个现代典范国家。一旦将现代化的世界史起点确定在13世纪的英格兰,那么世界现代化史的"英格兰中心"也就挺立起来,曾经困扰非西方国家的"欧洲中心论""西方中心论"也就不攻自破,让这些国家踌躇在西方与在自己之间如何选边站,如何避免所谓学习西方的理智与捍卫传统的情感之间的对峙。这样的困境,不再构成人们面对现代化挑战在心理上犹疑的观念障碍:因为从西欧开始,再

---

① 这是一个以1215年英国贵族与约翰王签署《大宪章》为政治限权标志的现代化起始说,在人类学家眼中,12世纪的英格兰社会已经浮现一些现代因素,后引历史人类学家麦克法兰的辨析,堪为代表。

② [英]艾伦·麦克法兰:《现代世界的诞生》,管可秾译,上海人民出版社,2013年,第349~350页。

③ 同上,第357页。

到中欧、东欧，也是学习英格兰而开启其现代化进程的。是英格兰一个国家，而不是大不列颠一个地区，将现代化方案贡献给整个世界的。①因此，在东西社会、中西社会的恩恩怨怨中难以被认取的现代化方案，也就不应被视为"西化"方案。

因为今日大多数西方国家，是承惠于英格兰才成为现代国家的。现代化突破英格兰范围，向西欧扩展，直接推动了"世仇"法国的现代化转变。同处西欧的法国，曾经在14—15世纪与英国之间展开过"百年战争"，这场旷日持久的战争，既是对两国的伤害，也是对两国退出基督教世界社会、进入民族国家的直接推动。但在现代国家建构的竞争中，率先确立起民族国家模式的法国，反而在规范的现代国家建构上面，明显落后于英国。到18世纪，法国国内对是不是向英国学习，存在着尖锐对立的看法：以伏尔泰为代表的启蒙思想家非常仰慕英国，他由衷抒发一种崇英情感，"上帝啊，我真的热爱英国人。如果不是爱他们更甚于法国人，愿上帝惩罚我！"②但法国人的民族自尊心，使得法国人一方面欣赏英国，但更多的却是抗拒英国。就在伏尔泰被英国深深折服的当下，像蒙布兰就对英国人的浅薄、粗俗和堕落加以猛烈抨击，且认定英国的民众政府意味着混乱、下流和争斗，不堪为法国所取法。③尽管在1789年大革命中，"自由、平等、博爱"的英式现代原则被大革命深深镌刻进法国人的灵魂深处，但不改法国人对英国人的矛盾看法。相对于英格兰来讲，后进的法国，已经在学习还是拒斥英国上自相矛盾，以至于让法国的现代进程很难兼综内外优势，直取现代建国成果，从而不得不在帝国与共和国之间徘徊良久，才终于坐实于现代国家的平台。这可以帮助人

---

① 参见任剑涛：《我们全都降生在一个英格兰制造的世界》，《东方早报·上海书评》，2014年3月2日。

② 转引自［荷］伊恩·布鲁玛：《伏尔泰的椰子：欧洲的英国文化热》，刘雪岚等译，生活·读书·新知三联书店，2007年，第23页。

③ 同上，第48~49页。

们知晓，作为后发现代化的国家，在认取现代化典范国家时，其爱恨交加、欲迎还拒，会对国家的现代进程产生多么巨大的影响。这预示着，这样的矛盾心境，将会以更加激烈的状态，呈现在其他更为后发的国家的现代化进程之中。

在现代化的世界进程逐渐从西欧推向中东欧的时候，德国与苏俄的现代国家建构，经历了远比法国还要悲壮的历史曲折。德国一直自认是与西欧国家不同、兼有东西欧优点的独特国家，因此在德意志帝国时期，官方努力激发德国人对英国的不满，以便抵挡"英国的立宪主义和自由主义思想在德国的影响"[①]。而在纳粹德国阶段，就更是以对腐朽没落的资本主义的严厉拒斥，来制造德意志民族就是"主人民族"的幻觉，结果给全世界带来巨大灾难，"从根本上说，问题就在于德意志人在相信或者认定这是一个弱肉强食的世界，你要么为刀俎，要么就是鱼肉之时，是否正确，此种信念不仅是纳粹所传授，也是德意志政治思想主流传统予以相信或者认定的"[②]。正是由于德国行进在一条抗拒主流现代化方案的畸形道路上，因此才造成国家在经历三次殖民与准殖民的曲折后方始实现现代化的巨大历史起伏：1806年被拿破仑占领、1918年战败后被割地赔款、1945年战败以后国家被肢解。其惨烈程度，不亚于任何一个后发现代国家。以独得欧、亚两洲优势、自诩"双头鹰"的苏俄，更是以对抗性极强的意识形态来颠覆现代化典范，以期实现更令人满意的现代化理想目标。但结果国家走上一条难以自我调适的弯路，至今未能完成国家现代化的基本任务。

现代化世界浪潮的第二波，终于越出欧洲文化圈的范围，扩展到亚洲地区。这里所谓的扩展，不是在现代化的西方国家实力已经到达一个地域范围的意义上讲的，而是在先发的西方现代国家达到一个地方，且引起这个地

---

① ［德］汉斯·乌尔里希·韦勒：《德意志帝国》，邢来顺译，青海人民出版社，2009年，第168页。
② 英国皇家国际事务研究所：《德意志问题》，林国荣译，北京大学出版社，2015年，第111页。

方的现代转变的特定意义上讲的。在现代化的发展过程中,西方国家的力量最早到达的地区之一是非洲,接着是拉丁美洲,亚洲的普遍殖民过程相对后发。但因为非洲与拉丁美洲的现代化变迁比较迟缓,反而让亚洲国家在现代社会变迁上着人先鞭:起初,中、日两国对现代化也是极尽抗拒,试图激发"国粹"以拒斥西学;但随后中、日两国开启了现代化进程,先是中国声势喜人的洋务运动,几乎让中国露出了工业化的曙光;然后是日本的明治维新运动,一举将日本推向亚洲工业强国的位置。[1]惜乎中国受制于晚清立宪运动的失败,现代化功败垂成;日本制定了帝国宪法,但同样没有走向规范国家状态,以至于给亚洲带来巨大的战争灾难。在二战以后,日本终于成为一个相对完整意义上的现代国家。但代价也非常沉重:以美国对日本的占领和控制换取了国家的政治现代化转轨契机。

　　二战以后,世界进入现代化世界进程的第三波。这一方面体现为"国家要独立,民族要解放,人民要革命,已成为不可抗拒的历史潮流"[2]。正是"第三世界"出现的这一普遍变化,引发了殖民体系的最终崩溃。普遍浮现的民族国家,至少从国家形式结构上展现出现代化的轮廓。另一方面则体现为围绕现代化目标展开的国家间竞争,现代化成为国际社会的主调,这就是改革开放时期中国人所熟知的"和平与发展"的国际关系的两大基本主题;再一方面,则先后表现为南美地区、东亚地区的现代化的生机勃勃,展现出世界第三个现代化区域的诱人前景。尽管南美地区的现代化出现挫折,但韩

---

　　[1]　相对而言,日本的现代化起势晚于中国,但后劲强于中国。依田憙家指出,从19世纪中期到后期,"当时的中国,民间还不存在主张制度改革的势力。在理念上日本已经摆脱了'东洋道德,西洋艺术(技术)',而中国仍未脱离'中体西用',因而对欧美的关心仅限于武器、机械及与此有关方面的引进。"氏著:《日本的近代化——与中国的比较》,卞立强译,中国国际广播出版社,1991年,第123页。

　　[2]　周恩来:《在中国共产党第十次全国代表大会上的报告(一九七三年八月二十四日报告,八月二十八日通过)》,http://cpc.people.com.cn/GB/64162/64168/64562/65450/4429430.html 2022年12月21日访问。

国成功跻身联合国贸易和发展会议认定的现代国家行列，[①]中国成长为世界范围内国内生产总值排名第二的庞大经济体。可以说，随着现代化的世界大潮席卷"第三世界"，并且带动起相关地区的现代化发展势头，现代化的世界史图景已经完整呈现在世人面前。当然需要指出的是，"第三世界"卷入现代化的世界大潮之后，现代化的绩效差别相当悬殊。这提示人们，进入现代化轨道，并不直接保证现代化的效果。一个国家，试图收到现代化的预期效果，很大程度上依赖于这个国家的现代化推进的持续性、合理性与有效性。

三、追赶历史步伐

现代化的世界历史进程，从其发端上计算，已经迈过了800年的长时段了。在这一时段的早期，尽管由不同国家先后领衔现代化的国家建构进程，但最后由英国完成了现代化的临门一脚：1688年的光荣革命，为人类摸索出了一条有效限制和规范国家权力的立宪民主进路；18世纪后期的工业革命，以及由此促成的现代市场经济机制，为人类的现代经济发展指引了方向；随着英国社会变迁呈现出诸社会要素相互支持的进步性态势，一个现代国家的完整轮廓呈现出来：就英国建构现代国家而言，脱离基督教世界社会、建立民族国家的步伐晚于法国，冲破国门、致力于拓展海外领土和世界市场的步伐晚于西班牙、葡萄牙与荷兰，同一时期携手进步的国家如意大利，一时展现的发展态势并不弱于英国，但英国最后在现代化的国家间竞争中力拔头筹，成为第一个完整意义上的现代国家，并且向此后所有尝试成为现代化的国家垂范。

英国的现代化究竟是如何取得这样的成就的？简言之，英国的现代化

---

① 王明远：《韩国跻身"发达国家"，不只靠"富"》，《新京报》，2021年7月8日。

并不寻求一个毫无缺陷的理想国家状态,而是致力于平衡七拱八翘的社会要素,使国家保持在现代化的动态运行轨道上。"英格兰开风气之先,成功地保持了国家需求、教会需求、家庭需求、经济需求之间的恰到好处的平衡,使其中任何一种都无法凌驾于其他。这导致了个人的责任和自由,也导致了无休止的矛盾和混沌。因此,英格兰的为伟大贡献或许是向世人证明,混沌、混淆、矛盾和悖论应当受到欢迎。"① 这或许是一个独领现代化世界风潮的英国的"优雅"与"从容"的表现,兴许也是由英格兰的独特国家气质所致:它能够为国家的现代转变偿付几百年漫长的时间代价,也愿意在尊重传统的基础上让社会慢慢与新生机制磨合,更乐意在渐进的过程中保守国家与社会互动的良性机制。这是一种幸运。这也是其他所有尝试实现现代化的国家心仪的状态。

其他国家几乎很难享有英格兰这样的国家运气。一方面,这是因为英格兰本身就是在极其复杂的国内、国际环境中,依靠国内不同力量的磨合、国家间激烈的竞争,而在现代化发展进程中脱颖而出的。因此,赢得现代化竞争先机的英国,势必会努力维持这种国家间的竞争优势,抑制其他国家取代英国的国际竞争有利地位。这正是英国营造国际殖民体系,并且在欧洲国家之间竞争中,一直与欧陆大国法国、德国展开激烈竞争,以至于诉诸历时绵长的战争的缘故。现代化唯一的典范性国家尚且如此这般进入国际竞争领域,其所承受的现代化发展压力之大可想而知,更可知赢得现代化竞争先机的不易。② 另一方面,在与英国竞争中败下阵来的欧洲国家,诸如法国、德国这些国家,在国家间竞争受压的情况下,更是急于改变国家的不利处

---

① [英]艾伦·麦克法兰:《现代世界的诞生》,管可秾译,上海人民出版社,2013年,第358页。

② 只要浏览斯蒂芬·克拉克的《英法千年争斗史》(刘建波译,北京联合出版公司,2021年)有关章节,以及保罗·M.肯尼迪:《英德对抗的兴起1860—1914》(王萍等译,商务印书馆,2022年)有关章节,就可以知晓英国崛起与维续中的国家承压情况。

境,以便胜过英国的国家势头,赢得其所期望的国家利益。在法国,为赢得国家发展优势,获取国家间竞争优势,走上了以意识形态革命以求一步到位的国家建构歧路;在德国,走上了一条为赢得国家"生存空间"而诉诸战争的国家建构邪路;在日本,为了全面赢得亚洲的国家间竞争优势,也不惜以军国主义、战争手段实现其国家目的。之所以这些国家以竭尽全力的方式进行国家动员,以期占据现代化竞争的优势地位,就是因为它们不再可能像英国那样从容地付出数百年时间,以耐心地推进国家的现代化进程——国家必须迅速解决在国际竞争中的不利地位,否则就会处于一个前景堪忧甚至彻底消亡的境地。这种紧迫感,在中国20世纪80年代四处响起的"球籍"危机声中便可以理解。

现代化的世界史,基调由英国奠定,主要篇章则由随英国而起的其他现代国家接连书写。但不管后起的国家,尤其是美国书写了超过它曾经的宗主国英国的⋯多么精彩的篇章,后起的现代化国家都是追赶英国发展的历史步伐的结果。现代化的先发究竟是优势还是劣势,存在争论;同理,后发现代化究竟是优势还是劣势,也出现了广泛的争论。从总体上讲,先发现代化固然有其筚路蓝缕的艰辛,但具有得其先机的独特优势,竞争者相对较少,胜出机会相对较高。就此而言,很难将先发现代化国家归于劣势范畴。但后发的优势与劣势确实是一个需要辨析的问题,一方面,现代化后来者的优势明显:不再面对未知局面,存在可资借鉴的先例,减少早期现代化阶段的摸索与代价,保有协调与控制的优势,较容易获得先发国家的支持与帮助。另一方面,现代化后来者的劣势也同样令人瞩目:必须大规模地创建现代化的必要基础性条件,社会发展诸要素之间的不匹配,与先发现代化国家存在难以弥补的差距而对发展信心造成挫伤。换言之,从追赶的处境华丽转身为引导的角色,几乎没有可能。① 由此可以推知,追赶现代化历史步伐的后发现代国家,从总体上讲,是处在一个现代化国家间竞争的不利地位上的。

　　尽管后发的现代化国家处在一个现代化史的晚发状态,但并不意味着就固定处在一个永久追赶而无以超越先发现代化国家的位置上。只不过,从现代化史上看,这类国家为数不多、弯路不少,但这给人以追赶先发现代化国家的强烈希望。一种将整个国家权力的能力聚集起来谋求发展的现代化经济模式,似乎构成一种有效促进国家现代化经济成长的强健模式。这就是为日、韩等国家有效实践过的发展型国家(the developmental state)建构。发展型国家是一个发展经济学概念,所指是国家权力体系倾其所能地致力于推动经济增长。其基本特征是:一小批最具管理才能的、廉价的政府官僚确定并选择需要发展的产业,并运用国家干预市场的方法实施产业推进;国家政治体系中的立法与司法机构被限定在"安全阀"职能上,但促使官僚体系获得充分发挥作用的空间;国家干预市场的方法多样、得当且有效。②可以说,一个比较规范意义上的发展型国家,是一个聚集国家权力优势以谋求发展的特殊政经体制。发展型国家在是与不是的两个边界上得到规定:它是适度聚集国家权力以谋求发展的机制,是一个国家权力与市场积极互动的机制;它不是一个为了扩张国家权力而剥夺市场动能的机制,不是一个国家权力独大且支配市场的机制。因此,真正将国家安顿在发展型国家平台上,是有利于一个国家的经济增长与发展的模式。而作为追赶型发展的东亚国家——日本与韩国,正是以发展型国家来推动国家经济的疾速成长的,并且因此跻身现代化发达国家行列。③

---

　　① 参见谢立中等编:《二十世纪西方现代化理论文选》,上海三联书店,2002年,第814~818页。

　　② 参见禹贞恩编:《发展型国家》,曹海军译,吉林出版集团有限责任公司,2008年,第45~47页。

　　③ 参见禹贞恩编:《发展型国家》,曹海军译,第三章"无蜘蛛之网,无网之蜘蛛:发展型国家的谱系",第四章"高速增长的政治经济体从何而来? 韩国'发展型国家'的日本谱系"。

除英国以外的所有其他国家的现代化，都是一种广义上的追赶型现代化。这是在特定的、英国作为第一个完整意义上的现代化国家的意义上做出的断言。在狭义上，追赶型现代化国家主要是指非西方国家对西方国家的现代化过程而言的。追赶型现代化国家的处境相对不利：一是前述三个方面呈现的那种不利，二是追赶型现代化国家始终处在一种落后于人的紧张状态，因此很难走出高度张力情况下的决策蹙迫性，故追赶本身便成为一种逐渐固化的心理障碍，让追赶型国家的现代化转变变得尤为艰巨。追赶型国家为了避免掉进发展陷阱，即为发展而发展、因停滞而回流，想方设法，终归迈过发展陷阱、中等收入陷阱的这类国家，为数不多。这是因为发展型国家的走向不过有二：要么走向规范的现代立宪政制，废止发展型国家在国家权力与市场经济之间的纵横捭阖；要么步入苏俄式的国家陷阱，让国家权力成为支配一切资源的主体，结果耗竭国家建构现代化的资源，终致国家崩溃。在所谓规范权力的现代国家主流类型、苏俄式的吞噬型国家与发展型国家这三类国家之间，[①]不存在一个发展型国家独自长久运行的可能性。而一个发展型国家如何成为一个完整意义上的现代化国家，则需要处理好下述三对基本关系，方有望实现现代化发展的目标。

一是大历史与小历史之间的关系。作为一个世界史进程的现代化和以国别为单位推进的现代化，体现出大历史与小历史、全球史与国别史之间的关联性错位关系。这是一个看似矛盾、实则一致的说法：对于在地理大发现之后的、处在现代化进程中的世界来讲，任何国家或地区的历史都被纳入全球大历史的范畴，大历史、全球史与小历史、国别史之间的高度关联，毋庸多言；但大历史与全球史并不等于是小历史或国别史相加，前者的共同性与后者的特殊性迥异其趣，因此在具体的历史表现上一定是错位的。所谓大历

---

① 参见禹贞恩编：《发展型国家》，曹海军译，第三章"无蜘蛛之网，无网之蜘蛛：发展型国家的谱系"，第75页。

史,一般是指长时段、大范围的历史。大时段是指百年以上、千年以下这样的一个时间段,大范围则是指全球性、世界化的历史。现代化的大历史一般从15世纪起计,但萌动于13、14世纪的文艺复兴运动,最终则在18世纪浮现出现代国家的世界性模式。这样一个大时段、大尺度的现代化世界史,经过数百年的变化,从传统中开出现代;这样一个大范围的现代化世界史,经过数百年的演进,从世界社会、专制国家中开出了民族-民主国家,其构成了现代化世界进程的基本面相。

然而不管是在时间尺度上,还是在空间尺度上,大历史都是在以民族-民主国家为单位的具体进程中来呈现的。以农村史、农民史、农业史为代表的传统国家,如何走向以城市史、市民史和工业史为支点的现代国家,各个国家的表现状态与发展情形,都大为不同。像英国这样的国家,如前引述,它实现了社会变迁中种种要素的平衡发展,因此成为现代化发展的典范性国家。而法国的表现就不尽如人意:尽管在法国大革命前夕,法国农民所拥有的私有土地比例是全欧洲最高的,但这激发了农民更大的利益欲望,反而掀动了全盘改造国家的意识形态风潮。结果,"大革命"成为全盘颠覆"旧制度"的方式,国家反而陷入了现代化转型的颠踬状态。[1]可见,一个国家的现代化发展,并不是简单地融入大历史、现代化史洪流之中就可以达成的。一个国家的现代化发展取得令人满意的结果,一定是在大历史与小历史、全球史与国别史之间打破旧的平衡,但达成新的发展平衡的结果。

二是共同性与个别性之间的关系。在现代化的世界进程中,任何国家的现代化进程,都可以说是这个国家诸因素相互作用的结果。这就意味着,

---

① 对此,托克维尔在《旧制度与大革命》中的分析,非常到位。"革命并不是在那些中世纪制度保留得最多、人民受其苛政折磨最深的地方爆发,恰恰相反,革命是在那些人民对此感受最轻的地方爆发;因此这些制度的桎梏实际上不太重的地方,它显得最无法忍受。"冯棠中译本,商务印书馆,1992年,第64页。

一个国家的现代化，首先是属于现代化世界史的一个组成部分，这是其共性所在；同时，一个国家的现代化，又都是这个国家历史发展状态、现实因素磨合的结果，这是其个别性体现。因此，认识诸如英国式现代化、俄国式现代化、法国式现代化等这类基于国家特殊情况的现代化史实，既可以从中看到这些国度现代化的独特性，也可以从中辨认出它们的共同性。如果在各个国家的现代化进程中未能呈现出超越国别个性的共同性，那么这个国家就很难被公认为是现代化国家；如果在各个国家的现代化进程中没有呈现出它们各自的个别性，那么这个国家的现代化就很可能是止于表象的现代营造，并没有真正实现现代化发展目标。要言之，就共性讲，政治上的限权，经济上的市场化，社会生活上的公私分流，构成判断一个国家是否是现代化国家的共同标准；而一个国家的现代化个别性，一定是其历史发展、现代转变的结果。就前者言，判断一个国家是不是一个现代化国家，是有共同标准需要遵循的；就后者论，现代化没有逼使各个国家都按照某一既定程序，或某个国家的既定方案去推进，现代化的国家特色因此争奇斗艳、百花齐放，"条条大路通罗马"。

三是规范性和例外性之间的关系。所谓规范性，在与"价值"相对时，指的是在价值分歧者之间所承诺的同一件事情的一个大体一致的表述；在与"操作"相对时，指的是一套较为程序化、标准化的作业规程。规范性可以从共同性上体现，但不限于共同性。因为规范性不仅着眼于不同事物之间的共同性，还对保持这种共同性的必要条件、作业方式给予关注。现代化的规范性，构成人们判断一个国家是否已经实现现代化的共同标准：政治上是否规范了国家权力、经济上是不是引入了市场准则、社会上有没有遵守友爱互助的行为逻辑等。现代化的规范性含义并不无视现代化的具体进程，尤其是国家进程的特殊性。现代化的例外性，指的就是一个国家现代化的具体发展和实际情形，包括其所在国别和具体进程当中所展现出来的差异性。

一个具体国家的现代化特点,多多少少、程度不同地显现为这个国家的例外特性:就其呈现国家现代化的独异性来讲,它只能是这个国家,而不是另外一个国家的现代化。这就是现代化例外性的鲜明呈现。从具体国家这个特定角度看,所有国家的现代化都具有例外性,甚或独异性的特点。所谓独异性,强调的是此事物不同于彼事物的与众不同之处,它是"不普适的,不可置换的,不可类比的。一个独异的客体,一个独异的主体、一个独异的地方,一个独异的事件"①。在这个意义上,英国的现代化是独异的,美国的现代化也是独异的,中国的现代化同样也是独异的,其他各个国家的现代化也都是独异的。但在看到所有国家的现代化独异性或例外性特点之余,若没有注意到他们共同呈现的规范特征,就不能把它们表现的某些相类变化命名为"现代化"。因此,人们有必要在规范性和例外性之间去理解"中国式现代化"。

四、长时段中的中国式现代化

诚如前述,现代化的世界史是理解现代化史的一个重要维度,而现代化史的国别史则是理解现代化史的另一个不可或缺的维度。这是现代化史既显现出它的历史趋同性,又呈现出它的丰富多样性的地方。这也正是在党的二十大报告中提出"中国式现代化"概念时,既强调它"有各国现代化的共同特征",也"体现中国基于自己国情的中国特色"的两重特性共在的原因。如果说前面基于"各国现代化的共同特征",也就是现代化世界史的特征,为理解中国式现代化提供了一个宏大背景的话,那么接下来就有必要从中国国情的视角,来理解中国式现代化。从中国国情视角展开的相关理解,可以进一步分解为两个视角:一是党的二十大报告所列举的、基于现实维度的国家情况,这就是中国式现代化是人口规模巨大的现代化、全体人民共同富裕

---

① [德]安德雷亚斯·莱克维茨:《独异性社会——现代的结构转型》,巩婕译,社会科学文献出版社,2019年,第36页。

的现代化、物质文明和精神文明相协调的现代化、人与自然和谐共生的现代化、走和平发展道路的现代化。① 这些基于中国基本国情所展现出来的"中国式现代化"特点，主要是基于现实向度的国家情况所做出的概观。其中也有历史维度的含义，如在阐释走和平发展道路的"中国式现代化"特点时，就明显是在历史维度定位的，"我国不走一些国家通过战争、殖民、掠夺等方式实现现代化的老路，那种损人利己、充满血腥罪恶的老路给广大发展中国家人民带来深重苦难。我们坚定站在历史正确的一边、站在人类文明进步的一边，高举和平、发展、合作、共赢旗帜，在坚定维护世界和平与发展中谋求自身发展，又以自身发展更好维护世界和平与发展"②。不走一些国家走过的老路，这便是再明确不过的历史理解进路了；站在历史正确的一边，则是指在总结历史的经验教训基础上，不再重蹈历史覆辙，而遵循历史所指引的国家现代化正道以谋求实现中国式现代化。至于其他四个方面的分述中出现的历史性辞藻，如"历史耐心""历史过程""传承中华文明""实现中华民族永续发展"等，也都主要是在解决中国现代化的当下问题时确立的历史参照系。

从总体上讲，基于中国现实国情所阐述的中国式现代化，主要还是着眼于中国现代化在当下所必须做出的一系列重大决断。从较为明确的历史维度来看，"中国式现代化"的历史含义，主要还是从报告所着重强调的两个时间节点上呈现出来，这就是承继在第一个百年奋斗目标基础上的、"第二个百年奋斗目标"的"全面推进中华民族伟大复兴"。③ 这两个百年，一个是过去向度的，一个是未来向度的，贯通起来，则是历史从过去到未来一脉相承的一条历史线索，如果说百年历史线索还相对短暂的话，那么将这一向度的

①②③ 习近平：《高举中国特色社会主义伟大旗帜 为全面建设社会主义现代化国家而团结奋斗——在中国共产党第二十次全国代表大会上的报告》(2022年10月16日)，《人民日报》，2022年10月26日。

历史线索拉长,则可以凸显出中国式现代化的古典背景与早期现代积累两条延长性的历史线索。而正在是千年、五百年与一百年的三个时间段中,我们获得了深入理解中国式现代化的、相当充分的历史依据。

首先,理解中国式现代化需要长时段、大间距的历史眼光。这是由中国式现代化处在一个从传统到现代转变的大历史轴线上所注定的。在前现代化的漫长阶段中,中国形成了独具特色的文化体系,国家权力一直管理着非常广袤的土地,儒家思想为国家权力统治的正当性提供了绵长的支持,国家的自足性维系之历史连贯性非常显著。国家的历史轮廓相当明显,古典中国的社会特征是:"(1)传统取向的;(2)农业的;(3)身份取向与层阶取向的;(4)神圣的(sacred)权威的(authoritarian);(5)以原级团队(primary group)为社会主要结构;(6)特殊主义(particularism),关系取向(ascription)的;(7)功能普化的(functionally diffuse);(8)准开放的二元社会(dual society)。"①金耀基归纳的中国传统社会这些特征,可能具有争议,但大体上足以用来描述中国传统社会特点则不会有根本分歧。中国古典社会的这些基本特征,是历经千年的中国历史运行的产物。从传统到现代的转变,也就是脱开传统的中国现代化社会,相应也就必须是建构一个现代取向的、工业的、契约化的、理性化的、次生社会团队的、普遍主义的、成就取向的、专业化的社会。

这是一个大历史的转变,转变的历史性要素是,"从身份到契约(Status-Contract);从神圣到世俗(Sacred-Secular);从区社到社会(Community-Society);从农业社会到工业社会(Agraria-Industria);从原级团体到次级团体(Primary-Secondary proup);从特殊主义到普遍主义(Partcularism-Univiersalism);从关系到成就(Ascription-Achievement);从普化到专化(Diffuseness-Specificity)"②。这些变化的趋向,可以说是中国现代化发展第一个基本定

①　金耀基:《从传统到现代》,法律出版社,2010年,第10页。
②　金耀基:《从传统到现代》,法律出版社,2010年,第61~62页。

势。这里需要区分的基本界限是：任意的支持举措，都是对现代化的推动；任何的逆转尝试，都是反现代化的举措。对现代化的社会变迁而言，反思是必要的，反对是不可取的。原因很简单，反思现代化，可以促使现代化健康发展；反对现代化，是要逆转社会变迁的方向，根本上是徒劳无功的。这是从人类历史的长时段、大历史角度得出的结论。

其次，从中国晚明中西文化接触以来的历史看，中国近400年历史的大方向，是向现代化的中国转变。晚明时期的中西文化交流，从总体上来看，是和平、宁静，富有声势和效果的。西方古典科学与文化，随传教士东来，开始在中国传播开来。"伴随着耶稣会士大批来华，基督教第三次传入中国，西方的天文历法、数学、机械工程与物理、火器技术、地理、医药等自然科学，以及语言学、音乐、绘画、哲学等传入中国。为了使在华的传教活动在欧洲本土获得理解和支持，耶稣会士在来中国以后，也用写信、著书等方式，将了解到的中国国情，包括中国的文化成就，通报给欧洲，从而使中国文化得以传向西方。在这次东西文化的交流热潮中，更多的是西方文化传入中国。"[①] 到清朝，西方文化传入中国的势头未减，惜乎没有进一步激发中国的现代化转变。直到晚清，历经清政府对现代化的全面抗拒、到洋务运动在物质器物层次对现代化的接受，再到维新运动的"全变"，才掀起了中国现代化的第一波高潮。但中国的这一波现代化，最终在清政府的"皇族内阁"闹剧中收场。由此宣告了从晚明到晚清这一长波的中国现代化归于失败。

最后，从"百年未有之大变局"的近期历史线索看，中国现代化历经了民国阶段的失败，人民共和国早期的严重挫折，到改革开放重启中国现代化的历程，终于迎来中国现代化的又一波高潮。中国现代化的这一短波，以百年为时间尺度，以70年、40年和10年为三个基本时间节点："在新中国成立特

---

① 南炳文：《明代文化特色浅论》，《历史教学》，1999年第10期。

别是改革开放以来长期探索和实践基础上,经过十八大以来在理论和实践上的创新突破,我们党成功推进和拓展了中国式现代化。"① 百年的时间起点,正是1918年第一次世界大战结束,中国作为近代以来战争的首次获胜者出现在国际社会之际,也是1919年五四运动掀起中国现代社会变迁历史大幕之际,还是国共两党"以党建国""以党治国"展开其历史幅度的时刻;而百年的最近终点,则是经过改革开放四十多年中国特色社会主义市场经济的发展,中国的国内生产总值疾速增长,总量蹿升到世界第二位。简言之,这是一个中华民族站起来、富起来、强起来的发展阶段。在三个时间的基本节点上,展现的正是中国现代化发展的三个关键时刻:70年是中国建构现代国家权力机制的一个时间段,40年是中国摸索出现代经济增长模式的一个新时期,10年则是中国现代化从四个现代化、国家治理体系与治理能力现代化到中国式现代化递进的新阶段。历史推进的步伐,与现代化的世界史步伐恰相吻合;现代化的中国样式,则是与中国现代化史主调一致性的鲜明体现。在此,现代化是中国现代历史变迁的高位规范;中国式现代化则是现代化在中国的具体历史体现。缺乏现代化这个基本坐标,我们无以理解中国现代历史;缺乏中国从传统到现代的转变,我们无以确认中国历史发展的方向。

在中国现代化史的维度理解"中国式现代化",乃是理解中国的现代化何以走到今天的一个背景性条件。缺乏这个必要的背景,人们就很难理解中国现代化发展之所以以"中国式现代化"来表述或界定的理由。从晚明、晚清、民国到人民共和国,四个政治体对现代化所采取的不同态度,导致中国现代化的一波三折:从晚明不知历史大势而固守陈规,演变到晚清明知历

---

① 习近平:《高举中国特色社会主义伟大旗帜 为全面建设社会主义现代化国家而团结奋斗——在中国共产党第二十次全国代表大会上的报告》(2022年10月16日),《人民日报》,2022年10月26日。

史大势却不顺势而为，再到民国阶段内忧外患中断了中国的现代化进程，最后到人民共和国顽强延续现代化的历史脉络，终于摸索清楚中国现代化的国家进路。就现代化的结构层面看，从晚清现代化主要沿循物质器物层次的现代化展开，一直到人民共和国前期主要致力于推动工业、农业、国防、科技四个现代化，也仍然是沿循物质器物现代化的线索推进中国现代化的发展，再到"国家治理体系与治理能力现代化"的制度层面现代化，最终落实到社会各个层面或领域的现代化方案，也就是中国式现代化方案上，中国的现代化史呈现出一条有进有退、终于奔向现代化世界史意义上的综合目标的线索。

从长时段、大历史到清醒面对现实的历史演进，中国式现代化的历史进程回向当下现实，终于展开了一幅完整的中国现代化历史画卷："经济实力、科技实力、综合国力大幅跃升，人均国内生产总值迈上新的大台阶，达到中等发达国家水平；实现高水平科技自立自强，进入创新型国家前列；建成现代化经济体系，形成新发展格局，基本实现新型工业化、信息化、城镇化、农业现代化；基本实现国家治理体系和治理能力现代化，全过程人民民主制度更加健全，基本建成法治国家、法治政府、法治社会；建成教育强国、科技强国、人才强国、文化强国、体育强国、健康中国，国家文化软实力显著增强；人民生活更加幸福美好，居民人均可支配收入再上新台阶，中等收入群体比重明显提高，基本公共服务实现均等化，农村基本具备现代生活条件，社会保持长期稳定，人的全面发展、全体人民共同富裕取得更为明显的实质性进展；广泛形成绿色生产生活方式，碳排放达峰后稳中有降，生态环境根本好转，美丽中国目标基本实现；国家安全体系和能力全面加强，基本实现国防和军队现代化。"①这是历经现代化的艰难曲折之后,才以中国式现代化谋划而呈现出来的中国现代化面貌。

在中国现代化史的两个历史维度中,现代化史的世界史维度,乃是由世界各个国家的现代化所构成的一个总体历史进程,中国现代化是汇入这一进程的一个历史组成部分;现代化史的中国式维度,则是由中国转出传统、转进现代的历史巨变过程,中国式现代化构成这一过程的一个特定阶段。决不能将中国式现代化认定为毫无依傍、横空出世的现代化模式。这不是说世界现代化的大历史就自然而然将中国汇入其中,明清两朝的历史证明,没有一个被现代化世界史自然驱动的中国现代化进程,这就需要中国主动、自觉和理性地融入这一历史巨变进程,国家史才成为世界史的一个部分,现代化才成为中国历史变迁的主调。同理,中国的现代化发展,也不是一个随历史的自然时间推进就水到渠成的事情,只有中国人顽强认取现代化发展的目标,并且不为历史曲折所动摇,坚韧地守护现代化的转变决心,从传统到现代的中国现代化史才会凸显其历史基调,才会将中国式现代化的完整现代化面目崭露给世人。

因此,要想真正兑现中国式现代化的战略设想,还需要以同样坚韧的现代化信心与决心去应对前路必然存在的种种挑战,"全面建设社会主义现代化国家,是一项伟大而艰巨的事业,前途光明,任重道远。……我国改革发展稳定面临不少深层次矛盾躲不开、绕不过……。我国发展进入战略机遇和风险挑战并存、不确定难预料因素增多的时期,各种'黑天鹅'、'灰犀牛'事件随时可能发生。我们必须增强忧患意识,坚持底线思维,做到居安思

---

① 习近平:《高举中国特色社会主义伟大旗帜 为全面建设社会主义现代化国家而团结奋斗——在中国共产党第二十次全国代表大会上的报告》(2022年10月16日),《人民日报》,2022年10月26日。

危、未雨绸缪，准备经受风高浪急甚至惊涛骇浪的重大考验"①。换言之，中国式现代化目标既定，但实现这一目标，还必须以极为艰巨的努力为前提。所谓"历史使人明智"的道理即在此。

① 习近平：《高举中国特色社会主义伟大旗帜 为全面建设社会主义现代化国家而团结奋斗——在中国共产党第二十次全国代表大会上的报告》(2022年10月16日)，《人民日报》，2022年10月26日。

寻求规范：
从现代化的规范含义理解中国式现代化

"中国式现代化"是在中国与现代化的双关性上凸显其基本规定性的。中国式现代化既要在中国特色、国家个性上加以理解，也要在现代化的共性上、普遍性上予以定位。从总体上讲，"中国式现代化"属于"现代化在中国"而非"中国的现代化"。因此，必须为理解中国式现代化确立现代化的规范含义，以其为理解中国式现代化的理论背景。这既是不同于历史维度的一种理解进路，也是不同于价值维度的一种解释方式：规范意义的现代化，超越了现代化是否值得、性质好坏、合否理想的长期争执，落实于现代化为各方共同承诺的社会变迁指标上；同理，这样的认知，也超越了历史进程中的现代化，先发国家施加给后发国家的现代化痛楚、先发国家在原发现代化过程中的蛮性表现，都不构成颠覆现代化规范含义的理由。换言之，现代化是中国必须完成的社会转变与国家任务，接受或拒斥的主观意愿都对之不产生阻隔。

寻求规范：
从现代化的规范含义理解中国式现代化

"中国式现代化"命题一经党的二十大报告正式提出，随即成为学术界的诠释热点。这是由中国现代化发展及其最新的谋篇布局所注定的事情。理解中国式现代化，可以在政治维度和学术维度同时展开：从政治维度看，中国式现代化是中国现代化的一个最新政治谋划，它将成为国家权力布局现代化的政策指引；从学术维度看，中国式现代化是在中国特色与现代化规范之间的无缝对接。需要看到，在世界现代化史、中国现代化进程中，现代化并不是那么轻易被人们接受的一种社会变迁形式与发展结果。无论是在价值上、制度上、发展中、结果上，均存在巨大争议。如何免于学术上的价值纷争，确定现代化转型的必然，确信中国式现代化的必须，是一个需要在规范意义才能确证的事情。

一、现代化两面

党的二十大报告明确将"中国式现代化"作为中国进一步发展的目标。"从现在起，中国共产党的中心任务就是团结带领全国各族人民全面建成社会主义现代化强国、实现第二个百年奋斗目标，以中国式现代化全面推进中华民族伟大复兴。"①这一表述,有五个需要重视的基本要素:一是在时间上的"从现在起""第二个百年";二是在领导力量上的"中国共产党的中心任务";三是在中国现代化建设主体上的"全国各族人民";四是现代化目标模式上的"中国式现代化";五是现代化建设历史性指向上的"中华民族伟大复兴"。在这五个要素中,现代化是统合其他要素的核心辞藻,其他要素都是对"中国式现代化"主要规定性的表述。总而言之,中国式现代化是指在中国这个特定时空范围内的现代化样式。

因此,理解中国式现代化的双轴线凸显出来:一个轴线是中国的国家处境、历史脉络、现实处境、预期目标;另一个轴线是世界现代化的进程,以及对既有现代化经验教训的总结归纳。对此,党的二十大报告进行了明确论述,就前者,报告明确指出,"全面建设社会主义现代化国家,是一项伟大而艰巨的事业,前途光明,任重道远。当前,世界百年未有之大变局加速演进,新一轮科技革命和产业变革深入发展,国际力量对比深刻调整,我国发展面临新的战略机遇"②。这一论述,涉及中国现代化的国家处境的两个面相:一是中国的现代化经历了一个漫长的、艰苦卓绝的探索过程,已经崭露出中国实现现代化的希望之光;二是当下的中国现代化发展,处在一个"百年未有之大变局"的处境中,需要把握住国家现代化发展的关键时间点和战略机遇。就后者,报告也明确强调,中国式现代化是一条不同于先发现代国家的现代化道路,不宁唯是,中国式现代化是一条自觉作别西方国家现代化道路的新路。"我国不走一些国家通过战争、殖民、掠夺等方式实现现代化的老路,那种损人利己、充满血腥罪恶的老路给广大发展中国家人民带来深重苦

---

①② 习近平:《高举中国特色社会主义伟大旗帜 为全面建设社会主义现代化国家而团结奋斗——在中国共产党第二十次全国代表大会上的报告》(2022年10月16日),《人民日报》,2022年10月26日。

难。"① 对中国现代化与世界现代化两条轴线做整合观察,可以发现,现代化并不是一帆风顺的发展过程。相反,无论是中国的现代化,还是整个世界的现代化发展,都是一条艰难曲折、起伏跌宕、布满荆棘、艰苦卓绝的进路。

确实,一部现代化史,从其肇始绵延至今,既带来了巨大的物质财富,也促进了人类精神的成长,提升了人类生活的基本品质,但同时也带给人类遭难和创痛。对此,还在资本主义成长时期,马克思就明确指出了资本生产方式所主要促成的现代转变过程中所显现出的这种尖锐矛盾性。

一方面,"资产阶级在它的不到一百年的阶级统治中所创造的生产力,比过去一切世代创造的财富还要多还要大。自然力的征服,机器的采用,化学在工业和农业中的应用,轮船的行驶,铁路的征服,电报的使用,整个整个大陆的开垦,河川的通航,仿佛法术从地下呼唤出来的大量人口,——过去哪一个世纪能够料想到这样的生产力潜伏在社会劳动里呢?"②

另一方面,以资本生产方式推进的现代化进程,也对社会秩序造成巨大冲击,"资产阶级在它已经取得了统治的地方把一切封建的、宗法的和田园般的关系都破坏了。它无情地斩断了把人们束缚于天然尊长的形形色色的封建羁绊,它使人和人之间除了赤裸裸的利害关系,除了冷酷无情的'现金交易',就再也没有任何别的联系了。它把宗教虔诚、骑士热忱、小市民伤感这些情感的神圣发作,淹没在利己主义打算的冰水之中。它把人的尊严变成了交换价值,用一种没有良心的贸易自由代替了无数特许的和自力挣得的自由。总而言之,它用公开的、无耻的、直接的、露骨的剥削代替了由宗教幻想和政治幻想掩盖着的剥削"③。

---

① 习近平:《高举中国特色社会主义伟大旗帜 为全面建设社会主义现代化国家而团结奋斗——在中国共产党第二十次全国代表大会上的报告》(2022年10月16日),《人民日报》,2022年10月26日。

② 《马克思恩格斯选集》(第一卷),人民出版社,1972年,第256页。

③ 同上,第253页。

再一方面,这个现代化进程不是限于某一个国家,或某些地区的社会结构性转变,而是一个世界历史进程。"资产阶级,由于一切生产工具的迅速改进,由于交通的极其便利,把一切民族甚至最野蛮的民族都卷到文明中来了。它的商品的低廉价格,是它用来摧毁一切万里长城、征服野蛮人最顽强的仇外心理的重炮。它迫使一切民族——如果它们不想灭亡的话——采用资产阶级的生产方式;它迫使它们在自己那里推行所谓的文明,即变成资产者。一句话,它按照自己的面貌为自己创造出一个世界。"①马克思恩格斯对资本生产方式强力推进的现代化世界进程所做的分析,已经成为现代化知识史上强劲有力的重要组成部分:这不单是指他们所揭示的资本生产方式对物质生产发挥的巨大推动力仍然在令人惊异地发酵,而且是指它所揭破的资本生产方式的无情性与全球性在当代得到了更充分体现,更是指它对现代化发展所做的"辩证的"分析,已经构成人类认知与分析现代化利弊的知识传统的重要一支。

现代化的复杂性引发了连绵不绝的争议。一方面,在现代化的经济层面,人们看到了它带来巨大财富时所驱动的一个谋利性社会的贪婪。因此,呼吁一个道德化的经济体系,这样的希望,在市场经济理论之父亚当·斯密撰写的《国富论》中体现出推动经济发展的意愿,在《道德情操论》中展现出后一期望。而在与经济发展高度相关的财富分配与政府机制上,人们也表现出对资本主义社会严重的分配不公的极大关注,表现出对市场追求效率与政府发挥调节作用的平衡期待。如果说这些方面的争议一直到最近法国经济学家皮凯蒂出版的《二十一世纪资本论》那里有了相当尖锐的呈现的话,那么可以说,以资本生产方式推动的现代化进程,一直是在接受这一现代社会结构的条件下竭力进行优化的一再尝试。另一方面,现代化作为一

---

① 《马克思恩格斯选集》(第一卷),人民出版社,1972年,第255页。

个世界化进程,从西方国家发源,迅速推向非西方国家或全球范围,人们对现代化的理解经历了一个西方学者给定的现代化理论解释模式,到拒斥这种基于西方国家先发现代化经验与教训的"傲慢"解释,寻求超越单一现代化模式的演变过程。

诚如印度学者德赛指出的,"价值观念的偏见和意识形态的腔调成为现代西方学者使用现代化概念的基础。它产生了一些危险的后果,使人不能正确地理解人类社会在最近时期内正在发生的变化过程。这些学者带有这种特有的亲西方偏见,在使用这一概念时从一开始就失去了观察和分析那些走非资本主义道路的社会变化过程的能力。这种偏见歪曲了各个国家已经进行的现代化和正在进行现代化时所经历的历史阶段。它也在发达国家与不发达国家之间关系的性质方面产生了错误的幻象,并且往往提出一些实际行动、政策和措施方面的治疗方法,而实际上这些方法却阻碍了这些国家按照正确类型的过程来进行现代化"①。这样的批评,让现代化的世界进程也呈现出令人悲喜交集的两个面相:一者,世界现代化进程将全球所有国家卷入其中,促进了这些国家的经济发展、政治转变与社会进步,这是现代化世界进程呈现其积极面相的表现。二者,由于西方国家在现代化进程上领先于世界,因此西方国家对后发现代国家而言占尽国家间竞争优势,不仅如此,西方国家还既对非西方国家施加资源掠夺、利益侵占和政治霸凌,也对非西方国家的现代转变心怀轻蔑、居高临下、横加指点。这无疑强化了现代化的对峙性:一是国家内部的对峙性,二是国家间的对峙性。因此,现代化的国家进程与世界进程交叠呈现出双重的错位结构,在国内和国际上,现代化是促成国家与全球发展的必须选择;同时,在国内与国际上,现代化在加剧变迁与抗拒之间的矛盾,从而塑造了一种在抗拒中变迁的现代化定势。

---

① [美]西里尔·E.布莱克编:《比较现代化》,杨豫等译,上海译文出版社,1996年,第133页。

对此，以色列学者艾森斯塔德指出，"政治、经济和文化领域的主要抗拒取向，是从现代化特有的总体结构的转变中形成的。这种取向的共同点是：首先，取向的目的在于改造新兴的政治和社会的中心、象征，以及更为广泛的社会结构；其次，它在社会的主要群体和阶层中更为扩展。就这些抗拒的主题而言，有的以社会秩序为中心，有的则专注于文化传统，而这两者又往往是密切相关的"①。在他看来，西方国家内部尤其是非西方国家对现代化的抗拒，在现代化的社会秩序上主要围绕三个主题展开：围绕权力、财富、身份等不同资源的分配，寻求不同于传统的社会秩序；以新兴的市民社会、政治和文化的性质为中心，寻求社会群体所能获得的个人与集体的新象征；在现代化复杂的劳动分工中，寻求个人尊严与纯真的人际关系；而在文化领域，传统主义取向与极端反传统主义的取向之间，展开了非常激烈和持续的争辩。在国际社会中，先发现代化国家、发达国家或富国与大多数后发现代化国家、欠发达国家或穷国之间的矛盾深重，让国家主义、民族主义与国际主义、世界主义之间的对立尖锐而复杂。②

现代化所呈现的积极与消极两面性，在中国的现代化进程中也有鲜明的体现。自晚明肇始到晚清展开的中国现代化历史画卷，尽显这一历史变迁的惊心动魄和艰难曲折。经由中华民国到人民共和国前30年的艰辛努力，终于在40多年的改革开放中汇成中国现代化的滚滚洪流。确如党的二十大报告所言，中国现代化确实是"伟大而艰巨的事业"。但在现代化复杂面相的面前，中国仍然把握住了历史大势，不为现代化的艰难困苦所迷惑，不因此丧失现代化的明确目标，不至于自陷于现代化的矛盾性之中而捆住

---

① ［以］S·N·艾森斯塔德：《现代化：抗拒与变迁》，张旅平等译，中国人民大学出版社，1988年，第36~37页。

② 参见［以］S·N·艾森斯塔德：《现代化：抗拒与变迁》，张旅平等译，中国人民大学出版社，1988年，第36~40页。

寻求国家发展的手脚。这是从中国早期的现代化到目前的中国式现代化之成为中国现代史历史主调的深沉动力。

二、凸显规范

正如马克思恩格斯所断言的，现代化对任何国家都是一个必经的历史发展过程。在浩荡向前的现代化洪流中，任何国家都不可能置身事外。这是历史理性已经一再对全人类耳提面命的社会发展趋势。在这一现代化的世界进程中，无论是大国还是小国、穷国还是富国、先发国家还是后发国家、顺畅发展的国家还是曲折进步的国家，亦或是已经迈入现代化门槛，尚且在艰难推进现代化，甚至是现代化仍然处在起步阶段的国家，都已经被或早或迟、或温和或激烈、或主动或被动卷进现代化的世界进程中。

在现代化的世界进程中，任何国家都没有是否被卷入的区别，只有先卷入还是后卷入的差异。这是现代化的世界进程区分出先发内生性现代国家与后发外生性现代国家的理由所在。先发内生性现代国家，无疑确立起了现代化的基本标准，成为人们认识现代化的历史原型和理论源头。后发外生性现代国家以先发内生性现代国家为学习对象，甚至是将其作为国家典范，以之校正自己国家的发展方向，确立自己国家的发展目标，检验自己国家是否置身现代国家行列的坐标。但不管是先发内生性现代国家，还是后发外生性现代国家，其现代发展都不是一帆风顺的事情，而是既经历了可以具有共感的艰难历程，也经历了不足为外人道的特殊艰辛。从现代化的实证研究角度看这两个类型的国家，对前者而言，筚路蓝缕的先发内生性现代国家，在实现现代转变上，并不是无往不利、直取果实的。英国是比较全面意义上的第一个现代国家，但英国的现代建国进程，耗时漫长、充满血腥。简略复盘英国的现代化进程，就足以让人发出惊天浩叹：从1215年英国贵族与约翰王达成《大宪章》算起，到1688年光荣革命，英国终于建立起稳定的君主立宪政制为止,英国人耗费了470余年的时间,不少人付出了生命代价,才确立起现代化的国家政治机制;从15世纪改变土地财产权的"圈地运动"并促进毛纺业发展算起,到19世纪终于全面剥夺了农民土地并大大促进了纺织业的现代崛起为止,无数人付出了倾家荡产、重置产业的代价,才终于完成了工业化或现代经济体系的建构;从中世纪晚期开始,英国家庭就不论贫富,将小孩在八九岁时就推向社会,或者像穷人家小孩那样去做佣工或劳工,或者像富人家小孩那样去做侍从,终于在16世纪左右锻造出分立的个人,为绅士文化提供了丰厚的社会土壤。在社会极为缓慢的艰难发展与现代转变的渐进积累过程中,英国社会诸方面都发生了重大的变化:国家与社会关系在重塑,权力与官僚制度在重建,法治与人治在交替,个体道德与社会伦理在演化,科技对手工劳动在升级,现代化的"英格兰道路"在呈现。[①]不是沉浸到英国现代史之中,人们是很难理解现代英国兴起中所遭遇的无尽艰辛的。

从英国这个唯一的现代原型国家向外推,世界现代化逐渐呈现为一条从西欧、北美、中欧、东欧,再到亚、非、拉美诸国的线索。其间,有两个非常突兀的画面展现在世人面前:

一是自现代转变以来,先发内生性国家内部一直未能根本消解的阶级对立机制,这也同时体现在后发外生性国家的现代转变进程中。如今,先发内生性现代国家是一个非常宽泛的概念,几乎包括了所有发达国家(developed country)在内。其实,现代化的真正先发内生性国家只有一个,那就是英格兰。除此以外,所有实现了现代化的国家,都是后发外生性现代国家。但后发外生性现代国家可以进一步区分为相对先发与内外同驱的现代国家,与绝对后发且自外输入的发展中国家(developing country)与欠发展国家

---

① 参见[英]艾伦·麦克法兰:《现代世界的诞生》,管可秾译,上海人民出版社,2013年,第11~22页。

(underdeveloped country)两类。在前一类国家中,诸如法国、德国、意大利、美国等国家,虽说属于后发现代国家,但因为在文化上与英国的类同性,也就是表现出所谓"西方性",一旦遭遇英国发展的现代模式,便由外向内,产生驱动国家现代化发展的两种动力;在后一类国家,除开极少数国家如日本、韩国这些后发外生性现代国家,较好地将现代政经体制与固有文化综合了起来,形成了驱动自己国家的现代转变的强大力量而实现了现代化发展目标之外,其他接受现代化转变的大多数国家,因为面对现代转变的国内张力与国际紧张局面,既未能处理好国内因发展经济而带来的社会阶级分化与利益冲突问题,也未能处置好与现代国家之间的国际关系。因此,大多数后发外生性现代国家都处在一个国内阶级阶层撕裂、国际处境不利的现代化僵局中。以前者言,这些国家同发达国家一样,都在紧张应对富裕阶层与贫穷阶层的对抗问题,尝试以政府调节解决分配不公的问题,以期保有社会公平的良性状态。这可能是现代化经济发展会一直面对的一个难题。恰如皮凯蒂所指出的,"不平等与再分配问题,历来是政治冲突的核心"①。因此,现代国家与准现代国家都一方面在迅速积累财富,另一方面则都在与不平等和再分配难题作艰巨斗争。而这常常让人们深刻质疑,现代化是不是一个值得期待的社会变迁目标。

二是富国、穷国在现代处境、国家利益与相互认知上一直呈现出的对立状态,构成现代化世界进程中的一个令人格外瞩目的现象。富国与穷国的矛盾,首先出现在欧洲的先发内生性现代国家与后发外生性现代国家之间,法国与英国的长期敌视、德国与西欧国家(或他们所谓西方腐朽的资本主义国家)的敌对、东欧国家如俄罗斯对西欧国家的愤恨,以及由此导致的英法战争、英德对抗、俄罗斯怨恨,都早就载入史册,勿需赘言。至于这些国家诉

---

① [法]托马斯·皮凯蒂:《不平等经济学》,赵永升译,中国人民大学出版社,2016年,第7页。

诸大规模的战争,试图解决彼此间利益的冲突,就更是以两次世界大战书成一部现代化灾难史。当今一般意义上的富国与穷国之间的矛盾,以及由此造成的穷国对现代化的敌视、对发达国家的不信任与深刻疑惧,则是一个其次意义的穷、富国家间的冲突。在富国一方看来,他们之所以得以聚富,成为发达的现代化国家,自18世纪休谟以来,都认为"财富是美德的朋友,发展奢侈品的过程要求系统地利用相对优势,它对于经济增长是至关重要的。经济增长和繁荣是国家安全、文明的社会生活、政治自由以及更重要的创造性实现个人才能的和使人类获得满足的其他合法源泉的根本保证"[①]。

换言之,富国之所以富,是因为他们为自己的国家确立了财富增长、政治有序和社会安宁的制度机制,它们不是靠别人恩赐,或剥夺别人而致富的。在富国的眼里,穷国就应该发愤图强、制定有利于赶超富国的国家发展战略与策略,它们也就会获得发展,甚至经济起飞的惊人结果。但在穷国看来,富国之所以富裕,就是因为他们以自己国家的先发为契机,大肆侵夺后发外生性现代国家的利益,并长期使后者处在一个依附性、外围化、边缘性发展的地位,以至于无法根本改变国家发展滞后的处境。埃及经济学家阿明曾经概括外围资本主义的四大共同特点,"(一)在国营部门中,农业资本主义占主导地位;(2)产生一个追随统治地位的外国资本的当地资产阶级(主要是商业资产阶级);(三)具有当代外围地区所特有的特殊官僚主义发展的趋势;(四)无产阶级化的现象具有不完全的特点。"[②] 这四个方面的概括,除第一点主要是传统产业结构所致以外,后三个方面都与国家后发有着密切关系:由于国外(国际)资本的控制,让后发国家的经济命脉不掌握在自己手中;也由于国际资本及其后发国家的代理者造成的政治后果即国家机

---

① [美]W·W·罗斯托:《富国与穷国》,王一谦等译,北京大学出版社,1990年,第61页。

② [埃]萨米尔·阿明:《不平等的发展:论外围资本主义的社会形态》,高铦译,商务印书馆,1990年,第285页。

器被国际资本俘获,因此会让后发国家的利益以及发展严重受损不说,还造成后发国家严重的失业问题与分配不公难题。于是,后发外生性现代国家对先发内生性现代国家的抗拒、怨恨与仇视,完全是合情合理的反应。

正是由于现代化发展的全球进程的非均衡性,让后发外生性现代国家对现代化产生明显的民族主义抗拒心理。这样的抗拒心理,投射在国家的现代化发展政策上,常常产生畸形决策,导致国家发展的不顺或夭折,甚至让一些现代化发展不顺的国家以抗拒西方现代化方案来塑造国家的民族主义秩序;投射在民族文化心理上,催生了以传统文化对现代变迁的贬斥与抵抗,甚至由此导出反现代化的社会心态与文化定势。这种反现代化心态,不仅体现为以传统抗拒现代,而且也体现为以现代摧毁传统。前者是对现代化的直接抗拒,后者是对现代化的间接抵抗——以其妨碍了健全的现代化心态而无法有力推进现代变迁,且阻碍了现代化的健康发展。于是,在现代化的实证研究上,人们会很容易发现抗拒、反对、另辟蹊径的种种现代化怪相。

那么实证层面的现代化研究所展示的全球现代化推进与抗拒的对立现象,是不是就将抗拒现代化本身正当化,以至于可以让出现这类思潮与举动的国家置身于现代化全球进程之外了呢?答案是否定的。这是因为在现代化的实证研究上展现出的现代化多种面相,并不能直接证明支持或反对现代化的不同主张。这是现代化的实证研究所无法确证的结论。全球所有国家无法置身现代化浪潮之外的结论,只能由现代化的规范研究引导出来。与现代化的实证研究主要是刻画不同现代化面相不同,现代化的规范研究是要凸显现代化何以成为现代世界最广泛的价值共识、制度机制与生活方式,因此现代化在这些方面提供给了人类无法拒绝的价值观念、制度机制与生活方式。现代化的规范研究,旨在凸显价值纷争之外的底线共识,着意的是现代化政治、经济、文化诸方面的民族国家共识,阐扬的是国家发展的可望后果而非容易引爆分歧的发展动机。规范一词的一般意义是，"规范是价值观的外化、普遍化和标准化，通过规范整合将社会规则内化为人们自觉遵守的行为准则"①。依此可以推知，现代化的规范研究凸显的是现代化可以被广泛认同的普遍化与标准化内涵，它不致于使现代化陷入聚讼不已、久决不下的争执之中，而促使人们将之付诸行动，落实为社会变迁的现实过程。这就免除了现代化是不是值得的截然对立看法，而将现代化视为社会变迁的一个必须面对的过程。

现代化的研究有没有揭示出它的规范内涵呢？经过现代化的长期持续研究，在种种曾经对峙的现代化主张之间折衷，深研现代化的学者已经揭示出现代化的规范含义。这就是德赛所说的现代化在总体特征上的世俗化、个体化、分工化、专门化，也就是这些特性呈现在政治、经济与文化领域中的一些基本表现。

一是现代化的政治所具有的四个主要特征："1.国家统治权力的合法性不是来自超自然的神意而是来自世俗的人民的批准，是建立在对公民承担责任的基础上的。2.不断扩散'政治权力至更广大的社会集团——最后扩及全体成年公民，将他们凝结进一个意见一致的道义体系。3.'地理范围逐渐扩大，尤其由于社会的中央权力的增强以及社会的法律、行政和政治结构职能的加强。'4.现代社会的统治者，无论他们是什么性质——极权的、官僚的、寡头的还是民主的，都不同于传统社会的统治者，'他们将自己的臣民作为制定政策的目标，受益者和授权者。'现代的民主和半民主政府形式的不同，在于它们'允许对政治制度做法理学表达的程度''公众自由以及福利和文化政策'。"②这显然是对不同现代政体条件下政治现代化一般特征的一个归

---

① 《中国大百科全书》(第23卷)，中国大百科全书出版社，2009年，第284页。
② [美]塞缪尔·亨廷顿等：《现代化：理论与历史经验的再探讨》，罗荣渠主编，上海译文出版社，1993年，第30页。

纳,因此具有认知现代化政治的规范意义。

二是现代化的经济特点,这些特点表现为:非生物性动力取代人力作为生产与生活的基础,经济活动与传统环境相分离,机器和技术取代了手工工具,工商业与服务业(第二、三产业)在数量上超过天然生产业(第一产业),经济日益专业化并且自立地增长,最重要的是工业化长足进步,以及城市化不断前进。[①]

三是在文化领域中表现出这样的特点:文化的主要因素日益分化,教育普及、识字率提高、专门化知识与制度体系凸显;出现新的文化观,认同进步、强调快乐、重视能力、张扬情感、凸显个性、推崇效率;具有广泛的社会适应性:机动灵活、兴趣广泛、注重发展、看重尊严、责任感强、彼此信任、信奉科学、以贡献获利;社会有能力发展其一种制度并适应变化、加以优化。[②]现代化的这些规范含义,与现代化原生地区的完备性呈现相关但不直接相连,因此得以免除现代化就是西化的争执:一方面,现代化不再是基督教世界社会中神人分离、政教分离的社会结构转变;另一方面,也不是自古希腊罗马、中世纪一线而下的独特历史演进的结果;再一方面,更不是西方国家为了打开全球市场而以战争手段推向全球的过程。换言之,犹如民国时期的学者所说,"现代化不是西化"。

三、规范内外

现代化是不是已经获得了它的规范含义,是一个国家认同还是不认同现代化范式最为重要的判准。但一个国家即便认同前述的现代化规范内涵,也并不意味着这个国家就会表现出强劲的现代化发展能力,就能径行直

---

① 参见[美]塞缪尔·亨廷顿等:《现代化:理论与历史经验的再探讨》,上海译文出版社,1993年,罗荣渠主编,第31页。

② 同上,第31~32页。

遂现代化梦想。一个国家何以会在现代化的主观意愿与客观结果之间出现巨大沟壑呢？原因就在于,尽管现代化数百年的发展历程已经呈现出超脱价值争执的规范内涵,显现了现代化转变对一个国家及其民众所具有的积极面相,展示了它对于权力方面和公众方面共同呵护的乐观效用,但是现代化的推进并不是一个天随人愿的自然发展过程。在一国之中,现代化在规范内外,会存在因一国国情、发展处境、价值争端、实际推进、现实收效、进退拉锯、国际环境等多重因素的影响,造成的现代化迟滞、倒退与夭折结果。故而,在现代化的规范之内,一国寻求实现现代化的转变,自然是这一个国家启动现代化进程的前提条件;缺乏对现代化的认同,一个国家就会与现代化绝缘,即便是勉力推动现代转变,也会半途而废、无以竟功。至于处在现代化进程中的国度,常常溢出现代化的规范约束,竭力去尝试非规范的现代化发展途径或方案,那就更是导致这类国家难以甚至无法成为规范意义上的现代化国家的悲壮结果。由此可以说,保持对现代化的规范认同、尽力维持合乎现代化的规范发展、全力保证现代化诸方面相互匹配的健全化发展,就成为一个国家现代化发展最令人期望的状态。

不过需要看到,即便是现代化呈现出规范的面目,可以让人们免于现代化究竟值不值得、好不好、积极不积极的争端,但所有先发内生性与后发外生性现代国家,从来就无法避免在现代化社会变迁进程中免于争论。这既是因为,长期以来,在关于现代化的理论争执中,现代化曾经在一个相当长的时间段中未能凸显它的规范意义,即便现代化在20世纪上半叶凸显出规范含义以后,也不是所有国家都诚心诚意认同与专心致志认取的。一方面,现代化规范含义凸显得很晚,即便是在第一个现代化国家英国那里,也是到了19世纪实现工业化以后,才算是政治、经济、社会文化综合意义上的现代国家,才显现出规范意义上的现代化国家的大致轮廓。非规范的现代化发展,造成人与人、阶层与阶层、国家与社会、国家与国家之间广泛、持续的矛盾与冲突,它给现代化的社会变迁涂抹上了一层悲剧色彩,让人们产生不快记忆,甚至是承受痛苦不堪的经历。另一方面,先发内生性现代化国家向外扩张的时候,一则给后发外生性现代国家带去现代化发展的国家模式,二则对这些国家形成一种有意无意的强制。其间,跨国资本的扩张带有的利益侵夺目的、资本背后的国家力量带有的侵略扩展意图、在国际事务处置中形成的倚强凌弱行为方式,以及引导国际社会走向现代化领导型国家对他国事务的肆意干预,都让后发外生性现代国家在价值上去寻求现代化的替代价值,在制度上去发现不同于先发内生性现代国家的体系,在国际关系中去抗拒现代化领导型国家的国际霸权。这就让一部现代化的世界史充满了现代化规范以外的非规范竞争现象,或者说呈现出现代化的世界进程在国内走向规范化、在国际展现出无政府的背离现象。

可以说,规范的现代化状态大致是以主权国家统治范围为界的。从国际社会的范围来看,主权国家的规范现代化指标,尽管一直被视为是现代国际秩序建构的重要指引,但远没有成为国际秩序建构的刚性规范。在规范的现代化意义上,主权民族国家的立宪政制,将国家权力限定在宪法的框架内,并且以权力制约权力、以权利制约权力、以社会制约权力等方式,让权力不再能像古代社会那样随意作为或胡作非为。一部限制或规范国家权力的政治现代化史,就是一部"控制国家"的历史。从英国"王在议会""王在法下"的议会主权实践开始,到美国革命以制定宪法、实行依宪治国的三权分立制衡体制,再到法国大革命的"人权宣言"以保护人权为国家基本责任,[1]今日全球绝大多数国家都制定了成文宪法,都实行依宪治国的国家治理模式。即便依宪治国的法治程度、治理范围、治国绩效有着巨大的差异,但将国家权力约束在宪法之下,几乎是制定了成文宪法的国家在政治制度建设

---

① 参见[美]斯科特·戈登:《控制国家——从古代雅典到今天的宪政史》,应奇等译,江苏人民出版社,2005年,第5~9页。

上的趋同做法。①因此可以说,政治现代化的一个重要标志就是"依宪治国"。对任何一个现代主权民族国家而言,明确声称不按照宪法治国的,完全就是在冒天下之大不韪。就此而言,依宪治国构成了规范意义的现代化的一个决定性指标。

但是依宪治国的主权国家建构原则,并没有成功延伸到国际政治领域。"各国居于恒久的无政府状态之中,因为没有任何中央权威对主权利益的追求施加限制。这一共同状态产生了种种不同后果。国家间关系表现为战争和协调、军备竞赛和军备控制、贸易战和关税休战、金融恐慌和金融援救、竞争性贬值和货币稳定化。中央集权的国际权威之缺乏时时排除共同目标之实现。因为作为国家,它们不能将对于自身行为的最终控制权让予一个超国家的主权者,它们不能保障它们会信守自己的承诺。背信的可能性能够阻碍合作,甚至在合作本将使所有各方都得益的场合。"② 这种状态,曾经在欧洲联盟的发展进程中有所改善。但最终英国的成功脱欧,表明主权国家转让权力给一个超主权国家的尝试暂时归于失败。

因此,国际社会的无政府状态还会持续下去。在国际社会无政府的状态下,即便有国际法在不影响国家主权的情况下发挥国际秩序供给的作用,但只要在主权上与某个重要国家利益发生冲突,实力原则还是解决冲突的主要途径。即便这样的实力,已经不再是单纯由武力构成的硬实力(hard power),随着软实力(soft power)与巧实力(smart power)概念的提出,③表明国

---

① 参见姜士林等主编:《世界宪法全书》,青岛出版社,1997年,第1~5页。中国共产党三代领导人江泽民、胡锦涛与习近平,在1982年宪法颁布的十、二十及三十周年纪念日讲话与谈话上,都强调任何组织和个人在宪法之下活动的基本原则。2014年11月,第十二届全国人民代表大会常务委员会第十一次会议更是决定将每年的12月4日设立为国家宪法日。

② [美]肯尼斯·A.奥耶:《世界政治合作的条件》,载[美]罗伯特·J.阿特等编:《国际政治——常在概念和当代问题》,时殷弘等译,中国人民大学出版社,2007年,第75~76页。

③ 参见洪晓楠等:《约瑟夫·奈的"巧实力"理论及其对中国的启示》,《江海学刊》,2014年第3期。

家实力的构成已经非常复杂化了。在这种实力思维中，即便是传统由武装力量表现的硬实力，本身也更多体现为国家的总体经济—政治—军事的综合性实力。但不管实力的具体内容如何丰富、阐释怎样精致，它终归是一种实力思维。换言之，在国际政治的无政府状态没有根本改变的情况下，国际政治就一直会受实力思维的支配。因此，国际政治受国家实力强弱逻辑的支配，就仍然是国家间政治的常态。国际规则在大国、强国面前的软弱无力，甚至是彻底丧失制约能力，就不会令人意外。在现代化进程中呈现出来的国家规范，就很难延伸作用于国际领域。

国家政治与国际政治的错位运行，会在国家政治的范围内以及国家间政治的运行中，引发关于现代化是否合乎规范运作的持续争执。这类争执，主要在两大主题上呈现出来。一个主题是关于现代化的价值争辩。这样的争辩，主要是解决现代化是不是值得的、好的、积极的或不值得的、坏的与消极的总体判断问题。在现代化描述与评价的理论框架中，就其总体结构与前现代化的差异而言，有一个"传统"（the traditions）与"现代"（the modern）的比较架构，人们长期认为，告别经济低度发展、专断政治与盲信文化的"传统"，进入经济高度发展、民主政治、理性的多元文化的"现代"，一定是进步的表现，肯定是有益于人类发展的，因此现代化也就肯定是好的。故而从社会结构变迁的角度看，人们也长期认为现代化（modernization）的社会变化，相对于非现代化的社会局面而言，也就总是在趋向物的丰富、制度的改进与人的发展的一端。比之于物质匮乏、制度落后与人的尊严受到践踏的社会，那么现代化之值得期待就是一个自不待言的结论。

但因为前述现代化的西方原创以及强加给世界的构成性特点，人们认为它既可能歪曲了现代化兴起的历史，抹杀了非西方国家对现代化兴起所做的杰出贡献，以及降低了西方国家对非西方国家的现代化转变的伤害程度，故需要转变视角来审视现代化进程。于是，旨在反思现代化的"现代性"

(modernity)命题便流行开来。在现代性命题中,现代化精神结构中的个人主义、理性主义、普遍主义、进步主义、人道主义、至善主义等受到普遍质疑,而将之推向世界范围的启蒙运动则受到更为广泛的抨击。人们认为,现代性不过是一个割裂现代与传统紧密联系、肢解人与神的关联结构、虚幻承诺进步的社会发展后果、将利益计算打扮为虚伪德性、被持续发展的幻象所莫名鼓舞、陷入战争的泥淖而不知引发灾难的究竟。而且现代性的兴起,在非西方国家尤其是一些东方国家那里所做的相关贡献被完全抹杀,造成了东西文化的严重失衡。于是,反现代性成为修正或颠覆现代性的一个反面结构。在这种广泛质疑的精神氛围中,"现代性不再是一个庆祝的原因,而成了一个怀疑的理由"①。

经由现代性命题,现代化被从它曾经占据的崇高位置上拉了下来,成为一个深刻质疑现代变迁的思想切入口。"现代性并不单一,它包括了许多相互竞争的部分。对现代性的不满——确切地说,现代性的异化——本身就是一个典型的现代现象。除了对现代性表示不满,难道还有更好的手段表达现代性吗?"②相比于人们对现代化怀抱单纯的赞美信念,这种以现代性的名义对现代化评价所做出的重大修正,表明现代化在长期的积极评价上所遭遇的明显逆转。这让前述的现代化规范标准遭遇到重大挑战。

另一个主题是在现代化的历史比较中,现代化先发国家对非西方国家的殖民与准殖民的展示,既在西方国家实现现代化目标之后的历史反思中出现深深的自责,也在独立后的殖民地、准殖民地的现代化历史回溯中受到严厉的谴责。以前者论,西方国家实现现代化以后,随着历史反思的启动,他们对贩奴运动、经济侵略、利益侵夺、残暴殖民进行了自我检讨。这让现代化的世界历史不再是一幅令人心动的画面,而是充斥着血腥的历史。就

---

① [美]史蒂文·史密斯:《现代性及其不满》,朱陈拓译,九州出版社,2021年,第5页。
② 同上,第28页。

后者论,非西方的后发外生性现代国家在回顾其现代化起源与初期发展历史时,对历史上所受到的西方国家的伤害记忆犹新、挥之不去。因此,他们对西方国家的痛恨是绝对有道理的,是完全能够让人理解的。整个亚、非、拉美的现代化早期史上形成的悲愤的殖民记忆,不仅是他们对现代化世界史的深层怨恨记忆,也是他们启动自己国家现代化之后,对已经强盛起来的西方国家或是诱发、或是直接导致的现代化迟滞,也有充分的理由心怀不满。为此,他们甚至明确拒斥关于现代化的历史与现实叙事。"西方的发展概念就如西方的效率概念一样狭隘和丑恶。……建议贫穷社会按西方的样式增加产品,而不考虑必然会产生的社会上与文化上的副作用,其有害性就犹如治病时使用某种能治愈这个特定疾病的药物,但在同时又造成新的疾病。"[1]如此一来,非西方国家似乎只有在接受与抗拒西方现代化方案之间游移不定,对现代化转变欲迎还拒了。这似乎暗示人们,现代化并不是指引后发外生性国家前行的行动指南。人们必须自觉意识到原发内生性现代国家可能给后发外生性现代国家所挖的原来是一个大坑。就此可以理解,为什么如此之多的后发外生性现代国家何以在现代化进程中进退失据、左支右绌,难以收到自己预期的现代化发展效果。

上述两个主题,显现为现代化世界进程中后发外生性国家遭遇的两大难题:如何免于关于现代化的价值争端,以规范的现代化理念去推进自己国家的现代化进程;如何跳出历史上所遭遇的西方现代国家的侵夺与欺凌的记忆,以历史理性引导自己国家的现代进程。这两个问题,是涉及后发外生性现代国家如何顽强认取现代化的规范意义,如何竭尽全力推进自己国家的现代进程的大问题。

---

① ［美］塞缪尔·亨廷顿等:《现代化:理论与历史经验的再探讨》,罗荣渠主编,上海译文出版社,1993年,第100页。

四、自主认证与规范检验

正是由于现代化进程是在先发内生性现代国家与后发外生性现代国家之间接力展开的一个长过程,也是从前者向后者扩展的一个空间增大的扩张性进程,因此前者所据的有利地位,以及在现代的国家间竞争中所采取的居高临下姿态,让后者对前者充满了不满、怀疑与对立情绪。从现代化的世界历史进程来看,世界各国大都能理性认识到被卷入这一进程的某种势不可免性,但在实际被卷入这一过程以后,则迅即陷入进退失据的艰难境地,因此呈现出在抗拒中接受变迁的悖谬化现代转变特性。

后发外生性现代国家面对自己国家的现代化进程,以及与西方先发现代化国家关系的时候,大致处在理智与情感的正面、长期与深层的冲突之中。美国学者列文森在分析梁启超的文化心理特点时指出:"由于看到其他国度的价值,在理智上疏远了本国的文化传统;由于受历史制约,在感情上与本国的传统相联系。"①这样的断论,不唯是对梁启超文化心理的个体特点的断言,它也具有一种方法论的意义。因为所有后发外生性现代国家对先发内生性现代国家的态度,几乎都如此分裂:在泛指的西方国家中,18世纪法国人对英国的态度是如此,美国革命时期人们对英国的心态也是如此,19世纪的俄罗斯对西方国家是如此,19—20世纪中叶的德国对西欧国家的态度仍是如此。在东方国家中,19世纪晚期到20世纪中期中国知识分子对西方国家的态度是如此,印度的甘地对西方国家的矛盾态度更尖锐地呈现给世人。这种理智与情感的冲突显得是如此自然,以至于理智地接受现代化时是如此清醒明白,完全是坚定不移的;而情感上的排斥是如此的自然流露,以至于人们会认为后发外生性现代国家对先发内生性现代国家的排斥,

---

① [美]约瑟夫·阿·列文森:《梁启超与中国近代思想》,刘伟等译,四川人民出版社,1988年,第4页。

乃是前者侵夺后者利益、损害后者尊严、破坏后者固有文化的理所当然反应。

分析起来，后发外生性现代国家面对先发内生性现代国家提供的现代化规范，之所以心存理智与情感的矛盾态度，并不完全是因为前者受传统与现代冲突逻辑的支配使然，还因为后者的现代化方案本就不是铁板一块。在现代化的第一个典范国家英国，资本主义、社会主义一直相互伴随，自由主义、保守主义与激进主义长期在思想市场竞争，国家与社会力量之间的博弈从未停止。而较早实现现代化目标的国家间的冲突，更是连绵不绝。因此，后发外生性现代国家中的不同人群，完全可以以一种各取所需的方式来接引不同的现代方案或现代主张。

将眼光聚焦到中国现代化的进程中来看这一问题，其矛盾性、尖锐性比之于其他后发外生性现代国家，有过之而无不及。这与中国现代化的起始阶段所处的中西文化碰撞、中西之间的经济、政治与战争冲突状态紧密相关。加之中国现代化在清中后期第一波有声有色的现代化运动即洋务运动，自限于学习西方国家的"坚船利炮"，其后才被迫走上康有为所说的"全变图存"的制度现代化轨道，因此现代化的国家谋划是一个接一个的不完整谋划。故而人们对现代化的认知与现代化的推进，都存在明显的缺环。

一方面，在中国，最初的现代化陷于"现代"与"传统"的对峙性争论泥淖之中，长期不能认识清楚现代来自于传统、传统发展出现代的历史事实。而且将源于西方国家的现代化误解为物质文明发达，而中国传统是精神文明远超于西方国家的文明形态，因此将现代文明肢解为不相关联的物质、制度与精神文明的块状结构。①另一方面,中国现代化进入纵深地带以后,如何择定现代化的样板,确立现代化的目标模式,又掉进了"西化"与"本土化"的自设陷阱,"全盘西化"固然不是今天人们妖魔化的那种身体发肤都要西化的说辞,但确实是主张全盘学习西方现代化方案的激进主张。陈序经指出:"全盘西化的必要,至少还有下面二个理由:(1)欧洲近代文化的确比我们进步得多。(2)西洋的现代文化,无论我们喜欢不喜欢,它是现世的趋势。"②以前者言,他认定欧洲现代文化的所有方面,诸如宗教、政治、经济、文化等方面,都通通领先于中国;以后者论,他认为现代世界既然是西方所打造出来的,因此只要中国试图在这个"世界"中生活,就必须适应这个"世界"的要求。对陈序经此论,驳难者多,辩护者少。驳难者的理由不出中国之为中国的传统与国情理由,因此主张一种与"全盘西化"恰相反对的"中国本位文化论",③但这样的反驳,隐含着对现代化的排斥意味。赞同者可能也意识到"全盘西化"太刺激国人的神经,因此也主张把这个刺激性的命题修正为"充分世界化",④而且认为"全盘西化"既无必要,也无可能,由此来为现代化的立场寻求广泛支持。

中国现代化一直处在中国与西方、传统与现代、理智与情感的紧张之中。直到改革开放持续40多年的时间,中国的现代化发展终于取得了长足的经济总量增长之后,种种长期困扰中国的现代化两难困局才崭露破局的

---

① 梁启超在"欧游心影录"中就明确认定,"近代西洋学者,许多都想输入些东方文明,令他们得些调剂。我仔细想来,我们实在有这个资格",因为只有中国的出世法与入世法并行不悖,才能够纠正西洋人理想与实际、唯物与唯心分为两橛、各走极端的弊病。转引自罗荣渠主编:《从'西化'到'现代化'——五四以来有关中国的文化趋向和发展道路论争文选》(上册),黄山书社,2008年,第11页。

② 转引自罗荣渠主编:《从"西化"到"现代化"——五四以来有关中国的文化趋向和发展道路论争文选》(中册),黄山书社,2008年,第403页。

③ 同上,第417~421页。

④ 同上,第591页。

希望。而"中国式现代化"命题的提出，则是中国将国情与现代化尝试内在、平衡地结合起来的一个标志性命名。在这一命题中，"中国式"是对现代化进程中的国情的凸显与强调，"现代化"则是对规范意义的现代模式的认取。统合起来看，中国式现代化就是对既具有现代化共性，又反映现代化国家处境的国情个性的一个对等式表述。"中国式现代化，是中国共产党领导的社会主义现代化，既有各国现代化的共同特征，更有基于自己国情的中国特色。"① 换言之，中国式现代化可以被理解为中国拒斥了"西化"方案、认取了"现代化"方案的标志，也可以进一步被理解为中国对规范的现代化模式的一个全面系统的接受。这从党的二十大报告中对中国式现代化基本目标的列举，可以得到印证。到2035年基本实现现代化建设目标的中国：

> 经济实力、科技实力、综合国力大幅跃升，人均国内生产总值迈上新的大台阶，达到中等发达国家水平；实现高水平科技自立自强，进入创新型国家前列；建成现代化经济体系，形成新发展格局，基本实现新型工业化、信息化、城镇化、农业现代化；基本实现国家治理体系和治理能力现代化，全过程人民民主制度更加健全，基本建成法治国家、法治政府、法治社会；建成教育强国、科技强国、人才强国、文化强国、体育强国、健康中国，国家文化软实力显著增强；人民生活更加幸福美好，居民人均可支配收入再上新台阶，中等收入群体比重明显提高，基本公共服务实现均等化，农村基本具备现代生活条件，社会保持长期稳定，人的全面发展、全体人民共同富裕取得更为明显的实质性进展；广泛形成绿色生产生活方式，碳排放达峰后稳中有降，生态环境根本好转，美丽中

---

① 习近平：《高举中国特色社会主义伟大旗帜 为全面建设社会主义现代化国家而团结奋斗——在中国共产党第二十次全国代表大会上的报告》（2022年10月16日），《人民日报》，2022年10月26日。

国目标基本实现;国家安全体系和能力全面加强,基本实现国防和军队现代化。①

以之跟前述现代化的规范指标体系对照,便能够发现中国式现代化在政治、经济与文化领域中设定的目标,与现代化的规范状态如出一辙。党的二十大报告不仅在现代化目标设计上与规范的现代化接榫,在推进现代化的关键时间段与重要事务上,也都与规范的现代化接轨:未来五年是为中国现代化的关键时期,五年的主要目标任务是"构建新发展格局和建设现代化经济体系""中国特色社会主义法治体系更加完善""人民精神文化生活更加丰富"②,这三大方面,正是规范现代化的三大指向。在现实任务与未来目标一以贯之、稳定有序推进中,中国式现代化成为全球现代化进程的一个重要组成部分。因为中国是在古代曾经长期领先世界、现代早期落伍于世界现代化步伐情况下的再次崛起,因此中国式现代化确实是对人类现代文明的一个刷新:它不仅表明"中国式现代化"与"中华民族伟大复兴"内在勾连起来,而且因为中华民族在实现现代化目标情况下的复兴,肯定有利于创造人类文明新形态。

很显然,中国式现代化一定会是符合规范意义的现代化。换言之,"中国式现代化"对中国是不是已经实现了"中国的"现代化目标,不是一个在中国范围内、完全由中国人来单方面认定的事情。就此而言,党的二十大报告阐述中国式现代化时提及的"各国现代化的共同特征""人类命运共同体""人类文明"以及现代化的种种指标,都表明"中国式现代化"对"现代化"规范含义的承诺。之所以中国式现代化既是呈现中国特色因而富有国家个性

---

① ② 习近平:《高举中国特色社会主义伟大旗帜 为全面建设社会主义现代化国家而团结奋斗——在中国共产党第二十次全国代表大会上的报告》(2022年10月16日),《人民日报》,2022年10月26日。

的现代化,同时又是体现现代化共性即规范现代化特性的现代化形式,是因为中国现代化史的艰难困苦、曲折起伏提醒中国人,现代化不是中国人封闭自营的事情,而是国家开放、与现代世界并行的社会变迁过程。这既是对中国现代化经验与教训的总结("新中国成立特别是改革开放以来长期探索和实践基础"),也是对西方先发现代国家早期的粗放型现代化的超越("不走一些国家通过战争、殖民、掠夺等方式实现现代化的老路"),更是对社会主义现代化本质特征再认知的结果("物质贫困不是社会主义,精神贫乏也不是社会主义")。

总而言之,中国式现代化是中国与世界开放性互动的产物,也是检验中国是否实现了现代化目标的、各国现代化共性基准的结果。"我们坚定站在历史正确的一边、站在人类文明进步的一边,高举和平、发展、合作、共赢旗帜,在坚定维护世界和平与发展中谋求自身发展,又以自身发展更好维护世界和平与发展。"[①] 中国之融入世界,故而有中国式现代化提法,这是中国自晚清以降,尤其是改革开放以来对自己国家发展道路的一个自主定位与自主检验问题;世界影响中国,故而有中国式现代化的定位,这是一个中国结合现代化规范内涵,接受现代化先发国家影响,依托于国情推进现代化事业而确立起的现代化规范模式。这是中国已经跳出现代化价值争端,超越现代化早期历史悲情记忆,[②]直取规范现代化的根本体现。

① 习近平:《高举中国特色社会主义伟大旗帜 为全面建设社会主义现代化国家而团结奋斗——在中国共产党第二十次全国代表大会上的报告》(2022年10月16日),《人民日报》,2022年10月26日。本段括号中的引文,均出自该报告。
② 参见任剑涛:《走向理性:近代以来中国世界观的嬗变》,《中央社会主义学院学报》,2017年第2期。

他者之资：
比较视野中的中国式现代化

中国的现代化自始至终都只有在比较现代化的框架中才能得到定位与理解：在发端处，中国现代化起自传统与现代对比而有的发奋追赶；在发展中，中国现代化一直在寻找模仿对象，以"他者"带动中国的现代化进程。中国式现代化只有在与已经实现了现代化的国家的比较中，才能明白其得失、进退与方向、前景。这是由中国现代化的相当晚发处境所注定的情形。中国古代国家发展方向的迷惘，造成中国现代国家建构转向的迷惑。为此，中国现代化不能不是持续地寻找国家典范的艰难过程。直到中国发现不再能够依靠模仿实现现代化的时候，"中国式现代化"才得以登场：必须以完整的现代化方案引导国家的现代化进程，必须在曾经悉心效仿的现代国家那里归纳总结现代化基本特征并以之推进国家现代化进程。如此，中国现代化才能取得历史性突破。

他者之资：
比较视野中的中国式现代化

中国式现代化命题本身，就包含极其明确的比较现代化意味：它是"中国式"的现代化，就意味着它不是英国式、美国式、日本式、德国式，抑或俄罗斯式的现代化；它是中国式"现代化"，也就意味着它必须在已经或正在致力于实现现代化的国家间的比较中，找到一条适合中国的现代化进路。这是"中国式现代化"的两个基本规定性："中国式现代化，是中国共产党领导的社会主义现代化，既有各国现代化的共同特征，更有基于自己国情的中国特色。"① 在比较现代化的国别关注与国际比较的双重线索中，中国式现代化的中国特色的比较意味与现代化的比较特征交错浮现出来。这既是得他者之资的体现，也是中国在他者与自我的比较关怀中发现一条中国的现代化道路的必须。

一、楔入的"他者"

中国不是现代化的原发性国家。这是一个从现代化开启时间先后与动力机制两方面可以证明的事实：从前者看，世界现代化的最早发源在13世纪

---

① 习近平：《高举中国特色社会主义伟大旗帜，为全面建设社会主义现代化国家而团结奋斗——在中国共产党第二十次全国代表大会上的报告》，《人民日报》，2022年10月26日，《人民日报》，2022年10月26日。

初期。1215年,英国贵族与约翰王达成《大宪章》,这是限制权力的政治现代化的实践创设点。此时的中国还处在元朝建国的起始阶段,游牧文明再次表现出征服农耕文明的强大实力。①14—16世纪,随着文艺复兴运动的开展,现代化的大致轮廓在西欧崭露出来。此时的中国,则处在明朝极为严厉的特务统治状态下。17—19世纪,随着英国光荣革命确立起君主立宪政体,以及18世纪的工业革命掀开历史大幕,19世纪以尘埃落定的现代化国家面目出现在全球舞台。此时的中国,处在清朝政府的统治之下,与明朝一样,清朝也厉行海禁,禁止民间思想,妨碍市场成长,缺乏社会经济的革命因素,是一个固步自封的农耕文明国度。如果从晚明阶段中西文化接触开始计算中国的现代化进程的话,中国的现代化已经晚于世界现代化最初创设者400余年;如果从清晚期的洋务运动开始计算中国的现代化进程,那么晚于世界现代化的公认起始点即1500年,也已经达到350来年;如果将中国设定的现代起始点即1840年作为中国现代化进程的起计点,则与世界现代化的最晚计算时刻即1789年法国大革命相比较,仍然晚了50余年。

总而言之,无论从前述哪个时间刻度起计,中国的现代化起始时间,都明显晚于现代化的先发国家。这是中国现代化属于所谓后发国家行列的明证。就后者即现代化的动力机制上讲,中国现代化依赖于内外源双重动力。从内源动力上讲,中国从"唐宋之变"开始积累新的社会因素,甚至"唐宋之变"本身就被视为中国现代化的起始点。日本历史学家内藤湖南明确指出,"在唐宋之间,在政治、经济、文化等方面,都发生了变化。这就是中古与近世的差别。从这一点而言,中国的近世时期可以说自宋代开始"②。尽管这样的断言是否能够成立尚存争议,但从相对较弱的意义上证明中国社会内部并不是死水一潭,而是逐渐积累着内生的变化因素,则是可以成立的。但

---

① 参见翦伯赞主编《中外历史年表》相关年份的中外大事记,中华书局,1961年。

② [日]内藤湖南:《中国史通论》(上),夏应元等译,社会科学文献出版社,2004年,第334页。

确认中国现代化的内源动力，并不等于说中国现代化的结构起自中国社会内部。相反，愈是相信中国社会内部逐渐积累起现代化因素，就愈是显出中国现代化内源动力的明显匮缺。因为直到晚清，中国社会也没有受内源动力的驱动而呈现出自主性现代化的轮廓。倒是在1840年的西力东渐之后，与之前的西学东渐相扣合，才真正推动了中国的现代转变。中国的现代化，主要是来自外部动力的推进，这一方面体现为晚清时期的"睁眼看世界"，另一方面则体现为晚清时期国人"向西方寻找真理"。为中国现代化聚集动力的这两种做法，不仅是学者的积极行动，也是官方变革者的主动尝试。缺乏这两种行动，中国的现代化就会变成边界模糊、难以清晰认知的事物了。

"睁眼看世界"是中国打破自明以来的闭关自守国策，开始了解外部世界的标志性事件。在明朝，虽有郑和下西洋的航海，有利玛窦向皇帝呈现的《万国舆图》，艾儒略为中国人撰写的世界地理图书《职方外纪》，但从总体上讲，中国人还维持着自居中央、余皆蛮夷的狭隘认知定势。清朝初期，抵制中西文化交流的意识还非常流行，杨光先就非常干脆地主张，"宁可使中国无好历法，不可使中国有西洋人"①。这类狭隘的认知，不仅与中国人自古至今的"中央帝国""中华帝国"的自认有密切关系，也与明、清两朝的"厉行海禁"政策直接相关。直到晚清时期，魏源在林则徐编制《四洲志》的基础上，编制百卷本的《海国图志》，才将中国人观察世界的视野打开，是书征引广博，让中国人了解到世界各国，尤其是西方各国的地理、政治、经济、文化与风土人情，看到了现代化的西方国家的真实面貌。但即便如此，魏源在19世纪中期编制与修订该书时，也仍然将中国置于世界中心，而世界其他国家被区分为"海岸之国""海岛之国"，其地理观念甚至还不如晚明时期传教士输入中国的地理观念先进。直到清朝政府派出外交使节，真正到先发已成的

---

① 转引自钟叔河：《走向世界：近代中国知识分子考察西方的历史》，中华书局，2000年，第31页。

现代化国家亲身观察,才发现中国是真正落后于世界了。

1876年派驻英国的使节是开明派官员郭嵩焘与保守派官员刘锡鸿。后者强烈主张"用夏变夷",自认中国的文明程度远高于西方国家。"外洋以富为富,中国不以贪得为富;外洋以强为强,中国以不好胜为强。"①他甚至以这样的判断,以副使身份跟上司郭嵩焘处处作对。及至考察英国现代政制运转,刘锡鸿才惊叹性地评论道:"官政乖错,则舍之以从绅民。故其处事恒力争上游,不稍假人以践踏;而举办一切,莫不上下同心,以善从之。盖合众论以择其长,斯美无不备;顺众志以行其令,斯力无不殚也。"②刘锡鸿对英国看法的转变,颇具标志性意义:一个非常保守的清廷官员,被事实所折服,现代政治文明不仅不会低于中国传统政治文明,甚至明显高于后者。这是中国人"睁眼看世界"的积极成果。

"睁眼看世界"的结果,一是打开了中国人的视野,使之看到中国之外还存在着的广阔世界,不至于井底观天;二是让中国人开始学会在国家间的比较中认识世界,而不至于固步自封。但"睁眼看世界"不等于发现世界的发展方向,也不等于醒悟中国向何处去。这需要人们真正弄清楚从传统到现代的转变这一历史发展方向,搞清楚西方国家已经先行一步,中国必须急起直追的历史处境,才可能将"睁眼看世界"进一步推进到触发中国现代化进程的地步。因此,"向西方寻找真理"就成为"睁眼看世界"的合逻辑发展。"自从一八四〇年鸦片战争失败那时起,先进的中国人,经过千辛万苦,向西方国家寻找真理。洪秀全、康有为、严复和孙中山,代表了在中国共产党出世以前向西方寻找真理的一派人物。那时,求进步的中国人,只要是西方的新道理,什么书也看。向日本、英国、美国、法国、德国派遣留学生之多,达到

_____

① 转引自钟叔河:《走向世界:近代中国知识分子考察西方的历史》,中华书局,2000年,第245页。

② 同上,第254页。

了惊人的地步。国内废科举,兴学校,好像雨后春笋,努力学习西方。"①这是一个对"睁眼"所看的"世界"的地域限定,不是仅仅在地理意义上认识那个曾经被国人忽视的世界,而是要在国家发展方向的意义,即在从传统到现代转变的意义上认识先进的世界的突破。由此,"睁眼看世界"的范围性与"向西方寻找真理"的目的性相互支撑,标志着中国将学习现代文明的国家使命领承下来。

由于现代化不发生在中国,因此中国只能采取学而现代化的发展进路。何以现代化没有发生在中国呢?这是一个现代化研究中引发人们诸多思考的大问题。其实答案不会太复杂。中国之所以没有内生地进入一个现代化状态,就是因为内有扼制社会变迁的超强权力,外有自设标准的天朝上国体系。

就前者讲,皇权因其"普天之下,莫非王土;率土之滨,莫非王臣"②的权力专制规定性,以及在权力的实际运转过程中皇帝保有的"天下之事无大小皆决于上"③的决策权力专属性,注定了它要么与社会相疏离,要么高度压制社会活力的命运。在这个意义上,中国漫长的古代历史上的王朝更替与修复机制,确实很难发挥推进社会进步的作用。这不是在行政层次有多少消解皇权的因素、有多少合理过滤皇权不当决策的安排、有多少循吏发挥地方治理良性效能所可以化解的难题。

就后者论,中国古代设定的天朝上国,或中央帝国与中华帝国的自定地位,以及朝贡体系的对外关系机制建构,注定将中国置于世界的中心位置,周边都只能以蛮夷戎狄视之。华夷关系作为文明与野蛮关系的另类表述,一方面确实表明中华文明相对于临近地区的先进性,另一方面也限定了中

---

① 《毛泽东选集》(第四卷),人民出版社,1991年,第1469页。

② 《诗经·小雅·北山之什·北山》。

③ 《史记·秦始皇本纪》。

华文明的自我更新意愿与能力。一种"称臣纳贡"与"册封赏赐"的君臣性关系支撑起来的朝贡体系,①明显发挥着一种鼓励中国古人自信与自负的消极作用。中国古代的内部制度安排与对外关系机制,塑就了一种阻碍现代因素成长的固化结构。因此,人们可以理解为什么中国从"唐宋之变"就开始聚集的现代因素,到了晚清时期却不强反弱,而无以使之壮大为推动中国现代转变的强大内源动力。

正是由于中国社会的固步自封,让中国处在如何接受现代化方案的被动位置上。一者,中国是被强行楔入的先发现代国家这个"他者"被动地推着前行的国家。这是其被动性的直接体现。这从晚清以来中国因战争失败被迫签署的一系列不平等条约上可以得到印证。这类条约的签署,一方面证明了中国固有的政治惯性被强行中止,另一方面则证明中国总是被动适应新的国际体系或现代化的国际关系局面。这与古代中国较为从容地主导朝贡体系下的国际关系状态,恰成对照。二者,一旦现代化从先发国家外推,就注定了现代化发展的先行与后进之间存在难以克服的差距。因为中国长期处在追赶型现代国家的位置,总是在悉心学习、潜心模仿与寻求超越的矛盾心境中面对"他者"。这是其被动性的长期体现。面对西方,一些中国人所抱有的敌意,完全是长期被西方国家压抑的社会心理反应。这种追赶西方的压力构成中国"保国、保种、保教"的被动式现代化的基本动力,也构成中国总是尝试摆脱西方国家影响的强烈冲动。三者,自被动开启现代化进程以来,中国一直处在一个被给定国际规则的环境中,国家总是在寻求一个打破既定国际秩序、由中国主导国际秩序的波动状态中。这是其被动性的深层体现。但中国至今并没有突破自己不情不愿进入其中的国际条约体系,因为它已经成为中国现代转型的一个组成部分,并对中国形成难以忽

①　参见李云泉:《万邦来朝:朝贡制度史论》,新华出版社,2014年,绪论,第1页。

视的影响。"必须把1860年以后的条约制度视为中国政体的一部分,中国的主权在这里不是被消灭,而是被订约列强所掩盖或取代。"①也许这正是毛泽东将晚清以降的中国社会性质确定为半殖民地、半封建社会的理由,也可能是民初中国寻求废除条约的动力所在。中国现代化以一个强行楔入的"他者"来推动,可能是中国现代化特殊性的一个极为重要方面的表现。

二、模仿"他者"

中国的现代化受"他者"逻辑影响甚至是支配,让中国从传统向现代的转变进程,变成了一个模仿"他者"的过程。对晚清以降的中国而言,寻找现代化典范与依傍心仪的现代化典范来推进中国的现代化进程,成为中国近现代历史运行的基调。这样的判断,可能会降低中国现代化的主动性与自主性程度。因为这会将中国现代化的外部动力视为主动动力,反而将中国的内部动力降格为次要动力了。这似乎不太符合内在驱动力才是一国推进现代化的主要动力,外部动力只能发挥辅助性作用的一般判断。对此,有必要稍作分辨:一者,从一国现代化的最终动力来讲,源自国家内部的动力确实是主要动力。如果一个国家内部根本不存在驱动现代化的力量,那么这个国家根本就无从开启它的现代化进程;如果一个国家决绝接引外部动力并将其转化为国内发展的动力,那么这个国家也不可能进入现代化的国家运行轨道。二者,从国家转变发展动力机制的角度讲,中国传统受国家权力尤其是国家高层权力驱动的机制,在晚清不再能继续发挥它曾经发挥的作用。因此,在根本上与这种机制相反的外部动力机制进入中国,便会生成一套不同于中国传统既成的动力机制的新机制。在此情况下,中国的现代转变就会转向一个主要受新机制驱动的状态。如此,中国现代转变的动力主

---

① 费正清编:《剑桥中国晚清史》(上卷),中国社会科学院历史研究所编译室译,中国社会科学出版社,1983年,第288页。

要来自外部,就不是什么令人惊奇的事情。

中国社会在现代化发展的起始处,有一个从内在动力驱动为主,转变为外部动力驱动为主的转型过程。如前所述,中国是一个历史悠长、自有其文化-文明的深厚传统机制的国家,在整个古代历史的长时段中,中国形成了儒家思想、小农经济、宗族社会、皇权政治相互支撑的庞大系统。在社会系统各要素相互支撑的结构中,中国社会维持了它举世罕见的韧性:这不单是从中国社会可以脱离国家权力的更迭而顽强延续其生命力的角度所说的,也是从外来的游牧文明征服者不得不臣服长期形成的农耕文明这一点上而言的。这一机制的长处是维持社会的既定机制,弱点是社会各要素的相互支撑强度太大,因此其结构性转变的余地不大。诚如梁漱溟所说,中西印文化是各自具有其文化基本性格的系统,"西方化是以意欲向前要求为其根本精神的"[1]。"中国文化是以意欲自为调和、持中为其根本精神的。印度文化是以意欲反身向后为其根本精神的。"[2]换言之,中西印三大文化体系各有其运行的轨道。如果各自按照三种文化的既定轨道运行,那么肯定会刻画出自有源流的运行轨迹。

但梁漱溟同时也看到,由于中西印文化的现代碰撞,中国和印度文化似乎已经完全不可能按照既定轨道向前运行了。西方文化对非西方文化,当然包括中国文化所构成的强大压力,已经展现在人们面前,不容忽视。

> 我们现在放开眼去看,所谓东西文化的问题,现在是怎样情形呢?我们所看见的,几乎世界上完全是西方化的世界!欧美等国完全是西方化的领域,固然不须说了。就是东方各国,凡能领受接纳西方化而又能运用的,方能使它的民族、国家站得住;凡来不及领受接纳西方文化

---

① 梁漱溟:《东西文化及其哲学》,商务印书馆,1999年,第33页。
② 同上,第63页。

的即被西方化的强力所占领。前一种的国家，例如日本，因为领受接纳西方化，故能维持其国家之存在，并且能很强胜的立在世界上；后一种的国家，例如印度、朝鲜、安南、缅甸，都是没有来得及去采用西方化，结果遂为西方化的强力所占领。而唯一东方化发源地的中国也为西方化所压迫，差不多西方化撞进门来已竟好几十年，使秉承东方化的很久的中国人，也不能不改变生活，采用西方化。几乎我们现在的生活，无论精神方面、社会方面和物质方面，都充满了西方化，这是无法否认的。所以这个问题的现状，并非东方化对西方化对垒的战争，完全是西方化对东方化绝对的胜利，绝对的压服。①

西方对中国造成的这种压力，就是现代化的压力。梁漱溟沿循西方现代化进入中国的坚船利炮、声光电化、学校实业、立宪制度、代议制度、伦理道德这条逐渐深入文化深层机制的线索，回观现代化的西方方案进入中国后引起的巨大变化，那就是对中国传统文化的系统性颠覆。他正是基于捍卫中国文化精神血脉的立场，辨析中西印文化的不同路向，认定中国文化自有其西方文化替代不了的独特价值。

梁漱溟对东西文化价值的辨认，以及对东方文化尤其是中国文化的辩解，可以说是在事实与价值的不同维度上展开的。就价值上来讲，他对中西印文化价值特点的辨析，着眼点自然是为东方文化价值辩护，认定中印文化不应被西方文化遮蔽。但在事实上，他承认作为携强力而来的西方文化，已经构成对东方文化尤其是中国传统文化全方位的强大压力。无疑，西方文化在物质器物层面上已经是一个中国不能不正视的"显性的他者"，更为重要的是，西方文化在制度安排与精神价值上作为一个"隐性的他者"，也对东

---

① 梁漱溟：《东西文化及其哲学》，商务印书馆，1999年，第12页。

方国家尤其是中国构成深层挑战。这个"他者",显然是不同于此前来自印度的佛教这个"他者",除开藏传佛教的政教合一模式对中土政治可能会有挑战之外,汉传佛教没有形成干政能力与传统。因此,佛教这个"他者"并没有对中国形成实力型挑战。加之宋明理学对佛道二教的改造与吸收,让两者可能构成的社会与政治批判能量被既定社会心理与政治秩序系统地吸纳。由此可以说,在源自西方国家的现代化方案进入中国以前,中国传统没有受到过结构性挑战。但现代化的西方方案进入中国,带给中国全方位的结构化挑战:从现代观念体系上讲,一个源自基督宗教的强大信仰系统,让儒家的世俗化伦理体系受到根本挑战;一个源自政治共同体成员依宪、民主地介入公共事务的新机制,对中国传统的皇权主导的政治机制构成颠覆性影响;而一个由科学技术支持的工业-战争体系,更是给中国内保秩序、外御强敌制造了无法解决的难题—— 一个历史悠久、根基深厚的传统农耕文明,是完全无法与现代工业文明抗衡的。

中国之所以选取一个远比自己强大的西方作为驱动现代化的外部动力源,可以说有三个动因:一是前述西方国家以硬实力敲开中国的国门,让中国人体会到坚船利炮的势不可挡,因此在总体不服输的情况下,心悦诚服地认取现代工业-军事生产产品的巨大威力。二是西方国家带给中国一种全新的国家行为模式,那就是依照国际条约体系选择国家行为的模式。尽管国际条约体系是以订约双方或多方谈判并由订约方共同签字同意才生效的,但国家实力或先发现代化国家组团与后发、弱势的中国签约,让中国人深感一个利益似乎高度一致的强大西方对中国形成的严重威胁。三是社会达尔文主义在中国发挥的强大影响力,让人们意识到,在中西碰撞中促使中国人逐渐形成了对现代化的生存竞争、弱肉强食、适者生存的社会达尔文主义的理念。社会达尔文主义在中国的流行,不仅促成了一种极为强劲的、中国现代化的全民族意欲,而且也型塑了一种关乎现代化认知的社会心态甚至是心理定势。这是中国现代化进程中人们长期倾向于选择一个强者作为中国效法榜样的精神缘由。

正是由于上述三种驱动力的交错作用，中国现代化早期阶段认取的现代化"他者"，一无例外的都是"强者"。从一般意义上讲，选择现代化的"他者"，应是引导中国沿循现代化最适宜进路推动国家从传统到现代转变的国度。随着"强者"对"他者"的替换，从长远影响上讲，推动了中国现代化定位于富国强兵、国富民强这些有利于国家强盛的理念，高居于中国现代化的主导理念位置。人们对现代化世界中的最强者、最弱者最初的清晰区分，构成中国现代化的一条主线，而处在现代化转变进程中的中国，则效仿强者并成为强者，这似乎成为最切近中国现代化实际处境的实用定位。在这中间，对中国早期现代化发生极大影响的严复与康有为的相关理念，对促成进化论意义上的中国现代化观念定势发挥了长期作用。

严复强调指出，社会就是一个物竞天择的机制。"盖人之有散入群，原为安利，其始正与禽兽下生等耳，初非由感通而立也。夫既以群为安利，则天演之事，将使能群者存，不群者灭；善群者存，不善群者灭。善群者何？善相感通者是。然者善相感通之德，乃天择以后之事，非其始之即如是矣。其始岂无不善相感通者，经物竞之烈，亡矣，不可见矣。"[1]社会之从分散状态进入群体状态，是为了利益分配而生，而社会的产生，则是物竞天择的结果，只有在生物进化的基础上，才演化出社会基本规则与高级规则。尽管严复并没有明确支持社会领域中毫无规则的优胜劣汰，但他对社会进化论的翻译与解释在中国推动形成了一种社会的优胜劣汰理念。加之严复在以中西对比的视角观察两者之间的发展差距时，明确指出，西方呈现的不断进取与中国

---

① 严复译：《天演论》，商务印书馆，1981年，第32页。关于进化论对中国现代思想的强大影响，王中江所著的《进化主义在中国的兴起——一个新的全能式世界观》（增补版，中国人民大学出版社，2010年）做了相当系统的梳理，对人们理解中国现代思想脉络中的社会进化论颇有助益。

历史的治乱循环,确实浮现出两者之间的重要差别。"尝谓中西事理,其最不同而断乎不可合者,莫大于中之人好古而忽今,而西之人力今而胜古;中之人以一治一乱、一盛一衰为天行人事之自然,西之人以日进无疆,既盛不可复衰,既治不可复乱,为学术政化之极则。"① 这就将正面碰撞的中西体系,安顿在了中国需要转变到一个更有利于竞争制胜的轨道上的问题:既然中国传统不利于竞争,那么中国就有必要学习西方,转向一个竞争性、进取性的文化风格。"西方"这个"他者"的典范性,似乎便由此树立起来。

康有为是中国现代早期的改良派领袖人物。一方面,他以"托古改制"的复古求新为基本进路,将孔子解释为一个进化论者,"孔子道主进化,不主泥古,道主维新,不主守旧,时时进化,故时时维新。《大学》第一义在新民,皆孔子之要义也,孟子欲滕进化于平世,去其旧政,举国皆新,故以仁政新之。盖凡物旧则滞,新则通;旧则板,新则活;旧则锈,新则光;旧则腐,新则鲜。伊尹曰:'用其新,去其陈,病乃不存。'天下不论何事何物,无不贵新者"②。康有为致力于将谨守传统的文化风格扭转到求新求异的社会心理,这是他为维新运动开拓精神地盘的一个前提清理工作。另一方面,他建构起进化史观,同时批判社会达尔文主义,尝试支持进化,但拒绝恶性竞争。"其妄谬而有一知半解如达尔文者,则创天演之说,以为天之使然,导人以竞争为大义,于是竞争为古今世界公共之至恶物者,遂揭日月而行,贤者皆奉之而不耻,于是全地莽莽,皆为铁血,此其大罪过于洪水甚矣。"③欢迎进化的结果,但不接受伴随进化必有的竞争,是康有为对进化论的一个区隔性选择。

基于这样的判断,康有为确立起进化史观,"《春秋》分三世:有乱世,有升平世,有太平世。乱世无可得言治,治升平世分为三统:夏、商、周,治太平

① 王栻编:《严复集》(第1册),中华书局,1986年,第1页。
② 康有为:《孟子微 礼运注 中庸注》,中华书局,1987年,第86~87页。
③ 康有为:《大同书》,中华书局,2012年,第285页。

世亦分为三统：亲亲、仁民、爱物。"①同时，则据此建构了他的改革理念，既然从古至今儒家传统都支持政治变革，在中国遭遇结构性改革局面时，康有为主张全盘改革也就顺理成章。"观大地诸国，皆以变法而强，守旧而亡，然则守旧开新之效，已断可睹矣。以皇上之明，观万国之势，能变则全，不变则亡；全变则强，小变仍亡。"②此后，"革命派"更是将进化论与革命论结合起来，推出了更为激进的中国现代化方案。而其中为孙中山所阐释的"天然力"与"人为力"的关系，呈现了革命派以"人为力"推动中国现代化的强烈意图。"世界中的进化力，不止一种天然力，是天然力与人为力凑合而成。人为的力量，可以巧夺天工，所谓人定胜天。这种人为的力，最大的有两种，一种是政治力，一种是经济力，这两种力关系于民族的兴亡，比较天然力还要大。"③这就从渐进进化论的现代化一跃而到了激进进化论的路数上面。孙中山试图超越西方主流的现代化方案，将政治革命与社会革命"毕其功于一役"，此一念想，便成为他所强调的中国现代化核心问题，"夫欧、美社会之祸，伏之数十年，及今而后发现之，又不能使之遽去。吾国治民生主义者，发达最先，睹其祸害于未萌，试可举政治革命、社会革命，毕其功于一役，还视欧、美，彼且瞠乎后也"④。孙中山力求将中国现代化显著提速的意图，溢于言表。可以说为中国现代化奠定了学习而又超越西方现代化的基调。

三、认取谁？

如前所述，"西方"是作为中国现代化的一个经由整合的"他者"，呈现在现代化进程的中国人视野中。⑤分析起来，在中国，"西方"是经西方的"西方

---

① 康有为：《万木草堂口说》，中华书局，1988年，第100页。
② 汤志钧编：《康有为政论集》（上册），中华书局，1981年，第211页。
③ 张苹等编：《中国近代思想家文库·孙中山卷》，中国人民大学出版社，2015年，第267页。
④ 同上，第45页。
⑤ 参见任剑涛：《典范及其蜕变：中国建构的"西方"》，《社会科学》，2015年第11期。

化"、东方的"西方化"与东方的"东方化"三重加工而得到的一个抽象概念。这个西方,已不再是一个地理概念,而是一个政治、经济与文化的统合性概念。对此,需要从三个方面略加辨析:

一是中国是不是面对过一个整全的西方?对晚清以降的中国来讲,西方列强以西力东渐的方式进入中国,自然让中国人心中产生一个利益高度一致、行为相互配合、相与侵夺中国、铁板一块式的西方认知。但实际上,这个"西方"是一个认知假象。因为那些侵夺中国利益的西方国家,是一个个具体的国家,他们之间的利益差异之大、相互敌视之深、互相拆台之多,一点也不比面对中国的时候少。只不过这些国家基本属于先于中国而发的现代化国家,故而对后发的、未开放的中国市场及其利益都垂涎三尺,因此一股脑来到中国,在相互算计中共同算计中国,这让中国人误以为他们是一个利益整体。因此,在面对西方国家时,应当形成一种分散面对西方或西方化的这些具体国家,而不是将之笼而统之地作为一个国家整体来对待。否则,中国就永远也不可能找到与西方和西方式国家打交道的适当方式,反而会因为极不适当地将他们作为统一的敌对方对待而明显增加自己寻找国际友善力量的难度,反倒强化了自己在国际上的孤立无援的形象。

二是先发现代化的西方是如何经由西方人的整合而凸显在中国人面前的?西方国家首先是对先发现代化的欧洲地区,其次是对美洲地区和"西化"的亚洲地区国家提炼的结果。但需要看到的是,西方国家是绝对与相对先发的现代化地区,经由他们之间关系的先期整合,形成了相对一致的现代化国家状态,然后向非西方地区扩展的政经文化概念。因此,中国人有理由认为西方确实是一个整体。西方的"西方化"过程,至少从三个方面体现而出:一者西方国家经由百年战争、30年战争这些长期的战争磨合,终于都大致被塑造成了现代国家的形式机制,即民族国家。二者在民族国家的冲突中逐渐凸显的立宪机制,将国家权力推向一个较为规范运行的境地。三者寻求国家的经济发展与市场拓展,成为这类国家进一步发展的大致趋同方向,他们在欧洲、北美地区的市场整合基本完成之后,便向亚洲等地区扩展。因此,它们一出欧美进入亚洲,便给人一种拥有共同观念与行动模式的整齐划一感。这是一种先行的现代化国家给后进的现代转变中国家留下的一个必然印象。

三是作为寻找真理的对象的西方是如何经由东方人,尤其是中国人的整合而呈现在中国人面前的?西方国家是一个整全的"他者",但以实在的"他者"身份出现在中国现代社会变迁进程中,则是各个具体的西方或准西方国家。在晚清以降流行于中国的中西关系的格式化表述,提醒人们注意中国忽视具体国家的利益而对西方国家做出的整体式表述,以及这种表述作为中国人整合而非西方人自己缺乏国家认同的概念特质。其实,在晚清阶段,尽管中国人对西方国家有一个趋于整体性的表述,但仍然是罗列性的表述,如1900年慈禧太后直接催生八国联军对清战争的"对十一国列强宣战诏书",就是对英、俄、日、美、法、德、意、奥、西、荷、比等国下的战书。但其中的表述,已然遵循的是一种中西、彼此的整体性思维。"彼尚诈谋,我恃天理;彼凭悍力,我恃人心。无论我国忠信甲胄,礼义干橹,人人敢死;即土地广有二十余省,人民多至四百余兆,何难翦彼凶焰,张国之威?"①正是这种将西方列国视为一个整体的"彼方",跟中国这个"此方"对立,塑就了国人将西方列强看作一个整体的思维定势。不过,此时整全的"西方"这个"他者"还是以联手而来的西方诸国的面目出现的,而且在寻找中国的现代化典范时,与慈禧太后发现国家敌人时的思维方式完全相同。康有为鼓动变法时的说法,堪为佐证。

---

① 慈禧太后《对十一国列强宣战诏书》,俗称《对万国宣战诏书》。

　　夫泰西诸国之相逼，中国数千年来未有之变局也。曩代四夷之交侵，以强兵相凌而已。未有治法文学之事也。今泰西诸国，以治法相竞，以智学相上，此诚从古诸夷之所无也。尝考泰西所以致强之由，一在千年来诸国并立也，若政稍不振，则灭亡随之，故上下励精，日夜戒惧，尊贤而尚功，保民而亲下，其君相之于一士一民，皆思用之，故养护之意多而防制之意少，其士民之于其国其君，皆能亲之，故有情而必通，有才而必用，其国人之精神议论，咸注意于邻制，有良法新制，必思步武而争胜之，有外交内攻，必思离散而窥伺之。盖事事有相忌相畏之心，故时时有相牵相胜之意。所以讲法立政，精益求精，而后仅能相持也。[①]

　　这段分析，不仅将西方国家作为一个整体看待，而且将西方国家之所以取得现代发展成就的原因也做了趋同性归纳。康有为将西方国家的崛起归结为诸国林立，而将中国的现代落伍归因于鹤立鸡群，还是有待辨析的一种说法。

　　康有为将西方国家与中国之间的差异性比较作为比较现代化的基本视点，倒是抓住了比较现代化的核心问题。这与他适当分辨处于现代世界的国家兴亡原因有关系。他举波兰、越南、印度、土耳其、埃及等国为例，指出"方今大地守旧之国，未有不分割危亡者也"[②]。基于这样的判断，他将国家的现代转型，也就是积极仿照西方国家而进行改革，确立为后进的东方国家的首要国务。基于对俄罗斯与日本的政制改革经验，他强烈主张，清政府应积极主动地学习日本、俄国那样效仿西方国家进行变法。"择法俄日以定国是，愿皇上以俄国大彼得之心为心法，以日本明治之政为政法而已。昔彼得

　　①　汤志钧编：《康有为政论集》（上册），中华书局，1981年，第149~150页。
　　②　同上，第211页。

为欧洲所摒,易装游法,变法而遂霸大地。日本为俄、美所迫,步武泰西,改弦而雄视东方。此二国者,其始遭削弱与我同,其后底盛强与我异。闻日本地势近我,政俗同我,成效最速,条理尤详,取而用之,尤易措手。"①这是一种打破整体主义思维,择定具体国家而为中国现代转变寻找具体典范的进路。这样的进路,至今仍然是中国寻求现代发展的基本进路。于是,关于中国现代化典范认取的两条线索便呈现在人们面前:一是整体主义思维主导下的认取或排斥西方,二是具体选择情况下的某个或某些西方或西方式国家。前者是为中国现代化转变的宏观总体参照,后者是为中国现代化具体取法典范的择定。如果说前面对中国认取的整体性西方已有概要论述,那么便有必要对后一方面再做相对具体的叙述与分析。

在紧急应对国家危亡局面,必须即时启动法政现代转制方面,如康有为便将日本与俄国视为楷模。这使得两个国家与中国现代化的国家典范寻求过程一直联系在一起。不过,就日本而言,虽然一直是中国现代化的学习效仿对象,但并没有取得绝对典范的地位。1917年前的俄国,同样没有获得这样的地位。倒是英国、美国,以及1917年十月革命后的苏俄,取得过压倒其他国家而对中国现代化示范的特殊地位。就英国来讲,相对比较好理解,因为它是第一个比较规范意义上的现代化国家。而且它对世界上大多数国家现代化的影响,都已经是载入史册的了,为数众多的国家在现代化进程中不同程度地取法英国。不过,英国对中国现代化的影响,既是最直接的,又是最深层的:在晚清,1940年的中英鸦片战争,用强力敲开了中国的大门,并开启了中国从天朝上国转向现代国际条约体系的历程。在民国阶段,康有为自知保皇运动很难扭转共和政制的大局,因此极力倡导英式的君主立宪制。他自认自己考察了数十个国家的政制运行状况,故在比较中确信,英式的君

---

① 汤志钧编:《康有为政论集》(上册),中华书局,1981年,第208页。

主立宪制最适合于中国。①这就让英国对中国现代化的影响,在中国现代政局的意义上鲜明呈现出来。民国时期,留英学人群体,无论是在参政还是议政方面,以英国政治思想为引导,设想中国的现代化政制,就更是体现出英国对中国现代化的全面、深刻影响。②

但中国在选择现代化典范国家的时候,真正取得压倒性影响的,在民国阶段是美国,在人民共和国阶段的靠前时期是苏俄,靠后时期仍是美国。当然需要指出,断言人民共和国近期取法美国,是一个概要的说法而已,因为在改革开放进入到一定阶段的时候,中国自觉取法的国家,在深层结构上,一直是苏联;取法美国,大致是在表层结构上面。而所取法的国家,在国家治理的要素组合结构上,新加坡则挺到了最前沿。③美国之所以成为中国取法的重要对象,一方面是因为在19世纪晚期,已经取得了现代化发展最令人瞩目的成就,成为全球国内生产总值第一的国家。而美国进入全球霸权争夺的方式,也不同于老牌帝国如英国那种军事入侵、占据领土、实施统治、掠夺资源,转而采取了一种新帝国的模式:开放门户、不占领土、商贸影响、相对共享。对中国来讲,美方对庚子赔款的退赔赢得了中国人的好感,开办中国的教育与公益事业获取了社会公众的青睐,对中国进入国际社会的推动获得了国人的亲近。而对中国现代化所产生的这种影响,可以邹容的说法佐证,"立宪法,悉照美国宪法,参照中国性质立定。自治之法律,悉照美国自治法律。凡关全体个人之事,及交涉之事,及设官分职,国家上之事,悉准

① 参见任剑涛:《政体选择的国情依托:康有为共和政体论解读》,《政治学研究》,2017年第3期。

② 参见任剑涛:《建国之惑:留学精英与现代政治的误解》,第一章"思想的钝化:中国现代政治理念的英国导因",中国政法大学出版社,2012年,第46~84页。

③ 参见任剑涛等:《典范选择、领袖偏好与国家发展——新加坡经验与中国现代转型》,《河北学刊》,2010年第3期。

美国办理"①。而从晚清留美幼童，到民国的留美热潮，再到改革开放以后的留美学生及其归国群体的重大影响，都可以证实美国对中国现代化所产生的重大影响。②

苏俄对中国现代化所产生的巨大影响，始自十月革命，盛于人民共和国成立后的靠前阶段，在现代化观念的深处则一直左右着国人理念。③十月革命是后发现代国家对主流现代方案进行革命性颠覆和重组的、一次具有世界性意义的尝试，远比法国大革命对世界现代化进程的影响要更为广泛、深刻和深远：如果说法国大革命试图以一次革命解决掉社会所有弊端的话，那么俄国革命则以对解决社会一切弊端的前景的明确刻画，将后发国家在现代化进程中"弯道超车"的诱人前景展现在人们面前，给世界上所有仍然处在后发现代不利处境中的国家以巨大鼓舞。中国正是在这个意义上醉心于俄国革命道路的。李大钊欢呼道，布尔什维主义的胜利表明，"在这世界的群众运动的中间，历史上残余的东西——什么皇帝咧，贵族咧，军阀咧，官僚咧，军国主义咧，资本主义咧——凡可以障阻这新运动的进路的，必挟雷霆万钧的力量催拉他们。他们遇见这种不可挡的潮流，都像枯黄的树叶遇见凛冽的秋风一般，一个一个的飞落在地。由今以后，到处所见的，都是Bol-shevism战胜的旗，到处所闻的，都是Bolshevism的凯歌的声。人道的警钟响了，自由的曙光现了！试看将来的环球，必是赤旗的世界！"④这是苏俄革命道路以一种既实现现代化目标，又完全克服现代化所有弊端的样式进入中

---

① 严昌洪等编：《中国近代思想家文库 杨毓麟 陈天华 邹容卷》，中国人民大学出版社，2014年，第346页。

② 参见任剑涛：《寻找中国的位置：70年中国政治学国家主题的显隐》，《中央社会主义学院学报》，2019年第3期。

③ 参见任剑涛：《建国之惑：留学精英与现代政治的误解》，第五章"革命的感召：'以俄为师'与中国的革命建国"，中国政法大学出版社，2012年，第201~241页。

④ 杨琥编：《中国近代思想家文库·李大钊卷》，中国人民大学出版社，2014年，第234~235页。

国现代化进程的标志。

如果说李大钊还只是知识分子对苏俄反西方现代化的现代化方案的欢呼，那么孙中山在提出"联俄、联共、扶助农工"的新三民主义时对俄国道路的认取，则将苏俄式现代化方案直接作为中国的现代化抉择。"盖今日革命，非学俄国不可"，"我国今后之革命，非以俄为师断无成就"。①不过，由于孙中山提出这样的主张尚未及付诸全面实施就去世了，他的这一设想，在毛泽东那里得到了全面呼应，"'你们一边倒。'正是这样。一边倒，是孙中山的四十年经验和共产党的二十八年经验教给我们的，深知欲达到胜利和巩固胜利，必须一边倒。积四十年和二十八年的经验，中国人不是倒向帝国主义一边，就是倒向社会主义一边，绝无例外。骑墙是不行的，第三条道路是没有的。我们反对倒向帝国主义一边的蒋介石反动派，我们也反对第三条道路的幻想"②。毛泽东这段话，不仅凸显了苏俄作为中国现代化的唯一典范意义，而且也呈显了美国曾经作为中国现代化典范的历史含义。进而，毛泽东这段话还提示，中国自近代以降，"认取谁"的问题，就是一个中国择定现代化典范的基本问题。"他者"对中国现代化的影响力之大，由此可见一斑。

四、"他者"在侧

在比较现代化视野中审视中国式现代化，是中国人为了实现现代转变的目标，一个基本处境所决定的状态。由于中国现代化的后发外生特性，这几乎是一个在中国实现现代化目标之前，无以改变的存在论处境。因此，这种处境便推动中国人从认识论视角确认中国现代化的诸种认知事项：如果现代化是中国社会变迁的必然方向，那么究竟谁堪为中国现代化的效仿对

---

① 孙中山1924年10月9日致蒋介石函，载刘大年主编：《孙中山书信手迹选》，文物出版社，1986年，第193~194页。

② 《毛泽东选集》(第四卷)，人民出版社，1992年，第1472~1473页。

象,就成为一个比较选优的认识与决断问题。无疑,在比较现代化视角看,选优并不是一个仅仅取法现代化先进国家的问题,而是一个关涉兜住底线与逼进上限的双线思考的复杂问题。在现代化进程中,一个国家试图兜住底线,就必须选择一条进取的路线,倘若陷入自我安慰,以那些比自己处境更为糟糕、回应更为迟缓、举措更不得力、效果更不如人意的国家来告慰自己,那么它就很难兜住底线,势必成为现代化进程中的垫底者,国家就会陷入根本危机之中;一个国家尝试逼进上限,就是要尽快实现系统性的现代转变,跻身现代化国家的行列。就一个国家的现代化发展来讲,兜住底线往上行,总是会确定那些比自己发展更为先进的国家为其行为典范,这是一种比优的取向;而一些国家在现代化转变的进程中,则会从底线向下行,致力于寻找那些在现代化发展上不如自己的国家以求自我安慰,因此愿意处在现代化发展的末梢位置上,并不断下探底线,降低现代化发展的比较标准,这是一种比劣的取向。从总体取向上讲,中国现代化的"他者"认知是比优而不是比劣。换言之,中国寻找的现代化学习对象,总是自认处在现代化发展先进地位的国家,而不是落在与那些发展较差或很差的落后国家相比较的低位上面。这是一种兜住了现代化底线,力求融入现代化主流之中的国家定位。

康有为在论述中国的现代改革时,从兜住底线到抵达上限的基本思路,可以说代表了中国现代化向上取法的比较思路。除开前引康有为认定变法需学日俄、富强需取英美之外,他特别强调,要吸取落后国家在现代化进程中不思进取所造成的亡国之祸的教训。"有亡于一举之割裂者,各国之于非洲是也;有亡于屡举之割裂者,俄、德、奥之于波兰是也;有尽夺其政权而一旦危亡之者,法之于安南是也;有遍据其海陆形胜之地,而渐次亡之者,英之于印度是也;欧洲数强国,默操成算,纵横寰宇,以取各国,殷鉴具存,覆车可验。"① 这正是康有为吁求"保国、保种、保教"基础上的奋力改革,进而实现国家富强目标的上行思路浮现出来的出发点。这一思路,构成此后中国追求现代化发展的一个基本思路,直到20世纪80年代中国启动改革开放引导下的现代化进程,依然会从中国会不会被开除"球籍"②的底线向上思考。这样的现代化思路,从表面上看,好像非常消极,其实稍加分析,就会发现其积极向上的现代化心理倾向:这是一条兜住中国必须现代化的底线,而向那些堪称典范的现代化国家学习并寻求超越的务实进路。

在比优的角度确立起来的中国现代化"他者"思路,如前所述,整体对象的选择是"西方国家",在具体国家选择上则出现了不同的取法国家。而从现代化的社会变迁结构与功能视角看,则呈现出比方向、比程度、比状态、比结果的不同向度的现代化进路。

以先发内生性现代国家为基本坐标,或者说以前述西欧现代国家,以及苏俄、日本这类转型国家为基本参照,在比方向上讲,是坚持中国古代传统取向,还是转向现代发展,成为回答"中国向何处去"的一个关键前提。近代中国可以说基本上不存在坚决抗拒现代转变的人群与主张。因此,可以说近代以来中国对现代发展方向是有广泛共识的——即便如前引晚清保守派刘锡鸿到英国观察后,转而采取了认同现代的立场;像康有为那样的改良派,更是采取"全变"的变革立场;革命派无疑采取的更是一种全面重造中国的立场。

在比程度上讲,中国的现代化是仅仅限于"坚船利炮"的引入,从而限定在表层的物质器物的现代化,还是必须采取法政制度、社会教化相应变革的举措,从而进入更深层次的现代化,也是一个逐渐促使国人达成共识的大问题。从洋务运动致力于生产坚船利炮,到戊戌维新主张全面变革,再到辛亥

---

① 汤志钧编:《康有为政论集》(上册),中华书局,1981年,第205页。

② 参见陆一主编:《球籍:一个世纪性的选择》,引言,百家出版社,1989年,第1~6页。

革命推翻帝制,五四运动推动伦理觉悟,中国的现代转变渐次深入,终于在精神文化的深层次反思上取得突破。即便在现代化的后果上,对精神文化层面的现代转变,在评价上有肯定与否定的不同看法,但只要看到即使坚定捍卫儒家传统立场的现代新儒学家,都认定需要接纳民主与科学,就表明中国人对现代化的认同程度之深。

在比状态上讲,中国的现代转变并不是一蹴而就,经历一个过程就实现了现代化目标的理想状态。因此,相比于英国、美国的现代顺畅发展而言,中国经历的曲折相当之多;相对于后发外生性的现代国家如日本、德国与苏俄而言,中国的现代化发展付出了更大代价。即便就中国现代化自身历史来讲,也经历了晚清起伏、民国升降与人民共和国的曲折。因此,从中国现代化发展状态的具体线索上看,它的状态确实不太令人鼓舞。不过,有一点值得人们赞赏,那就是中国现代化所表现出来的强大韧性,或者说百折不挠的特点来看,它倒是表明了中国的现代化一直是近代以降未曾被替换过的国家首要主题。就这一点而言,它无疑是现代化世界史上最令人赞叹的一种推进状态。

在比结果上讲,中国至今还不能说是国际公认的现代化国家,而是处在现代化转型过程中的国家。换言之,中国的现代化仍然在路上——"全面建成社会主义现代化强国,总的战略安排是分两步走:从二〇二〇年到二〇三五年基本实现社会主义现代化;从二〇三五年到本世纪中叶把我国建成富强民主文明和谐美丽的社会主义现代化强国。"[1]但从经济发展的一个重要指标,也就是国内生产总值上讲,中国已经成为世界第二大经济体。就此而言,中国经济发展的现代化进路已经呈现在人们面前。从这一结果看,中国

---

[1] 习近平:《高举中国特色社会主义伟大旗帜,为全面建设社会主义现代化国家而团结奋斗——在中国共产党第二十次全国代表大会上的报告》(2022年10月16日),《人民日报》,2022年10月26日。

现代化所取得的成就还是需要肯定的。

中国现代化发展之所以能够取得这样的成就,从动力机制上讲,其双重动力值得人们高度关注:一重动力是中国自晚清以来,虽经挫折,但却坚韧追求国家现代化转型的内源动力,这一动力,自始至终,都是中国现代化最重要的动力源之一;另一重动力则是由众多"他者"提供的——在现代化中领先全球的先进国家与落伍于全球进程的后发国家所共同提供的,前者提供的是激励力量,后者提供的则是忧患动能。

中国现代化发展一直不缺乏动力,但中国现代化的自我定位,在"他者"的映衬之下,则经历了走向两个极端后逐渐归于合宜进路的探索过程:一个极端是对传统的捍卫,尽管这样的捍卫多数是在接受现代化的前提条件下表现出来的,即致力于捍卫中国的传统文化,但愿意接受西方的先进科技、生产方式甚至是制度安排。正是这样一种区隔现代文化机制的思路,已经成为中国推进现代化的精神障碍。这自然不是说要采取五四运动以来的某种反传统立场,而是说以现代文化为基本坐标去兼综传统与现代,才是一个明智的文化立场。但捍卫中国文化的人士,将中国文化的现代变迁解读为丧失了中国特质的惊人事变,结果可能就会妨碍中国的现代化转变。"中国在文化的领域中消失了;中国政治的形态、社会的组织和思想的内容与形式,已经失去它的特征。由这没有特征的政治、社会和思想所化育的人民,也渐渐的不能算得中国人……要使中国能在文化的领域中抬头,要使中国的政治、社会和思想都具有中国的特征,必须从事于中国本位的文化建设。"①这不仅是一种将中国文化固定化在传统的那个样态,而且也是将中国文化与世界现代文化的互动视为畏途,更是将文化与政治经济做念想性切割的表现。这一进路,事实上根本无法捍卫其所意图的中国文化本位,因为

---

① 罗荣渠主编:《从"西化"到现代化——五四以来有关中国的文化趋向和发展道路论争文选》(中册),黄山书社,2008年,第417~418页。

它实际上发挥着以本位的中国文化阻断中国现代文化的生长前路，最终伤害了中国文化现代延续的根本。

另一个极端是全盘西化。所谓全盘西化，学界长期望文生义，以为是将中国的方方面面扭转到西方化的地步，从而完全放弃中国古代传统。这是一种有意无意的曲解。全盘西化是基于现代世界发展的趋势，而对中国文化转向所做出的一种预判，更为准确的说法是"充分世界化"。但即便如此，将全盘西化归为一种与中国文化本位相仿的另一种极端主张，也是有理的：因为看到西方文化的现代转变，预示了中国文化现代转变的方向，因此在各个领域中指出向西方学习的必要，不过，这是推不出中国必须全盘西化的结论的。与此相关，以"欧洲近代文化的确比我们进步得多""西洋的现代文化，无论我们喜欢不喜欢，它是现世的趋势"①也证明不了全盘西化的必然。与其说中国的现代发展是全盘西化，不如说是中国的自身发展内在地要求现代化。而且这样的说法势必刺激中国文化的本位意识，让中国的现代化在本位文化与西方文化之间相互激荡、彼此对峙，无法真正落定在现代化的平台上。

在上述两个极端的长期磨合中，中国式现代化可以说是"叩其两端，执两用中"的产物，即中国的现代化，一方面肯定是"现代化的"，因此它必然促使中国转出传统体系，进入现代体系；另一方面也必然是"中国式的"，因此它肯定是以中国为国家主体的现代化，而不是失去中国性的、无主体的现代化。从思想史的视角看，这就是一个罗荣渠所推崇的，从"西化"向"现代化"转向的结果。对此，张奚若早就指出："现代化可以包括西化，西化却不能包括现代化。这并不是斤斤计较于一个无谓的空洞的名词，其中包含着许多

---

① 罗荣渠主编：《从"西化"到现代化——五四以来有关中国的文化趋向和发展道路论争文选》（中册），黄山书社，2008年，第419页。

性质不同的事实。"①在他看来,文化变迁不是一个纯粹量的问题,还有一个质的问题。即便中国的现代化学习西方文化达到百分之八九十,那仍然是一个量的问题,而且不能视之为全盘。这种程度的转变,仍然没有改变中国文化之为中国文化的本质。这是一个重要的思想史觉悟。而从中国现代化进程来看,则是从"他者"处得到的重要资借:放眼望去,所有的现代化国家,都是基于国家实际情况推进其现代化进程的,一方面现代化的转变势不可挡,另一方面国家的主体性也需要确立。在现代化普遍趋势与国家主体性之间,准确定位现代化的目标模式。这就是党的二十大报告强调指出中国式现代化"既有各国现代化的共同特征,更有基于自己国情的中国特色"的原因之所在、寄意之所在。

现代化不是一个一帆风顺的过程。因此,任何一个国家都会致力于弄清楚先行、并行与跟随的现代化发展的国家所取得的经验、需要吸取的教训。就此而言,相对于英国的原生型现代化而言,所有后发的现代国家,都处在受现代化先行者这个"他者"影响的状态之下。即便是英国,因为也处在现代萌生的诸国家间的互动状况中,它也免除不了与其他国家互动,并从中摸索其走向现代的进路的命运,故而也处在与"他者"互动的状态之中。换言之,因为没有孑然独立的国家,任何试图免于"他者"影响,尤其是现代化先行者的"他者"的影响甚至是制约,都是一种不切实际的幻想。对中国这样长期处在现代化世界进程不利地位的国家而言,这一点尤为重要。

进而言之,对任何现代化国家来讲,无论是处于现代化转变过程中的国家,还是基本实现了现代化的国家,常常会出现不进则退的现代化悲剧。就前者讲,尚未实现现代化的国家出现显著的倒退,那就是现代化的夭折;就后者论,基本实现现代化的国家出现明显的停滞,就是掉入了现代化的陷

---

① 转引自罗荣渠:《从"西化"到现代化——五四以来有关中国的文化趋向和发展道路论争文选》(上册),黄山书社,2008年,第485页。

阱——中等收入陷阱或转型陷阱。前者是指"经济增长回落或停滞、民主乱象、贫富分化、腐败多发、过度城市化、社会公共服务短缺、就业困难、社会动荡、信仰缺失、金融体系脆弱等"①，也就是经济、社会与政治发展的明显停滞。20世纪60年代在经济上呈现迅速发展的、100多个进入中等收入行列的国家，到21世纪初期，仅有13个国家保持了持续增长。就此可以知道，大多数迅速发展的国家，都掉入了中等收入陷阱。后者是指"改革和转型的过程就是从起点走向终点的过程，但是在这个过程当中，人们忽略了一种可能性，当我们从一个起点往终点走的时候，中间每一个点上都有可能停下来，在改革和转型的过程中，会逐步形成一种既得利益格局，尤其是像我们这样渐进式的改革，就更容易形成既得利益格局。这样的基本利益格局形成后就要求不要往前走了，要维持现状，然后希望把我们认为所谓过渡型的体制因素定型化，形成一种相对稳定的体制，这个体制是最有利于利益最大化的混合型体制"②。这也就是将现代化的国家转型固定在一个权钱勾连的利益圈套中而无以突破的陷阱。

人们一般将拉美经济、社会与政治发展的停滞判定为跌进中等收入陷阱，其实它应当是跌进了转型陷阱。因为发展曾经很迅速的一些拉美国家，都是因为形成了权钱勾结的利益集团，而让国家陷入了停滞与倒退的状态的——"从20世纪30年代开始，拉美国家逐步推行'进口替代'工业化战略，开启自主现代化进程，经济一度持续高速增长，出现了被世界赞誉的'发展奇迹'。70年代中期地区多数国家人均达到1000美元，步入中等收入国家行列。但进入80年代以后，地区经济持续低迷，社会分化日趋严重，发展能力不断下降，政治社会动荡不安等问题交织互动，整体发展出现阶段性滞缓，时隔40余年仍徘徊在发展中国家行列。有人将这一现象称为'拉美陷

① 冯严超：《"中等收入陷阱"的国际经验与中国对策》，《当代经济》，2016年第25期。
② 孙立平：《怎样面对"转型陷阱"》，《学习月刊》，2012年第5期。

阱'。"①可见,理论上讲的中等收入陷阱也好、转型陷阱也好,在实践的意义上讲,其实就是拉美陷阱。这正是比较现代化的研究给人们的启示:不兜住现代化诸要素相互促进的底,就会让国家倒退到前现代化的状态。现代化这种"逆水行舟,不进则退"的特点,无疑对中国寻求实现现代化目标,是一个很富教益的提醒。这也正是党的二十大报告强调"全面建设社会主义现代化国家,是一项伟大而艰巨的事业,前途光明,任重道远"的原因。这是"他者"的现代化经验与教训对中国寻求现代化的重要提点。

中国现代化的"他者",并不会在中国基本实现现代化的情况下退场、隐身。这不仅是因为现代化进程还是一个正在展开的世界历史进程,因此现代化会长期成为人类社会变迁的基本主题,而且也是因为现代化的国家发展,总处在参差不齐的状态,进者有之,退者亦有之,如何抱着戒慎戒惧的心态努力推进现代化的进程,是任何国家都必须处理好的重大问题。吸收先进国家的经验,总结其发展教训,相应以"眼观六路,耳听八方"的审慎精神,面对所有被卷入滚滚现代化世界洪流的诸国优点与缺失,为国家开辟一条保证行进在现代化轨道上的长治久安道路。换言之,在侧的"他者",对中国现代化健康发展所具有的价值,是不言而喻的。

---

① 陈湘源:《试析"拉美陷阱"的成因》,《当代世界》,2011年第8期。

升华文明：
现代化指向与中国式现代化目标

    在文明的框架中理解中国式现代化，是一个人类文明发展指引的基本方向。人类文明发展的基本线索是，在划分出文明与野蛮界限的基础上，拓展文明发展的广度与深度，促使文明发展划出古今的界限，升华文明发展的总体层次。对中国而言，在其历史发源阶段，就在全球范围内率先突破野蛮、突进文明。在古代世界文明中，也长期处在领先的位置。在近代，中国对人类文明的贡献受到局限。中国式现代化的目标，则内涵着接受、转化并创制现代文明的丰富含义。在文明持续发展的进路上，中国式现代化所确立的中华民族伟大复兴、有贡献于人类文明的发展两个目标，既是对现代文明的接引，又是对人类文明的推进。这是中国式现代化在人类文明的平台上可以得到肯定的基本理由。

升华文明:
现代化指向与中国式现代化目标

党的二十大报告中对中国式现代化与文明相关联的表述,是一个值得深入探讨的问题。其中一个表述表达的是中国所秉承的人类文明进步立场,"我国不走一些国家通过战争、殖民、掠夺等方式实现现代化的老路,那种损人利己、充满血腥罪恶的老路给广大发展中国家人民带来深重苦难。我们坚定站在历史正确的一边、站在人类文明进步的一边,高举和平、发展、合作、共赢旗帜,在坚定维护世界和平与发展中谋求自身发展,又以自身发展更好维护世界和平与发展"①。另一个相关表述是中国式现代化着力创造人类新文明的宗旨,"中国式现代化的本质要求是:坚持中国共产党领导,坚持中国特色社会主义,实现高质量发展,发展全过程人民民主,丰富人民精神世界,实现全体人民共同富裕,促进人与自然和谐共生,推动构建人类命运共同体,创造人类文明新形态"②。前者强调的是在文明与野蛮之间所持的文明立场,后者重视的是人类文明的健康发展与创新目标。这是理解中国式现代化与人类文明关系的两个基本维度。

---

①② 习近平:《高举中国特色社会主义伟大旗帜为全面建设社会主义现代化国家而团结奋斗——在中国共产党第二十次全国代表大会上的报告》(2022年10月16日),《人民日报》,2022年10月26日。

一、以文明理解现代化

将现代化与人类文明关联起来表述,是一个凸显现代化基本指向,甚至是本质特点的进路。对此,一方面需要对什么是文明有一个明确的界定。文明的定义多样,含义复杂。简而言之,"文明"一词包含三个基本意思,"首先,在通常的语言中,文明与价值判断相联系,用以指开化的社会。它从反面意味着有不文明民族或野蛮民族的存在。其次,文明是社会生活的一个方面。集体存在的某些表现可被称作文明现象,如果这些表现由制度和生产加以具体化,就叫作文明事业。某些其他表现显然不配列入这个范畴。最后,文明一词还适用于民族群体和社会群体。文明意味着社会的高度发达,换言之,它具有一系列特征。具备这些特征的社会各有其独特的个性,因而在历史上或在各民族中占有特定的地位,这就是不同的文明形式"①。可以说,理解文明,一方面,必须在文明与野蛮、群性与制度、文明与文明体之间定位;另一方面,必须在文明的演进过程中,才能对文明有一个全面而深刻的认识与理解。

从总体上讲,现代化是一场广泛、持久而深刻的社会变迁,这是人类文明的一次大跃进。这一方面体现在文明与野蛮的鲜明分界上,另一方面则体现于现代文明相对于古代文明的发展广度与程度上。就前者言,文明与野蛮的划界,是古典文明取得的伟大成就。认知这一成就,需要对两个前提性问题进行分析与确认。

一者,认识文明,需要对文明与文化的界限加以区分。这是因为,人们常常认为,人类诞生之后所创造的一切,都是人类文明史的记录,因此也都理所当然地进入文明发展史。这是一个需要分析的话题。文化与文明,既

---

① 转引自中共中央党校科学社会主义教研室编译:《文明和文化:国外百科辞书条目选译》,求实出版社,1982年,第1页。

有联系，更有区别。在一般的定义上，文化指的是人类的所有创造物，不管是物质形态的，还是精神形态的，都包括在内。换言之，文化是相对于自然而言的概念，凡是人对自然物加予合乎自身需要的改造，便因此打上人类的活动印记，而构成文化的一部分。"文化就是一个特殊种类的行为的规则。它包括内在的和外在的行为两个方面，它排斥行为的生物遗传方面。文化规则可以在，亦可以不在个人的行为中反复出现。但是，一个规则要被称为'文化'，它就必须以一个既定的方式反复（或反复失败）地出现于一个特定社会的大多数成员的行为中，并被理解为推定能出现于该社会的全体成员中。"①

可以说，文化乃是人类群体活动的产物，是加于自然性、生物性特征之上的人的特征，是具有积淀效应的人类活动成果。它可以大致区分为因应于外部物质世界的物质文化，以及因应于人类内在心灵世界的精神文化两部分。而文明一词，既有与文化一词大致相同的含义，也有与文化一词的含义迥然不同的内涵。文化与文明，都是人类的创造物，但前者用来指人类处理人与自然关系的结果，后者则用来指人处理与自身关系的结果。文化可以区分为不同人类集群而创造、而记录。文明也可以区分为不同形态，如埃及、巴比伦、中国、印度、古希腊-罗马、秘鲁、中美洲及西欧文明等。但因为文明的跨民族性或人类相通性，它还会展现出一种"人类全体的文明"的样态。不过，在人类全体意义上的文明，总是具体地投射在每一个文明体的发展进程中的文明形式。因此，某个文明体的表现状态如何，会影响它在人类全体文明中的位置、作用与影响力。这便是人类文明史中总是呈现出主要文明与次要文明之分的缘故。如果说在古代文明发展阶段上，几种主要文

---

① ［美］菲利普·巴格比：《文化：历史的投影》，夏克等译，上海人民出版社，1987年，第105页。

明按照区域而各自发展的话,那么现代文明则主要由西欧文明体现。^①但这并不意味着其他文明形式不具有主要文明的潜质,且在历史的演进中不再能够发挥主要文明的作用。在文明的发展中,一些文明流产了,另一些文明停滞了,而其中一些文明则崛起了。总之,一个具体的文明处在文明体系中的什么位置,关键看这个文明体是否保持了文明发展的旺盛活力。^②

二者,认识古代文明,需要对文明发展的古今之变保持清醒态度。文明不是一经产生便凝固不变的。相反,文明的演进过程非常清晰地呈现在人们面前。文明的演进,既有历史内容的丰富化面相,也有文明程度提升的实质性改善。就前者言,是一个文明从区域化发展向全球性扩展的过程;就后者论,则是一个文明程度的显著提升现象。文明程度的提升或升华,既有不同文明体之间的同时性存在所呈现的优劣即发展水平的高低,而催生的文明间良性竞争促成的文明发展动力所促使的文明发展;也有文明的历时性之间凸显的改善性效应,所促成的文明水平提高与文明向度多样化结果。从整个人类文明史来看,人类文明史上的古今之变,是最为值得重视的文明史大事件。在人类文明史上,古代文明创造了它的辉煌业绩:人类发现了自然运行的秩序秘密,也找到了供给心灵秩序与社会政治秩序的基本方式,还对人自身的生物再生产与社会再生产方式进行了有效规划。但古代文明在为人类文明奠基且给予持续推进的同时,也内在地限定了文明发展的广度与高度:一者,在确立了高于人的神性权力以阻止人性的嚣张与妄为的同时,以神性权力的人的承载者在某种程度上的失当行为,妨碍了人性与人道主义的成长;二者,以对人文知识的系统建构,虽促进了人的觉醒与人对自身和社会的深刻认识,但没能大幅度促进人对自然的精确认知和系统建构,

---

① 参见[美]菲利普·巴格比:《文化:历史的投影》,夏克等译,上海人民出版社,1987年,第197~199页。

② 参见[美]阿诺德·汤因比:《历史研究》,刘北成等译,上海人民出版社,2005年,第50~53页。

且没能将人文文化与科学文化的积极互动结构确立起来；三者，在古代文明体之间，形成了消极与积极互动的两种机制，因此构成了文明进步的正负两种动力，前者以其警醒作用而让人类意识到维护文明并拒斥野蛮的极端重要性，后者鼓励人类而让人们意识到促进文明进步的绝对必要性和无可逃避性。

古代文明因其内在的局限性，而必然在其优势保持下来、缺陷必予克服的总体走向之下，迈进更为健全的现代文明形态。现代文明既不是脱离古代或传统文明、横空出世的文明形式，而是将古代或传统文明纳于自身的文明形态；也不是一种彻底挣脱了人的局限性的文明形式，它仍然是需要在文明体之间的广泛竞争中发展的文明形态。因此，文明体之间的不当竞争，还会在文明进步的过程中出现令人心惊的悲剧事件。当然它也还不是完美的文明，它需要人们理性地认识到，文明的发展与进步是一个大趋势。这就意味着现代文明的自身发展，还需要人类对之报以高度的警惕性和自觉性。正是在这些规定性之间，现代文明呈现出它的独特之点：

其一，现代文明是一种建立在神性和传统背景文化（background culture）基础上的理性文明形式，它的世俗性特点非常突出，但并不拒斥神性和传统文化发挥其现代功能。相反，神性、传统与世俗文化之间的互动，成为现代文明的精神特质。就此而言，那种一定要将世俗化特点比较突出的现代文明再安顿于神性文明或传统文明基础上，并寄望由此克服现代文明的基因缺陷的努力，实际上是对现代文明的复合结构缺乏醒觉的结果。

其二，现代文明在知识形态上，不再是一种人文知识主导的知识体系，而是由科学知识全面主导的知识系统，但科学知识、人文知识与社会知识构成其知识体系的三个分支结构。故而，现代文明中的知识结构，相对于传统知识体系来讲，更为健全合理。在这个意义上，由"三种文化"即自然科学、社会科学与人文学科组成的知识体系，构成现代文明的、更为完整的知识系统。"哲学家和历史学家通过根除极端宗教狂热的原则，为他们的社会作出了贡献；自然科学为我们舒适的生活、健康的身体及澄清令人迷惑的自然现象作出了贡献；人文学科清楚地表达了由历史变化所产生的公众情绪的变化，并毫无保留地捍卫着某个历史时期似乎适合于他们社会的某种道德姿态；社会科学试图评估两个团体的种种主张。"①这种复杂的知识系统，在古代文明中是不存在的。

其三，在现代文明发展的历程中，仍然存在令人怵目惊心的野蛮，而且是以理性形式呈现的惊人野蛮，纳粹德国的"最后解决方案"，便是这种野蛮性的最残酷的体现。但是相对于古代文明而言，在现代文明体系中，人类对野蛮与文明边界的认识更为清楚明白，以文明抗拒野蛮，是现代人类文明的自觉取向。为此，在主权国家的范围内，民主法治的政治制度安排，成为引导国家前行，并保持社会政治文明的趋同选择；在国际社会里，尽管总体上的国际无政府状态经常性引发暴力冲突，但国际社会一直在顽强努力——经由理性谈判和条约订立来维护和平秩序。这是现代文明乃是以政治文明主导的文明体系的一个显著特征。

在现代文明漫长的前史阶段，古代文明为之积累了深厚的文明成就。但相对于现代文明而言，古代文明之所以被取而代之，不是因为古代文明是与现代文明对立而在的文明形式，而是因为古代文明本身发展的演进性逻辑。它的不断刷新与进步，驱动它走向现代文明的一端；与此同时，现代文明自身的成长机制与驱动力量，也使它成为纳神性与传统文明于自身的文明体系。因此，以17世纪划界，人类文明的古今界限鲜明地展现在人们面前。催生现代文明的17世纪欧洲，既是一个乱世，像英国的内战、欧洲的三十年战争已经足以证明这一点；同时也是一个群星灿烂、催生现代文明的世

---

① ［美］杰罗姆·凯根：《三种文化——21世纪的自然科学、社会科学和人文学科》，王加丰等译，上海世纪出版集团，2014年，第256页。

纪。"17世纪是革命的世纪。"①在这个世纪中,昭告现代降临的文学天才如塞万提斯、莎士比亚等,哲学天才如笛卡尔、培根、霍布斯、洛克、斯宾诺莎、莱布尼茨等,科学天才如伽利略、牛顿等,以及一大批艺术天才,共同催生了一个引发世界观、人生观、价值观三观巨变的现代世界的降临,这是直到今天可以追溯的现代文明体系化的源头。②在17世纪现代文明正式宣告降临之际,人们可以看到一个蓬勃的现代化社会变迁运动与之存在的内在联系。因此完全有理由讲,试图真正理解现代化,必须确立起相应的文明视角,才有可能。

二、文明及其进步

中国式现代化是现代化世界浪潮的又一波。③现代化的世界演进,是人类文明的一次大跃升。现代化的浪潮,依照17世纪成型,18世启蒙运动推向全球,19世纪确立其世界主导地位,20世纪构成全球社会变迁的主流,中经诸多变化,但现代化主流未曾被动摇过。中国是在19世纪的现代化世界浪潮中,开始融入现代化所引领的现代文明洪流之中的。中国之所以会融入现代文明的浪潮之中,即是因为中国古代文明发展的前路出现了极大的障碍,因此很难沿循古代文明的既定轨道再往前行。文明的转轨问题,已经在明清之际鲜明呈现出来;同时也是因为中西文化的接触,让中华文明的发展遭遇新一轮的、陌生文明的巨大挑战。这次挑战,不像古代阶段遭遇过的佛教文明的挑战。作为一种宗教文明形态的佛教文明,不仅在中土传播过程

---

① [英]A.C.格雷林:《天才时代:17世纪的乱世与现代世界观的创立》,吴万伟等译,中信出版集团,2019年,第12页。

② 参见[英]A.C.格雷林:《天才时代:17世纪的乱世与现代世界观的创立》,吴万伟等译,中信出版集团,第22~23页。

③ 参见任剑涛:《在现代化史脉络中理解"中国式现代化"》,《西华师范大学学报》(哲学社会科学版),2023年第1期。

中逐渐失去它的政治关怀,成为一种比较纯粹的宗教化人生理念;而且也在与儒道两家的思想竞争中,逐渐被两家汲取思想精华,让其初入中土时所具有的神性价值挑战性基本受到瓦解;佛教更是在唐代实行的三教合一政策中,被国家权力所整合,成为古代官方意识形态的一个组成部分。而世俗性极强的儒家,由于在宋以后殊难坚持其高于政治的德性政治立场,放任"以天下私一人"的明朝政治衰败,着重将"灭山中贼"转向"灭心中贼",因此无法阻止明朝的整体衰颓,并被清朝所取代。而早就转入民间的道家与道教,虽然保持了抗拒与批判的基调,但没能形成矫正国家方向的新思维。于是,在完全相异的文明体系,也就是将现代文明与西方文明高度同构的文明形态面前,显得无能为力、转轨无方。在无以应对西方文明向中国传统文明发起的挑战中,既有自成体系的西方宗教文明即基督教文明所携带的、世俗化中国难以化解的精神文明形态,也有现代化特质极为鲜明的世俗化文明如人道主义、理性主义、个人主义、民主主义等文明要素的强大冲击,还有显现现代文明强大力量感的制度文明与物质文明两种软硬兼施的文明体冲击力。可以说,自晚清时期,中国之所以融入现代化的滚滚浪潮之中,是由传统文明后继乏力与外来文明强大冲击的双重力量所致。

中华文明自有其相对独立的发展历史与非常辉煌的文明成就。这是中华文明能够不断秉承古代文明传统,踵事增华、光耀历史的重要理由。在足以显现中华传统文明的元典文明时代,中华文明的草创者们,跟当时世界主要文明体的创制者一样,发现了大写的"人",因此开创了人类文明的轴心时代。中华传统文明的演进,主要依赖的是内生动力。而人们常说的中国古代文明,尤其是政治文明的"秦制两千年",实际上是对中国传统文明的一种简单化概观,不足以呈现传统文明自身演进的历史面貌。因此,在历史哲学上对之做出的首尾两变概述,即开创时期的"秦汉之变"与现代转轨时期的"清民之变",并不能准确描述中华传统文明演进史的丰富性、多样性与自驱性。就中华文明有文字记载以来的文明历史而言，起码在内驱动力的推进下，经历了国家结构重铸的周秦之变、国家治理模式优化的秦汉之变、国家体制改善的唐宋之变、国家重寻基本方向的明清之变，以及促成国家现代转向的清民之变。①这是西方文明大规模进入中国以前，中华文明在历史变迁中逐渐生长、成熟、自我优化的一个长过程。文明的进步，在中华文明的古代阶段是得到了充分呈现的。

正像中华文明演进的古代阶段那样，文明进步的古代逻辑，基本上是在相对固定的地域中呈现的。或者说，古代文明之间的交流与碰撞，不像在现代条件下那么普遍和富有生机，未能构成各种古代文明体进步的主要动力。不同古代文明体的演进动力机制，似乎都有某种自足性。这也是前述八大文明体得以成型的一个主要原因。但进入现代文明阶段，由于市场经济的逻辑，也就是从地区市场、全国统一市场到全球市场的扩展逻辑，让古代文明发展的地域意义显著下降，让现代文明发展的全球化进程明显加强。从此，文明的进步，不是某一个文明体可以在相对封闭的环境与相应自足的条件下实现的目标。随着现代经济发展模式的确立，相应的现代政治运行逻辑也展现出来，既致力于保护国内民众的国家权力机制，也必须保护国民在海外或国际市场的商贸利益。于是，以市场先导的国家利益，成为先发现代国家在国际社会争夺市场的武力输出导因。这也许是现代文明建构过程中，人类必须偿付的极大代价？！但确实，至少在西学东渐时出现的西力东渐，摧毁了东方社会固有的社会机制，让东方国家尤其是中国不得不步入从传统到现代的不同文明轨道。

因此，中国在开启其现代化进程的初期，关于现代化的记忆是相当矛盾的：一方面，中国接受现代化的"命运"安排，尤其是对于物质器物层面的现

---

① 参见任剑涛：《常与变：以五大变局重建中国历史宏大叙事》，《中国文化》，第54期。

代化,中国是采取积极主动的欢迎态度的。循序渐进,中国现代化逐渐由物质器物的现代化逼进制度的现代化。这使晚清现代化阶段刻画出洋务运动到戊戌变法的运行轨迹。但另一方面,由于是先行的西方现代化国家联手东来,逼迫中国打开国门,因此中国是在西力东渐的处境中,在主权丧失的痛苦体验里,开启和推进其现代化进程的。前者是中华文明的提升状态,后者是中华文明的惨痛经历。因此,中华文明的现代升华,并不是一个容易实现的目标。

这是一个文明演进与升华的普遍难题。从文明升华的一般理论论述上看,文明的升华问题包含复杂的理论内涵。一方面,人类一旦迈进文明的门槛,便永久划分开了文明与野蛮的界限。在文明与野蛮的比较框架中,只存在文明与野蛮的划界与维系问题,不存在更文明的问题。换言之,如何杜绝文明层次的下降、文明扩展的不畅、文明升华前路的堵塞,成为以杜绝野蛮为前提的一个促进文明改进的负面实践。之所以需要指出维系文明的负面努力,是因为人类始终是在人的动物性、人性与神性之间聚集文明演进的动力的。不兜住克制动物性的蛮性之底,就无法有效遏制人性的恶习、发扬人性的善良,就无法为文明的升华提供持久的动力。这当然不是说以善制恶的单纯选择,就足以构成文明升华的纯粹动力。善与恶的交织,以及善与恶的竞争,一直是存善去恶的人类文明,尤其是伦理道德文明努力要实现的目标。因此,聚集人类文明发展的善性动力,同时就是一个与人性之恶进行艰苦斗争的过程。在人类迈过从传统到现代的门槛时,人类的伟大进步之一,就是对善恶的辨认能力大大提高,并达于一个高度自觉的状态。但这也并不等于就让人类完全脱离了人性之恶。在善与恶的相互写照中推进文明进步,是人类的一个基本处境。因此,文明的进步,不是一个在人的谈笑之间,轻松快意就可以取得的成就。

另一方面,从文明发展维度上看,即使暂时撇开文明与野蛮的交织与斗争不论，也还得看到，文明进步过程尚存在一个文明程度与高度的问题。这个问题，可以换算为文明的改进问题。文明发展的总体线索是进步的，这是人类认同文明、拒斥野蛮的信心之所在。相对而言，文明及其进步，从三个方面体现出来：

其一，文明的领域一直在增加。迈过初民社会的野蛮局限，进入文明社会阶段，人类首先在政治领域中取得了权力聚合的成就，同时在经济领域里获得了分工合作的巨大进步，在社会领域里成就了群聚性行动的习性。这似乎是说人类迈入文明门槛之际，就拓展了一切文明领域。诚然如此。但在文明领域的拓展上，从古至今都处在一个领域更多、范围更广的状态。这里的领域更多，不是指超出政治、经济与社会这些基本领域之外的领域，而是指这三大领域中不断有开拓性的领域向人们敞开，譬如在政治领域中从集权、专制到分权、民主领域的迈进，经济领域从权力垄断资源到市场分散资源的发展，社会领域从谨守自然秩序到区分领域和阶层的自治的发散。总之，随着现代化向纵深地带推进，社会各个领域的现代化便成为不可阻挡的趋势。

其二，文明的地域始终在拓展。现代化起自英格兰，在17世纪成为第一个政治规范化、经济工业化和社会多元化的现代化国家。这是英国1215年贵族与约翰王达成《大宪章》，付出450多年漫长时间代价而取得的政治成就；也是在逐渐规范国家权力的基础上，以不断的社会政治改革举措，让国家权力的运行、民主的政治机制与经济的发展范式逐渐成熟起来，以至能够成为第一个完整意义上的现代化国家。①在英国走向现代化的过程中，欧陆多个国家如西班牙、葡萄牙、荷兰、法国、北欧诸国，都在发生相应的现代转

---

① 钱乘旦等指出："英国通过三百年演变，和平长入现代社会，走了一条渐进改革的路。"参加氏著：《走向现代国家之路》，第四章第二节《英国史道路：渐进改革之路》，四川人民出版社，1987年，第251页。

变。但最终英国成为欧陆国家,尤其是法国的现代化典范。可以说英国范式成为欧陆国家现代化的灯塔。① 由此,欧洲成为世界上第一个现代化地区。从欧洲向外拓展,北美成为第二个现代化地区。之后,亚洲、南美与非洲的现代化进程被启动,现代化终成一个全世界范围的社会变迁过程。现代文明借助现代化的社会变迁,已成一个不可逆的社会演变趋势。

其三,文明的进步始终在进行。人类文明的进步,没有止步于它与野蛮划出的历史性界限。随着文明与野蛮的划界,文明一直迈着自己的发展步伐:这不仅在于文明总是在与野蛮的写照中获得它的清晰边界与基本内涵,而且还在于文明的广度不断扩展,发展程度总在持续提高:从人类文明的认知向度上,科学在人类文明的认知进步上发挥了极大的解放作用,让人类对自然世界的理解得到极大的深化,并且因其与技术进步的携手,从根本上改变了人类的物质生存状态;在人类文明的社会结构面上,人的觉醒与社会的理性化程度、自治的组织化程度,都非常令人瞩目;从人类文明的政治组织方式上讲,随着民主制度的多样化、有效化与规则化,让曾经充满血腥的政治世界走向理性与和平;在人类文明的经济活动领域,随着人类对市场经济的全球化、规范化与高效性的认同与取法,人类免于匮乏的生存文明得到根本保障。

人类文明的进步是一个历史过程。这样的进步,如从历史的眼光来看,并不是那么惊心动魄的,它是在日常生活中漫不经心地实现的。但从总体上讲,现代化的先行地区欧洲,"在同一生活范围内人的行为标准是如何逐渐朝着某个特定的方向发展的,展现了人们如何就餐、如何就寝,又是如何与别人发生争斗的。在这样或那样一些日常事务中每个人的行为和感受逐渐地发生了变化,逐渐地走向文明"②。当这种由现代化所推动的文明进步

---

① 参见任剑涛:《我们全都降生在一个英格兰制造的世界》,《东方早报》,2014年3月3日。

② [德]诺贝特·埃利亚斯:《文明的进程:文明的社会前和心理起源的研究》,王佩莉译,生活·读书·新知三联书店,1998年,第51页。

过程,从欧洲向外扩展时,文明与不文明的边界意识与挤压作用,便将整个人类推向现代化发展的同一个方向。"人的行为和经验,由外部强制和自我强制来控制的个人情感以及从某种意义上来说人的所有行为的构成也会朝着某一个方向变化。这一切究竟是怎么发生的? 为什么会发生? 在日常生活中对这种变化的解释往往是:自己所处国家的人比以前'文明'了,其他国家的人'不文明',甚至比自己国家的人'野蛮'。"①这是一种人与人、国与国之间相互激荡的文明进步过程。正是在这种文明进步的潮流中,中西经由文明间的接触与交流,促成了中国从传统文明向现代文明的急遽转变。自然需要指出,与现代化相伴随的文明进步,肯定不是一个线性进步状态,而是充满了起伏跌宕的曲折历程。

三、现代化的文明

如前所述,理解现代文明的发展,可以沿循两条线索展开:一是从传统到现代的演进线索,二是现代文明自身的演进线索。两条线索在之前的论述中都有所涉及。在此基础上,有必要将焦点落在现代化文明的兴起、兴盛及其全球化进程上,这样才有助于人们理解现代化的基本指向,以及由此给"中国式现代化"确立的、旨在升华人类文明的根本目标发挥着怎样的引导作用。

现代化的文明是自成体系的文明。但这并不意味着现代化是横空出世的文明形态。在直接催生现代文明体系的西方,它的历史渊源如希腊的理性精神、罗马的法治实践,以及中世纪的宪政积累、科学萌动,现代早期的人文主义复兴与启蒙运动,都为其奠定了坚实的基础。而从东西方社会的关系上看,现代文明的降临,与两个区域的文化-文明交流具有密切关系。尤

---

① ［德］诺贝特·埃利亚斯:《文明的进程:文明的社会前和心理起源的研究》,王佩莉译,生活·读书·新知三联书店,1998年,第1页。

其是在18世纪的中西文化交流中,两大文明体系之间的碰撞让中国的古典思想,直接影响了启蒙运动的方方面面。"在十八世纪时代,欧洲哲学思想的来源有二,一是希腊,一是中国。不过比较起来,在这两个来源里,中国思想的影响较此希腊的为大。在欧洲文艺复兴时代,受希腊的文化影响较深,但到了启明时代,希腊的影响已为中国文化所代替。⋯⋯中国哲学输入欧洲,从直接方面说,一方面反响为法国唯物论哲学,一方面为德国观念论的辩证法。"① 简而言之,中国传统哲学对现代欧洲两大重要的哲学思想建构,都发挥过直接而重大的影响作用。但需要指出的是,尽管中西传统文明对现代文明的兴起发挥过让人重视的奠基作用,但两者间的关系,毕竟不是一种直接相等的关系。现代文明,自有其萌芽、生成与演进的过程。

在现代文明发展的早期,出现过一个西方式现代原创文明从欣赏相异文明到挣脱这些文明的影响,走向一个相对独立生长状态的演变过程。这从伏尔泰对中华帝国的钦羡到黑格尔对中华文明的轻视上,可以得到印证。伏尔泰指出:"毫无迷信,毫无荒诞不经的传说,更没有那种蔑视理性和自然的教条⋯⋯自从四十多个世纪以来,他们一直觉得最简单的宗教也就是最好的宗教。"② 这应是一个理性主义者对中国传统文明的最高礼赞了。不过,黑格尔却认定,中国"在任何情况下,它都把自己的特性一直保持下来,因为它始终是独立的帝国。这样,它就是一个没有历史的帝国,只是自身平静地发展着,从来没有被外部摧毁。其古老的原则没有被任何外来的原则所取代,因此说它是没有历史的⋯⋯这只是一个国家的自然概念,它自身虽有提高发展,但并没有改变这个最初的单纯原则"③。黑格尔是在绝对精神演变

---

① 朱谦之:《十八世纪中国哲学对欧洲哲学的影响》,《哲学研究》,1957年第4期。
② [法]伏尔泰:《哲学辞典》,王燕生译,商务印书馆,1991年,第331页。
③ [德]黑格尔:《世界史哲学讲演录1822—1823》,刘立群等译,商务印书馆,2015年,第114~115页。

的意义上处理"历史"概念的,但仅仅将中国历史放置在自然史的角度来对待,至少看不出他有什么心仪中国文化之处。在两人之间,可以说出现了急遽转变。出现这一转变,除开思想家个人关注的焦点不同以外,更为重要的是,这期间欧洲的现代文明获得了长足发展,因此作别了取法其他文明的谦恭,建立了独立生长的自信心态。

这是一个相当重要的变化:现代文明的创制者与阐释者们发现,即使在现代文明的非西方源头那里,现代文明得到了滋养,但只有在西方现代先发国家那里,才将现代文明的非西方零星要素在西方范围内有机整合起来,从而催生了现代文明。这便是马克斯·韦伯所强调的现代文明的产生特点,它考察了科学、史学、艺术、建筑、教育、文官体制、资本主义、中产阶级、技术、法律、理性主义等关乎现代(西方)文明兴起的主要因素以后,毫不含糊地指出,"在西方,唯有在西方才存在某种特定的理性化类型"[1],从而将零散地存在于世界其他地区的前述因素,加以整合和理性化,铸就了现代文明体系。这是一个符合历史事实的断言:现代文明发源于世界各地,但由西方国家创造性整合而成。

有两个相关的问题需要进一步分析:一是现代文明与西方文明在长时期内的高度重合,这在两者较为单纯重叠时期的现代文明发展状态下,不是一个文明演进的难题。但在现代文明降临过程中,以及在现代文明越出欧洲范围的时候,它的蛮性扩展及其由此带来的文明与野蛮相伴而在的情形,如何能够让人类理性区隔现代文明的文明成分与蛮性做派,因此取法西方文明的成功理念与做法,杜绝西方现代文明创生与推进中的野蛮成分? 这是一个在现代文明史上需要慎重处理的问题。现代文明的诞生过程,并不是一个充满诗情画意、温馨缱绻的过程。如果将现代文明的基本要素归纳

---

① [德]马克斯·韦伯:《新教伦理与资本主义精神(罗克斯伯里第三版)》,苏国勋等译,社会科学文献出版社,2010年,第14页。

为政治民主、市场经济与多元文化的话,它在政治文明、经济文明与社会文明上取得的巨大进步与伟大成就,让人们有充分的理由夸奖不已。但是政治文明所取得的民主成就,是伴随着铁和血而实现的。不仅在立宪民主政体所依赖的民族国家建构上,它直接与三十年战争相连,而且在法国、葡萄牙、西班牙、荷兰、英国之间,在现代早期为争夺国家发展资源展开的连绵不绝的战争,更是令人惊心动魄。

法国大革命之后,拿破仑将战争之手作为推进现代文明的手段,让欧洲人对现代文明的演进感到心惊肉跳、心生恐惧。一部催生了现代文明的欧洲史,就是一部金戈铁马、残酷征战的历史。烽烟连天的战争,不仅催生了现代形态的民族国家,也促成了"欧洲'战国'时代的到来"①,这中间"军事革命"的出现,很明确提醒人们注意,现代文明并不是在宁静有致的状态下降临的。这自然不是说现代文明只有在绝对和平的状态下萌生与降临才是"文明"的,否则就是野蛮的。因为战争常常是文明降临的催产婆。但在现代文明创生过程中,人类所经历的悲剧、惨痛与血腥,一点都不比古代文明演进时期少。这是人类文明进步的代价,也是催促人类文明进行重大改进的动力。这让人们进一步知晓,市场经济支持的理性、共赢的交易机制的形成,也不是单纯经由市场空间和借助经济手段实现的目标,而是在政治、军事对峙与胜败的残酷基础上达成的。即便是伴随经济革命而来的科学技术发展,也与战争有着高度的关联。社会领域中的多元文化状态,只有在长期的惨无人道的种族、民族之间的对立、清洗与滥杀中,才逐渐确立起来。②这是一个令人至今不敢正视的历史悲剧。

现代文明的欧洲创生过程,充满了不文明或野蛮的行径,这是由历史书

---

① 参见[以]阿扎·加特:《文明世界的战争》,钱铖译,华东师范大学出版社,2022年,第556页。

② 参见[英]迈克尔·曼:《民主的阴暗面:解释种族清洗》,严春松译,中央编译出版社,2015年,第4页。

写的事实。而在现代文明超出欧洲范围,向世界其他地区扩展的过程中,就更是以一部殖民扩张的历史提醒人们,现代文明的地域拓展,也是一部充满征服、掠夺与侵害的历史。15世纪,首先由葡萄牙、西班牙开始其世界范围内的攻城掠地、侵夺财富的进程。葡萄牙人对印度洋的侵略、西班牙人在大西洋的征战,是人们所熟悉的早期殖民史。随之而来的西方国家如荷兰、法国、英国对美洲、非洲、亚洲的侵入,战争频仍,冷血掠夺,让人们透过亚、非、拉美如今还很强烈的殖民史记忆,不断被现代文明拓展阶段的西方国家的野蛮行径所激怒。这些旨在掠夺后发国家的殖民帝国,主要是受传统国家的掠夺习性的支配,其现代国家的品质需要继续提高。但因为这些行径伴随着现代文明成长而出现,让人们对现代文明的记忆变得异常复杂。"欧洲扩张基本上集中表现为海外帝国主义和海外殖民主义,亦即怀着强烈的欲望,成功地占领、统治和掠夺美洲、亚洲和非洲殖民地。"① 可见,推动现代文明成长的现代化过程,确实与相当不文明,甚至是极为野蛮的西方国家的行径联系在一起。

需要将西方国家在推动现代文明发展过程中的文明与野蛮行为区分开来。在某种意义上讲,在人类没有成长到完全受人性原则引导的情况下,那种纯粹基于人性、人道主义的文明原则在世界范围内行动的逻辑,根本不可能浮现出来。原因很简单,在动物性、人性与神性的人之三重本性结构中,约束动物性需要作出最艰难的努力,才能将人性发扬光大,并且逼近完全利他的神性。这正是人类文明成长的基本逻辑。在人类现代文明的建构中,西方国家在政治上成功限制国家权力,在经济上成功开拓高效率的市场经济,在社会领域中成功开辟理性多元论引导的宽容氛围,可以说为人类文明的显著提升做出了巨大贡献。这是应当充分肯定西方国家对人类文明做出

---

① [德]沃尔夫冈·赖因哈德:《征服世界:一部欧洲扩张的全球史》,周新建等译,社会科学文献出版社,2021年,第11页。

的杰出贡献的理由。但同时,对西方国家在现代文明建构中的野蛮行为,也需要明确指出、加以批判、痛加反思、根本改进、全力禁制。这正是在中国式现代化理念中,明确强调"不走一些国家通过战争、殖民、掠夺等方式实现现代化的老路"的缘由,也是强调人们需要深刻铭记"损人利己、充满血腥罪恶的老路"带给"广大发展中国家人民带来深重苦难"的原因所在。①现代化的社会变迁在给人类带来现代文明的同时,不能忘记它曾经带给人类的深重苦难,这是人类能够在现代化的世界进程中,维护文明、拒斥野蛮的保底需要。

二是现代文明作为人类文明发展中一个阶段的文明形态,它在什么意义上承继了文明的一般原则? 又在什么意义上改进了人类文明的原则,并且表现出现代文明的独特之处? 这是一个在人类文明的构成上需要甄别清楚的前提。现代文明,既不是人类文明的开创形态,因此它与传统文明的关联应当被重视;现代文明,也不是人类文明的终结形态,因此它必须在人类文明的升华中发展、改善自己。就前者言,需要看到,现代文明乃是从传统文明发展而来的文明形态,因此它继承了传统文明的优势,这是今天东西方社会的人们"言必称希腊""言必道先秦"的重要理由。在重视人、人道精神的基本价值向度上,古今文明具有一以贯之的精神血脉。就后者论,现代文明之为现代文明,不仅在于它继承了自古代文明以来的人类文明光荣传统,而且也在于它创造了人类文明的崭新价值与制度机制:其中最伟大的地方,首先就在于它成功限制了嚣张的国家权力,将之驯服于民主与法治的制度平台上;其次则在于它发现了物质器物高效生产的市场经济机制,不仅让人类摆脱了饥饿与匮乏的长期困扰,而且以富有创造性的、由科学技术引导的工业化机制,凸显出一套在农业文明时代完全不可想象的高效物质生产方

---

① 参见习近平:《高举中国特色社会主义伟大旗帜 为全面建设社会主义现代化国家而团结奋斗——在中国共产党第二十次全国代表大会上的报告》(2022年10月16日),《人民日报》,2022年10月26日。

式；最后，它超越了古代和中世纪社会生活中严重的不宽容状态，创制了一套不同宗教、民族、群体与个人理性相处的社会文化机制，从而在根本上克服了古代社会中屡屡出现的、你死我活的观念对峙，让人类文明体现在日常生活之中。

这是一个现代文明在文明与野蛮之间，逐渐克制野蛮，走向更为文明的状态的鲜明标志。如今，即使扩张行为还是一种文明的常态，但扩张本身逐渐为文明所驯服。这一点在世界中的欧洲行为模式上，可以得到证明。"尽管早已不再扮演主导世界历史进程的角色，欧洲还是呈现着扩张性。2013年欧盟拥有28个成员国，人们还看不出其扩张终结之日。2014年它毫不犹豫地容忍了俄罗斯的挑战。然而欧洲的发展壮大几乎不再像以往那样使用武力，而是凭借自己的经济魅力，即不是通过自己已逐渐弱化的硬实力（hard power），而是通过一种软实力（soft power）来实现，因为欧洲人的主导动机不再是以往的对真正信仰的传播或在争来斗去的多元世界中寻求民族的壮大，而是永无止境的经济增长。这一观念直到20世纪才在欧洲经济思想的帮助下产生，欧洲得以及时地以这一极为有效的新理念取代了旧有的、在持续的扩张行为中为自己正名的观念。"①现代文明，是在不断吸取野蛮行为所带来的沉痛教训，尤其是在吸取两次世界大战的深重教训的基础上，取得明显进步与升华的文明形态。但其文明进步的业绩，超出历史上曾经创造令人瞩目的辉煌成就的古典文明时代。

国家是古往今来承载文明的主体单位。古代国家间寻求宗教、政治与经济理由，展开漫长和持续的征服战争。战争是一种与古代文明成长相伴随的经常性现象。这并不是说在现代文明条件下，战争就消失了，永久和平就达成了。而是说由于现代战争的残酷性远超冷兵器时代的古代战争，因

---

① [德]沃尔夫冈·赖因哈德：《征服世界：一部欧洲扩张的全球史》，周新建等译，社会科学文献出版社，2021年，第1页。

此它让人类清晰明白地看到文明相待、理智处理分歧的必要性与重要性。社会在总体上趋于文明化的状态，从根本上降解了蛮性行为的根源，促使文明的广度拓展与程度升华。这是一种似乎悖情而实际上相当合理的进步。"总而言之，工业-技术革命，特别是其中的自由主义发展路径，已从根本上降低了战争爆发的可能性。这一变化的原因是在满足人类欲望方面，暴力选项的吸引力变得远远不如竞争与合作的和平选项。此外，社会越富裕，人们的迫切需求得到越充分的满足——'需求金字塔'自下而上有无数欲望可供其沉溺——他们就越缺少动力去冒着伤残死亡的危险而行事。"①

这可能是对人类文明进程中最野蛮的战争所发挥的积极作用的一个大历史概观：人类总是要追求成为个体强者与实现国家强盛的，但从古至今，这样的追求，已经呈现出一条显著的大线索——非规则或暴力化追求强大，是古典文明时代国家的基本指向；以规则或文明手段寻求强大，是现代文明时期国家的精神宗旨。从单纯的强大认知到复杂的规则信守，是人类文明发展的一大跃升。这也是现代文明纳传统于自身、总结归纳现实经验与教训，并理性展望未来而走出暴力对峙与寻求和平的竞争与合作的积极成果；这也是促使像中国这样的后发外生性现代国家拒斥蛮性理念与行为，选择坚决站在文明一边的重要动力。"我们坚定站在历史正确的一边、站在人类文明进步的一边，高举和平、发展、合作、共赢旗帜，在坚定维护世界和平与发展中谋求自身发展，又以自身发展更好维护世界和平与发展。"②这无疑是期待中的中国式现代化理性区分了现代文明的正剧与悲剧，从而择定了捍卫现代文明立场的表现。这无可怀疑地为中国式现代化确立了文明的价值向度。

---

① ［以］阿扎·加特：《文明世界的战争》，钱铖译，华东师范大学出版社，2022年，第833~834页。

② 习近平：《高举中国特色社会主义伟大旗帜为全面建设社会主义现代化国家而团结奋斗——在中国共产党第二十次全国代表大会上的报告》(2022年10月16日)，《人民日报》，2022年10月26日。

四、中国式现代化与文明升华

如前所述,现代文明长期与西方文明高度重叠。因此,在现代化思想史上,几乎一直存在着现代化就是西化的观念。这不是一种人们通常认为的简单、幼稚的观念,而是一种具有深厚历史依据与现实判断的说法。在所谓现代化就是西化的理解上,人们常常以人种、肤色、头发、生活习惯来定位,这其实是一种背离了现代化就是西化的原意的肤浅与随意的理解。"全盘西化的必要,至少还有下面二个理由:(1)欧洲近代文化的确比我们进步得多;(2)西洋的现代文明,无论我们喜欢不喜欢,它是现世的趋势。"①理解全盘西化的主张,不能离开这两个理由来随意发挥、痛加指责、严加批判。在这种限定性意义上,全盘西化有其道理。否则人们很难想象,一个像陈序经那样的、对中外历史有着精深理解的历史学家,何以会说出常人都觉得非西方社会的现代化,就是一切的一切都要西化这么荒唐的话来。

当然,肯定现代化就是西化说法的某种合理性,并不等于肯定这一说法的全盘正确性。原因很简单,从文化的先进性或现代文明的先导性上讲,西方现代文明确实领先全球,非西方国家确实需要谦逊地承认这一点;同时,作为现代文明发展趋势的一个承载者的西方,确实也是后发现代文明国家需要潜心学习的对象。如果不承认这一点,将很难确立国家发展的正确方向、择定发展典范、寻求发展的结果。不过,即便是西方现代化具有全球示范性,后发国家对之的学习,也一定是具有接受、转换、再创造特点的现代化过程。在这样一个过程中,现代化和不同地区的既定文明与不同国度的实际情况的结合,会催生新的现代化模式,也会促成不同文明体系与现代化整合的进路,这样也就势必会让不同于西方文明的其他文明因素进入现代化

---

① 罗荣渠主编:《从"西化"到现代化——五四以来有关中国的文化趋向和发展道路论争文选》,黄山书社,2008年,第403页。

进程,让现代文明显得更加丰富多样。这样的现代化进程,自然就不是从非西方的后发国家向西方发起的现代化一端的倾向性运动上,可以得到完整理解的社会变迁过程。它需要在两个方向上,也就是现代化诱导非西方国家发展方向,同时在西方因素与非西方现代因素的聚合性发展中,产生现代文明的不同文明间混合结果上,得到完整呈现和准确理解。

对此,可以在东亚的现代化进程中得到印证。东亚的现代化,在模式上曾经被称为是儒家文化圈的现代化。这是因为东亚三国即日本、韩国、中国,被认为同属于儒家文化圈,具有深厚的古代文明积累。不同于西方文明的儒家传统文明,塑造了不同于西方文明圈的文明形态。如前所述,这一文明曾经在现代西方国家的著名学者那里,得到过赞许与拒斥的不同评价。透过这两种完全不同的评价可以看出,在西方学者眼里,东西文明确实是两种不同的文明形态。在东亚现代化进程中,文明因素与现代化变迁互动,确实让三个国家表现出不同于西方国家现代文明的特点。加上中国台湾地区、新加坡这两个儒家文化圈的地区与国家,一同呈现出的某些现代化特征,人们将之命名为"东亚发展模式"。这一模式的独特性,正好反映在文明的基本预设上面。"在东亚,即使是在最现代化的部门里,仍然可以目睹一种集体团结和纪律之间的关系的价值,最近有关日本企业和工业管理的讨论已使这个特性显得尤其突出。东亚是否已经创造出一种非个人主义类型的资本主义现代性呢? 如果是,那么现代性、资本主义和个人主义之间的关系就不是那么不可避免和内生的,而必须要从具体的历史环境中去再做诠释。"[①]直到今天,是否存在儒家资本主义模式,还是一个存在广泛分歧与争执的论题。但不可否认的是,东亚现代化已经为现代化融入了不同的文明因素。这直接挑战了前述马克斯·韦伯的现代化解释模式,即现代化主要是

---

① [美]塞缪尔·亨廷顿等:《现代化:理论与历史的再探讨》,罗荣渠主编:上海译文出版社,1993年,第424页。

西方文明内生的结果。人们会认为他对西方现代化的文明解释是错误的，至少是具有缺陷的，因为亚洲的文化与宗教传统或亚洲文明并非不适应现代化，但实际上不仅可以适应，甚至可以成为现代化的文明动力。①

如果说之前东亚的现代化进程表明，儒家文明或中华传统文明可以适应并促进东亚现代化进程的话，那也只能说是儒家文明或中华传统文明在非中心地带提供了相关论证的证据。在儒家文明或中华传统文明的中心地带，也就是中华人民共和国范围内，如果其现代化进程不出现相关现象，就很难证明儒家文明或中华传统文明能够成功促成一种"东亚现代化模式"。在中国依靠改革、开放相互促进这一区域的现代化进程的时候，人们也曾努力寻找它与儒家文明的关联性。但不得不说，在中国最近一轮有力促进现代化进程的初期，它与儒家文明或中华传统文明的正相关关系并未鲜明呈现出来。原因很简单，从历史上来看，掌握国家命运的领导者们与儒家文明之间一直处在一个明显的紧张状态中。至少"评法批儒"的记忆会提醒人们留意这一点。而上溯到五四运动以来的反传统思潮，中华传统文明与中国的现代化所呈现的巨大张力，乃是一个有目共睹的事实。直到中国大陆的现代化进程朝纵深处推进之际，关于传统文明与现代化之间的关系，才以一种消解紧张、促进互动的方式呈现出来。此前，传统文明对中国现代化的推进，可以说是在文明预设的意义上呈现的，也就是在前述"集体团结与纪律"的意义上呈现给世人的。但在近期，曾经让传统文明与现代化高度紧张的国家权力方面，已经意识到国家现代化的纵深发展，也就是处在改革深水区的中国，需要复兴传统文化-文明了。这是一种以传统文明促成现代文明的决断表现。为此，国家领导机构制定并颁布了《关于实施中华优秀传统文化传承发展工程的意见》，以期为中国的现代化聚集雄厚的文化-文明资源。

---

① 参见[美]塞缪尔·亨廷顿：《现代化：理论与历史的再探讨》，罗荣渠主编，上海译文出版社，1993年，第423~424页。

为中国进一步的现代化聚集传统文化-文明资源,在总体目标上,旨在推动实现传统文化-文明的复兴,促使中国传统文化-文明与中国现代文化-文明的吻合性发展。

> 到2025年,中华优秀传统文化传承发展体系基本形成,研究阐发、教育普及、保护传承、创新发展、传播交流等方面协同推进并取得重要成果,具有中国特色、中国风格、中国气派的文化产品更加丰富,文化自觉和文化自信显著增强,国家文化软实力的根基更为坚实,中华文化的国际影响力明显提升。①

基于这样的目的,国家自觉而全力推动传统文化-文明的复兴,在文化-文明的核心思想理念上,致力于将传统文明与现代文明进行精神连接,"中华民族和中国人民在修齐治平、尊时守位、知常达变、开物成务、建功立业过程中培育和形成的基本思想理念,如革故鼎新、与时俱进的思想,脚踏实地、实事求是的思想,惠民利民、安民富民的思想,道法自然、天人合一的思想等,可以为人们认识和改造世界提供有益启迪,可以为治国理政提供有益借鉴。传承发展中华优秀传统文化,就要大力弘扬讲仁爱、重民本、守诚信、崇正义、尚和合、求大同等核心思想理念"。而在中华传统德性文明的现代发扬上面,着重强调"中华优秀传统文化蕴含着丰富的道德理念和规范,如天下兴亡、匹夫有责的担当意识,精忠报国、振兴中华的爱国情怀,崇德向善、见贤思齐的社会风尚,孝悌忠信、礼义廉耻的荣辱观念,体现着评判是非曲直的价值标准,潜移默化地影响着中国人的行为方式。传承发展中华优秀

---

① 中共中央办公厅、国务院办公厅:《关于实施中华优秀传统文化传承发展工程的意见》,https://baike.baidu.com/item/关于实施中华优秀传统文化传承发展工程的意见/20400855? fr=Aladdin 2023年3月14日访问。本段下引该文,不再出注。

传统文化，就要大力弘扬自强不息、敬业乐群、扶危济困、见义勇为、孝老爱亲等中华传统美德"。进一步，需要着力发扬中华传统文明的人文精神，"中华优秀传统文化积淀着多样、珍贵的精神财富，如求同存异、和而不同的处世方法，文以载道、以文化人的教化思想，形神兼备、情景交融的美学追求，俭约自守、中和泰和的生活理念等，是中国人民思想观念、风俗习惯、生活方式、情感样式的集中表达，滋养了独特丰富的文学艺术、科学技术、人文学术，至今仍然具有深刻影响。传承发展中华优秀传统文化，就要大力弘扬有利于促进社会和谐、鼓励人们向上向善的思想文化内容"。

很显然，从这三个方面可知，在中国向现代化纵深地带推进之际，国家权力倡导的复兴传统文化–文明，不是仅仅在一些具体做法上的提倡，而是在传统文化–文明基本价值、精神结构、制度理念、文化氛围上的全面继承与发扬。这些内容，一些已经成为人类文明的基本构成部分，一些则是中国传统文化–文明的独特构成部分。从总体上讲，这样的官方倡导，是在为中国的现代化聚集文化–文明资源，完全可以将之视为中国不再将现代化仅仅看作是一个经济社会变迁的过程，而同时将之看作是文化–文明发展的过程的标志。因为它不仅将中华传统文化–文明的核心理念、美好德性、人文精神罗列了出来，而且还以政策举措保障其落实，不仅因之要求加强中华文化的研究阐释工作，而且要求贯穿国民教育始终；不仅要求致力于保护传统文化遗产，而且要求以之滋养文艺创作、融入生产生活、加大宣传力度、推动中外文化交流。这就不是一个简单的为现代化提供文化装点的举措了，而是为中国现代化注入文化–文明强劲动力，并以之为中国式现代化的出场提供文明驱动力量的进路了。

在中国式现代化的谋划中，中国之努力实现现代化，追求的不只是中华"民族"的复兴，更是中华"文明"的复兴。所谓追求民族复兴，是在中华民族近代命运转折，"落后就要挨打"的不利处境中，寻求扭转民族命运的途径，奋力追赶现代化的世界步伐,跻身现代化强国的行列。所谓文明复兴,是要在中华文明自近代处在一个疏离世界中心,未能提供人类文明新动力的情况下,全力扭转文化–文明"入超"的被动局面,争取实现中华文化–文明的"出超"目标。尤其值得注意的是,在全球范围的现代化总体上迄今仍然建立在西方文明基础上的情况下,如何真正为现代化注入中华传统文化–文明因素,从而极大丰富现代化的文明构成成分,使之成为现代化促成"人类文明新形态"的强有力机制,已经成为中国式现代化展示现代化与现代文明新景象的一个象征性问题。这可以说文明问题已经成为中国式现代化之不同于西方式现代化的新标志。

这正是中国选择一直站在文明进步的一边,拒斥西方式现代化曾经显现的野蛮一面,同时又强调中国式现代化旨在刷新人类文明面貌的另一面的缘由。从人类文明的演进史来看,在文明与野蛮的关系框架中,必须以文明为坐标,全面禁制野蛮的举措。在观念上,需要严格克制蛮性理念,以文明为思维和行动导向;在实践上,需要有效约束一味逞强的蛮干,而以理性、和平、合作、共赢为取向。这是中国式现代化与其他所有现代化国家体现出来的共同特点。与此同时,在中西现代化模式上讲,避免西方式现代化曾经出现且可能继续浮现的"损人利己、充满血腥罪恶"的"深重苦难",走出一条人与自然、人与人、人与社会,国家与国家、国家与国际社会携手同进、基于人类命运共同体理念的现代化新路,则成为中国式现代化的文明新目标。其前路不会平坦,势必会有起伏波折,但以现代化新文明超越现代化老机制的念想,总是值得赞许的:人类总还得在深怀升华文明的强烈期待中前行。

重绘蓝图：
世界框架中的中国式现代化

中国式现代化自然是作为民族国家的中国的现代化。因为国家背景的设定，中国现代化不可能在传统的"天下"体系中定位，而只能在现代的"世界"体系中理解。在"现代"世界中，各国处于一个现代化的激烈竞争局面中，能不能实现现代化，是一个国家在世界体系中存续的状态问题；国家的现代化品质高低，是一个国家能否引领人类文明发展的决定性因素。现代化是一个国家在自身与世界之间自我界定、自我提升，相互理解、共同发展的过程。中国式现代化是中国在世界现代化进程中再绘国家蓝图的尝试。它既显示了中国对现代化的国家发展目标的再确认，也展现了中国现代化刷新人类文明的雄心壮志。

重绘蓝图：世界框架中的中国式现代化

现代国家的塑造是在世界现代化进程中逐渐实现的目标。现代国家在形式结构上是民族国家，在规范结构上是民主法治国家。中国是被卷入现代化进程的后发外生型现代国家。在前现代化阶段，中国是一个自成体系的特殊国家："国家"与"天下"是内在关联的中国体系。在现代化阶段，由民族国家组成的"世界"，不仅重组了欧洲的国家状态，而且重造了全球的国家机制。中国作别"天下"体系，进入"世界"体系，走过了一个在自我与世界之间重新定位的艰难历程。作为万国一邦的国度，中国向何处去的探索，让中国经历了国家现代蓝图一再重绘的蜕变。中国式现代化可以说是对中国在万国之中的国家定位、万国竞争中的国家处境与国家未来的预期目标的一个重新厘定。

一、"世界"的天下

中国式现代化是新近关乎中国现代化目标的一个官式表述。"中国式现代化，是中国共产党领导的社会主义现代化，既有各国现代化的共同特征，更有基于自己国情的中国特色。"其中国特色的五个描述性指标是："中国式现代化是人口规模巨大的现代化""是全体人民共同富裕的现代化""是物质文明和精神文明相协调的现代化""是人与自然和谐共生的现代化""是走和平发展道路的现代化"①。将中国现代化的特色与世界现代化的共同特征两相比较,可知人口规模巨大确实是中国现代化的独有特征,而共同富裕、文明协调,和谐共生、和平发展则是中国现代化与世界各国现代化的共同特征。如果再深入一步分析,在这些描述性指标之中,还潜存着一个更为重要的、关于中国式现代化与世界各国现代化的共同特征,那就是现代化是在民族国家的基础上呈现的社会变迁过程:世界均如此,中国不例外。因此,在理解中国式现代化的时候,不仅需要从前述五个指标着手,还需要从现代化的国家背景着眼。否则,我们就既难以理解中国式现代化何以会在中国与世界各国的比较维度来定位,又难以理解描述中国式现代化何以会强调中国的国家特色。此间,中国与世界各国处在什么样的关系结构中? 中国是在什么国家处境中启动现代化进程的? 中国式现代化在什么意义上呈现其国家样貌,它还属于是世界现代化总体进程中的一个组成部分吗? 这些问题,都涉及准确理解中国式现代化的深层预设问题。

从一般的国家认知建构进路切入,中国式现代化所指的中国,非常确定的不是帝制时代的中国,而是人民共和国意义上的中国。换言之,是在中国从古代帝制转变为现代共和制度的情况下,对中国现代化进程的定位。因此,中国式现代化在国家指向上确定无疑的是现代国家。就此而言,理解现代国家的基本结构,就成为理解中国式现代化的一个理论前提条件。现代国家,就其基本形态来讲,可以一分为二:一是从形式结构上讲,它是1648年《威斯特伐利亚合约》的产物,也就是如今人所周知的民族国家(nation state),这是一个民族与国家对等存在的国家形态。"现代意义上的民族(na-

---

① 参见习近平:《高举中国特色社会主义伟大旗帜,为全面建设社会主义现代化国家而团结奋斗——在中国共产党第二十次全国代表大会上的报告》(2022年10月16日),《人民日报》,2022年10月26日。

tion)是一个据称拥有属于它自己的国家政权(state)的群体。"①民族国家的基本构成要素是领土、人口与主权(政府);二是从实质结构上讲,也就是从规范政体形式上看,应是依宪治国(the constitutional state)的现代国家。这是处在现代环境的世界各国,基本上都有一部宪法的原因。尽管制定宪法之后有没有依照宪法实际治国,在各国之间差异性极大,但制宪构成立国的基本指标,几乎没有疑议。"宪法是现代世界各国普遍存在的一种政治法律现象。宪法不同于普通法律,它在国家生活中作为国家的根本大法而具有独特的法律效力,即最高法律效力。在现代社会,宪法被赋予至高无上的地位,人人都必须服从宪法这一最高权威。"②这样的国家形态,在古代世界中都不曾存在,是一个完全意义上的现代事件。

可见,中国式现代化首先要确立的现代化目标,就是将中国建设成为一个符合现代形式与实质标准的国家。这是对中国式现代化应予确定的国家定位。依照现行宪法对中华人民共和国的权威表述,中国是"全国各族人们共同缔造的多民族国家"③,因此中国毫无疑问是一个民族国家。与此同时,宪法还明确规定了这部法律的根本法与最高法地位,明确强调"全国各族人民、一切国家机关和武装力量、各政党和各社会团体、各企业事业组织,都必须以宪法为根本的活动准则,并且负有维护宪法尊严、保证宪法实施的职责"④。而这个依宪治国的中国,乃是一个在规范意义上忠实承诺了人民主权的国家。由此可见,作为中华民族建立的中华人民共和国,也是一个依宪治国的国度。"中华人民共和国的一切权力属于人民。……人民依照法律规定,通过各种途径和形式,管理国家事务,管理经济和文化事业,管理社会事

---

① 郭忠华等编:《当代国家理论:基础与前沿》,广东人民出版社,2017年,第2页。

② 姜士林等主编:《世界宪法全书》,青岛出版社,1997年,第1页。

③④ 同上,第95页。

务。"①在这两个意义上,中国是一个由宪法明确认定的现代国家结构。

但这是不是说中国已经彻底完成了现代国家的建构任务呢? 回答是否定的。原因在于,一个现代中国的建立,不只是在立法的意义上确立其现代国家的框架就完结了的事情。诚然,宪法在国家的形式与实质结构上,已经毫无疑问地确立起现代国家的两个基本架构,这让任何质疑中国是一个民族国家和依宪治国的国家的言论,都变成挑战宪法的违法言论。但这并不等于就同时完成了现代中国的建构任务。无论是中国的现代经济社会发展,还是中国的现代政治成长,抑或是中国的现代文化进步与人的现代化转变,都还是一个需要经过艰苦努力才能实现的现代化国家目标。仅就这里所确立的现代国家基本结构来讲,中国现代化的国家建构也还需要勉力而为,才能从帝制中国最终成功转变为民族-民主国家。

于是,对中国而言,如何从帝制中国转变为共和中国,在国家结构上就有一个建构中华民族且依宪治国的总体性转变。其中,最为关键的转变,就是现代中国需要从万国之外、万国之上的"天下"转变到万国之中、世界一邦的"国家"的过程。这也是一个中国的民族国家化的进程。这里所谓万国,是指民族国家林立的世界政治状态。所谓万国之外,是说中国在帝国时期,有一套普遍主义与例外主义同构的国家建构理念与机制——普遍主义的国家话语便是天下或朝贡体系标志的论说,例外主义的国家话语则是中国乃中央之国、中华之国的论说。前者是中国古代处理国与国关系的理念,后者是中国定位自己国家地位与文明轴心的理念。天下还有一层与国家相对而言的含义,那就是国家在与一套权力体制(政府、朝代)关联时,天下便是高于国家的正当性源头与人所共有的空间。因此,有所谓"有亡国,有亡天下"的区分性说辞。"有亡国,有亡天下。亡国与亡天下奚辨? 曰:'易姓改号,谓

---

① 姜士林等主编:《世界宪法全书》,青岛出版社,1997年,第95~96页。

之亡国;仁义充塞,而至于率兽食人,人将相食,谓之亡天下。是故知保天下,然后知保其国。保国者,其君其臣肉食者谋之;保天下者,匹夫之贱与有责焉耳矣。'"①这是一个在国家权力与文明底线之间区分的国家与天下差异。就这一专门区分而言,天下高于国家。至于天下与朝贡体系关联时,则主要指中国与外国的关系,天下九州为中国,由此区分内服与外服的不同,天子是内外服的共主。后来由此发展出一套内外服不同的统治制度,内服即核心地区实行天子的直接统治,外服以册封、贡纳建立统治。这可以说是中国古代建立起来的一种国际关系体系。在中外关系的处置上,"华优夷劣"是固定不变的相处标准,中国之作为"物华天宝,人杰地灵"②的例外国度,保有对化外之民的教化任务。主张"用夏变夷",拒斥"用夷变夏",是处理中华与蛮夷关系的刚性准则。

在整个中国古代,这样的国家与天下定位,在波动中得到了比较稳固的维持。但在清朝晚期,中国一下被卷入天下体系与民族国家较劲的状态。因为此时中国的国家建构遭遇两股难以善处的力量的拉扯:一股是新兴民族国家的力量,这就是随西力东渐和西学东渐而来的西方先行民族国家对中国既有国家体系的挑战;另一股力量则是抗拒民族国家压力的中国传统国家–天下理念。虽然说由于辛亥革命推翻了帝制,转进到民国,但是中国传统的国家理念并没有在理论上和实践上得到深入清理,因此其卷土重来的态势,不仅在民国时期由康有为提出并推崇的君主立宪制上体现出来,③也在袁世凯的帝制复辟上展现出来。这就不仅让中国在政治观念上很难进入万国体系,也让中国难以确立起共和政制的坚实基础。

---

① 顾炎武:《日知录》卷十三《正始》。

② 王勃:《滕王阁序》。

③ 参见任剑涛:《政体选择的国情依托:康有为共和政体论解读》,《政治学研究》,2017年第3期。

这是不是说中国的现代建国存在逆民族-民主国家的可能性呢？严格说来，这种可能性不大，甚至说几无可能。袁世凯帝制复辟的迅即失败，康有为倡导的君主立宪全无依托，从一个方面确证了共和取代帝制的现代国家机制已经不容动摇；而民国时期的立宪推动，人民共和国时期在宪法上对共和政治的再次确认，从另一个方面证明了共和政制是现代中国所稳固确立的基本政体。简言之，在民族-民主国家构成现代国家的基本结构的情况下，中国并不能自外于万国体系，它必然被纳入万国之中，成为古代帝国必然向现代民族-民主国家艰难转型的国度。这一转向，需要中国处理好两个关乎国家建构的重大问题：一是放下传统的"天下"理念，进入民族国家的万国体系，承诺现代国家体系是民族-民主国家的"世界"体系；二是放下中国的固有国家理念，也就是一种例外主义的国家独秀理念，将中国传统的普遍主义国家建构理念，转换成为支持民族-民主国家的普遍主义理念。这两个转变，不是那么容易达成的国家转变目标，但确实是中国成功建立起现代化国家框架的必须转变。

就前一方面而言，在晚清时期，中国就遭遇了在中国与西方之间，其所共同相处的实存世界究竟是"谁之天下"的巨大挑战。如前所述，在中国古代漫长的历史延续过程中，"天下"乃中国人之天下；而从近代尤其是中西正面碰撞以来，天下乃西方人创制的"世界"之天下。在这里，打上引号的"天下"，特指中国古代的天下观念，不打引号的"天下"，则用于指人类据以生存与发展的这个民族-民主国家的"世界"。天下是就万国所据以活动的这个实存世界，其含义有三，即人们在自然地理意义上所指的地球村，在文化地理上所指的凸显人价值的现代社会，在政治地理上所指的民主政体主导的现代文明空间。无疑，在三个意义上，"世界"都是对"天下"的颠覆与重造。这对中国建立现代国家构成全方位的文化-心理挑战，需要"中国"而不是"世界"转变自己的国家理念行动方式。

就后一方面而言,中国需要放弃历史中形成的普遍主义与例外主义高度同构的国家建构模式,即将自己国家放置在一个高高在上的、旨在塑造天下的特殊与例外的位置上,而将所有其他国家放置在一个受中国改造与引导的中式普遍逻辑的位置上。这让中国在现代门槛边,处在一个相当矛盾对立的状态中:因为中央帝国、中华帝国的自我估价,很难将自己放置到与万国平等的地位;由于高看自己、低估别国的思维定势,则又难于将自己放置到尊重别国经验、规避别国教训的位置上。久而久之,国家的现代化进程出现不少波折。而中国式现代化的命题,可以被视为化解这种悖谬的一个尝试:既确定了中国的现代化国家目标,又确定了中国的现代化是在各国现代化共性与中国的现代化个性之间定位的状态,从而对曾经陷入要么中国、要么世界的极端二元悖反的现代化进路,做出了有益矫正。

二、万国竞秀

因为中国长期将国家与国际的关系安顿在自己国家远比其他国家优越的位置上,故而在处理国家间关系的时候,表现出天然地引导世界的优越感。故在进入现代化的世界进程时,中国需要首先对这样的国家位置做出调整,降低国家的世界定位,将国家放置在与各国平等的位置上相处,并在国家间竞争中谋求中国的现代化转变。

这并不是一个容易实现的国家转变目标。由于中国转出帝国、转进民族国家之际,未能处理好国家自身的现代建构问题,同时也未处理好国际关系的挑战,因此骤然间落到了一个因后发现代处境中的国家举措失当而导致的国家地位的一落千丈:一个曾经的天朝上国,颓变为自谓的"落后挨打"国家。这是一个让人很难适应的国家处境陡转——从旨在引导世界的天朝上国,跌落到处处被人欺凌的境地,人们心中长期自认的超级大国地位,逆转为令人难以忍受的贫弱之国。这不仅让国家实力的体认一泻千里,而且让人们的国家自负心理感受瞬间崩塌。中国一下子既不能引导世界步伐，也不能与世界步伐同步，甚者完全跟不上世界步伐。晚清中国在现代世界的处境极为不利，完全是受到外部环境的驱迫，一波三折、步履蹒跚地跟随世界前进的节奏。从中国独领东方世界的风骚，转变为紧随世界步伐而不得的被动态势，中国从自信自负的国家心态，跌落到自卑自贱的国家心境。这对中国发展的直接负面影响是，中国由曾经在古代国家间竞争中的长期领先、勇于竞争，转变为现代落后、惧怕竞争。这让中国在一个民族国家时代的万国竞秀状态下，处于一个几乎不知国家前途命运的、不利于国家发展的悲壮境地。

晚清时期，中国的民族国家构造的艰难困苦，让中国逐渐将目光紧紧盯住自己国家的前途与命运。"中国向何处去"的拷问，成为中国自现代早期到当下，人们最紧迫思考的重大问题。民族国家的形式结构与实质结构，注定了中国进入万国之中的国家划界问题的重要性。但中国尝试在国情与各国现代化共性之间，发现一条适合于自己的现代化道路，这不是一个轻而易举就能做到的事情。这需要两个前提条件：一是对万国竞秀的现代化处境有一个清醒认识，二是需要对国家间竞争的现代化目标准确认知，两者缺一不可。缺失任何一个方面，都会让中国很难把握住现代化的脉搏与节奏，难于跟上现代化的节拍，融入世界现代化的滚滚洪流。

就第一方面来看，中国要想对万国竞秀的现代化处境有一个清醒认识，就需要对自己作为万国一邦的国家与国际关系方略，有一个理性的把握。这种理性认识，既需要打破中国一枝独秀的传统心理定势，又需要准确捕捉其他国家于中国而言的长处与弱点，还需要理性落定国家的现代化发展战略。可以说，在这种紧迫的国家现代化转变处境中，任何一个方面的认知都具有它必予重视的价值。

其一，晚清中国在理智上已经作别了国家独秀执念，认定中国在坚船利

炮,也就是物质器物现代化方面必须向西方学习,随着康有为"全变"理念的
提出,进一步夯实了中国向西方,尤其是向西方学习而变得强大起来的国家
如俄国、日本学习的必要性与重要性。但长期自信自负的中国,在国家转型
之际,岂是那么容易确立起由理智引导的国家转变理念? 自信与自卑,促成
了晚清民初中国人难以克服的一种对立心态,"由于看到其他国度的价值,
在理智上疏远了本国的文化传统;由于受历史制约,在感情上仍然与本国传
统相联系"①。这是一种理智与感情无法割舍,或者理智无法为自己聚集新
感情,感情无法服从理智的召唤而降生的巨大心理矛盾。中国只有在克服
这一心理矛盾的前提条件下,才能真正理智地进入万国竞秀形成的民族国
家"世界",实实在在地步上现代化国家的轨道。

其二,准确地捕捉其他国家于中国而言的长处与弱点,意味着中国需要
真正平视所有国家。"睁眼看世界",是晚清开明人士相对于大多数愚昧国人
而有的先知先觉能力。但即便是这些人群,在引导国人睁眼看世界的时候,
要么限于对中国人尚不清楚了解的新兴民族国家的肤浅介绍,要么限于对
中国需要模仿的先发现代国家的心仪化表述。进入一个民族国家组成的
"世界",远不如保守一个华优夷劣的"天下"来得容易。尤其是在中国客观
评估自己心仪国家的优势与缺失的时候,总是容易陷入欣赏一个国度或地
区时,表现出单纯激赏心态;或是批评一个曾经激赏的国度与地区的缺陷
时,表现出悔不当初的逆反心情。其中,梁启超可称是一个典型,在晚清时
潮中,梁启超是西学东渐的重要推手不说,更是推动学习西方,尤其是欧洲
的先锋人物。就前者论,他恳切指出,"吾观中国之病不一,然有一总源头。
源头为何? 即守旧自大,憎恶外人之心是也。既有此心,故种种安民良法不
肯仿效,以至不能自治其国,使乱机满地,民不聊生。因有此心,故其与外国

---

① [美]约瑟夫·阿·勒文森:《梁启超与中国近代思想》,刘伟等译,四川人民出版社,1986年,
第4页。

人通商,不过迫于无可奈何,其实彼之心,日日欲杀逐外国人然后快。然中国数十年来,政府之主义皆在于此,是明与世界公理相拗背,其积而成今日之大祸"①。其间蕴含的向欧美学习的恳切心情,昭然若揭。就后者论,梁启超在一战期间考察欧洲后指出,欧洲文化已经陷入方方面面的不可自拔的矛盾之中,中国人可以据此建立自信,"我们人数居全世界四分之一,我们对于人类全体的幸福,该负四分之一的责任。不尽这责任,就是对不起祖宗,对不起同时的人类,其实是对不起自己。我们可爱的青年啊!立正!开步走!大海对岸那边有好几万万人,愁着物质文明破产,哀哀欲绝的喊救命,等著你来超拔他哩。我们在天的祖宗三大圣和许多前辈,眼巴巴盼望你完成他的事业,正在拿他的精神加佑你哩"②。尽管梁启超在说这话的时候,保持着中国仍需学习西方现代化国家长处的清醒,但已经重蹈覆辙式地陷入晚清时期西方物质文明发达,而中国精神文明发达的精神陷阱。因而,他才再次重申了中国以精神文明拯救西方物质文明的分裂性立场。这是一种没有办法切入现代化的各个国家历史,寻找中国现代化发展有益因素的整体思维方式的表现。需要在打破整体主义思维模式的前提条件下,以吸取民族国家世界中的各国现代化经验与教训,才足以发现真正有力推进中国现代化转变的道路。

因此从第二方面来看,可以说,中国要想理性加入民族国家时代的万国竞秀,而不是在自我肯定与自我否定、肯定别国与否定别国之间游移徘徊,就必须先期对万国时代的民族国家定位与国家间关系的机制进行准确理解与把握,据此有效融入现代化民族国家的世界体系。从总体上讲,认识清楚万国竞秀的时代特征,需要对万国时代的国际定位与国际关系有一个多重的周全认识。就民族国家的关系上讲,大致呈现出一个现代民族–民主国家

---

① 汤志钧编:《中国近代思想家文库·梁启超卷》,中国人民大学出版社,2014年,第76~77页。
② 梁启超:《欧游心影录》,商务印书馆,2014年,第51~51页。

需要认清的三种关系:

一是万国之上下的关系。以一个国家在万国之中为轴线,这一国家形态只能是,民族国家构成现代化国家的形式主干,而民主国家构成现代化国家的实质结构。但民族-民主国家并不是现代化国家唯一的结构形式,因为在万国之下,尚有不同族群的存在。这些族群,可能是历史上建构过属于自己国家的政治群体,也可能是从来没有建立过属于自己国家的社会群体,如今他们被纳入某个国家范围,与建立了现代化民族-民主国家的族群共享着国家的保护与御敌机制。因此,国家对他们所发挥的作用,与直接建构国家的那个民族群体完全一样。但即便如此,民族-民主国家也仍然不是现代化政治社会的唯一主体。须知,"万国之上尤有人类在",人类利益始终是大于民族-民主国家利益的。对于民族-民主国家来讲,万国之上有一道义天堑,这就是任何一个民族-民主国家的利益不能高于人类的共同利益的缘故。在中国古代的国家与天下关系中,这一原则已经得到过明确的陈述:人类即天下的利益以绝对的人道主义为取向,国家绝对不能"率兽食人"。同时,万国之下还有族群与个人在。如果说族群利益可以被民族-民主国家有效整合的话,那么个人利益是构成现代化国家的另一道天堑:这是一个洛克厘定的现代化国家的基本政治原则,"虽然人们在参加社会时放弃他们在自然状态中所享有的平等、自由和执行权,而把它们交给社会,由立法机关按社会的利益所要求的程度加以处理,但是这只是出于个人为了更好地保护自己、他的自由和财产的动机"①。在一个现代国家中,处理好个人与国家的关系,是一个国家建构起稳定的立宪机制的重要支柱。可以说,一个现代化国家,需要对民族-民主国家上下的社会存在有一个完整准确的认识。

二是万国之内外的关系。民族-民主国家在形式结构上的领土要素,决

---

① [英]洛克:《政府论》(下篇),叶启芳等译,商务印书馆,2011年,第80页。

定了这一现代化国家形式不可能是无边无际地发挥作用的政治社会机制，而只能在限定地域范围内，对既定民众群体进行依宪治理。这就意味着，民族-民主国家的行为，不再与古代擅长战争征服、土地掠夺、财富抢掠、人口争夺这些国家行为相类，而呈现出对内保护、对外御敌的双重功能。对内保护功能的发挥，是受国家乃是依约建立并加以治理的前置条件规定的。一个国家如果不对内发挥保护功能的话，它就丧失了存在的合法性依据。对内保护功能，首先是对公民生命、财产与自由的保护，其次是对国家自身结构的保护，两者不能偏废。那种简单限制国家权力的追求，可能既让国家失去自我维护的能力，也让国家难以发挥保护公民的能力。就前者，国家需要承诺"人民主权"原则，并在人民主权原则的基础上，在治理国家的过程中坚持"人民中心"的理念；就后者，需要为国家的聚财提供正当理由与适当方式，政府必须合法征税，建立规章，并以之提供国内外的安全保障。如果政府没有税收，它就会处于瘫痪状态，完全无从发挥对内保护与对外御敌的双重功能；公民依法纳税，并要求选出自己的代表，制定国家法律，有效控制税负，规范政府的日常作为。[1]民族-民主国家内部就此成就以法治理的局面。将这样的治国原则引申到国际关系中，当国家间关系处在一个理性、和平的状态时，国家有权要求其主权不受别国侵犯；当别国侵犯一个国家主权的时候，这个国家有权进行还击并得到国际社会支持，以捍卫国家主权。这就让一个国家有了区分敌友关系，进行国际结盟或不结盟的外交政策决断。一个现代化的国家，不会在对内、对外关系上受个人意志的随意支配，而必须具备理性判断国家利益与秩序供给方式的能力。

三是万国之"左""右"的关系。这不仅是一个所谓意识形态的问题，也是一个政体选择的问题。在一个国家落实于稳定的依宪治国平台上时，意

---

① 何塞·路易斯·卡多佐、佩德罗·莱恩编：《为自由国家而纳税：19世纪欧洲公共财政的兴起》，徐静等译，上海财经大学出版社，2018年，第1~2页。

识形态的分歧与决断问题，不会成为国家治理与发展的重大问题。就此而言，国家如何选择一个合乎其国情的政治体制或政体形式，就成为国家能否成为一个现代国家的关键指标。一个现代国家的政体选择之具有何等重要的意义，以至于任何国家都不敢消极以待？简单讲，一个国家的政体选择适当，复加理智的国家治理，就会使这个国家成为众所钦羡的模范国家；如果一个国家的政体选择失当，复加治理不得法，那么这个国家就会成为失能国家、崩溃国家或羸弱国家。"凡在已有国家失能或崩溃的地方，都是人类行为体导致了从或强或弱的状态下滑，并且有意地主持了一个深远的和破坏稳定的过程，那就是资源从国家转移到行使统治的很少数人手里。"① 由此可见，一个现代国家必须解决平衡左右、保障国家权力公共属性、稳定供应国内外秩序的政体安排问题。这样才能有效避免国家的私人化，保证国家不至于陷入不同价值取向、利益诉求的人群之间的尖锐对峙。

万国竞秀，基本上是在上述三个方面展开的国家竞争过程。万国竞秀的历史进程，已经在各国的现代史叙述中得到呈现，不必在此细述。万国竞秀的问题轴心，则从三个方面整合性地呈现出来：国家必须建立起稳定的民族-民主国家机制。中国式现代化的目标，也正是在这几个方面呈现给世人。人民中心的理念，正是把握住了万国竞秀的核心宗旨的表现："必须坚持人民至上。人民性是马克思主义的本质属性，党的理论是来自人民、为了人民、造福人民的理论，人民的创造性实践是理论创新的不竭源泉。一切脱离人民的理论都是苍白无力的，一切不为人民造福的理论都是没有生命力的。"② 一个现代化的中国，绝对应该是一个人民主权得到充分尊重的民主国

---

① ［美］罗伯特·J.阿特·罗伯特·杰维斯编：《国家政治——常在概念和当代问题》，时殷弘、吴征宇译，中国人民大学出版社，2007年，第526页。
② 习近平：《高举中国特色社会主义伟大旗帜，为全面建设社会主义现代化国家而团结奋斗——在中国共产党第二十次全国代表大会上的报告》（2022年10月16日），《人民日报》，2022年10月26日。

家,妥善处理好了国家上下、内外与左右交错关系的国度。这也是中国能够在万国竞秀的过程中,显现其国家活力与发展动力的关键点所在。

三、相互界定

迈进现代化的门槛,中国便处在一个民族-民主国家的"世界"体系,替代其绵延千年的天朝上国-朝贡体系构成的"天下"的窘境中。说这是一个窘境,是因为它不是中国熟稔于心的国家处境与治理情景。如果说在中国古代"天下为公"与"天下为家"之间,人们长期以来熟知前者具于后者的高位,因此让其发挥一种矫正国家权力严重失误的积极作用的话,那么"闻诛一夫纣矣,未闻弑君也"①就向人们指示了认识古代中国国家机制的路向。这是一种将国家权力的公共属性置于国家权力私人属性之上的国家矫正路径:凡是秉承公天下理念的用权,就会得到民众的拥护;凡是将国家权力用来残害生民百姓的,就会丧失民心,天下人得而诛之。这便是中国古代国家的王朝权力转移机制。

但中国从天朝上国转变为民族-民主国家的过程,不再是一个王朝权力转移的过程,而是一个国家根本结构大转变的状态。处在这样的国家结构自身现代化状态中,终结天朝上国的王朝国家机制,已经让中国的国家转型引起巨大的不安,保国、保种、保教的三合一的古代国家维护诉求,让中国从古代国家转型为现代国家遭遇三重不易承受的挑战:一是人们致力于保护的、由皇权支持的国家形态,阻碍人们接受民族-民主国家的新形态;二是主体民族与少数民族意识的交错作用,既让"驱除鞑虏、恢复中华"的汉族基础上的建国很难展开,也让真正掌握国家权力机器的少数民族即满族很难善处民族-国家间的关系,这就大大拖慢了中国建构现代国家的步伐;三是传

---

① 《孟子·梁惠王下》。

统文化的深厚积淀,让国人形成的深厚文化-心理结构,构成抗拒现代价值与知识的防线,于是悲剧性地将国家发展的文化驱动力板结化为传统与现代的二元对峙。一个被实体化的外部切入中国之"现代化"方案,与一个同样被实体化的中国"传统"方案,将中国的现代化建设打入了一个尴尬的以传统抗拒现代,而不是以传统促进现代的悖谬境地。

因此,如要完成现代化转变的中国,一方面,究竟如何从国家的切实处境中去理解世界大势,会从根本上影响中国的国家决断。在此处境中,国家权力方面的现代化认知与取向,与社会方面尤其是知识分子方面的现代化认知与取向,发生了重大断裂:前者对现代化的谋划,从根本上是以维护权力为前提的;后者对现代化的急切盼望,则是以应然的现代化为坚强依托的。另一方面,社会对现代化的认知模式,逐渐塑造成两个似乎无法对接的模式,本应成为令人瞩目的双向运动,结果变成了区隔开来的单向运动,彼此并不考量对方的价值与作用。

这两种现代化认知模式,构成相应的绘制中国现代化国家蓝图的基本思路。一种认知方式是"以中国看世界",这是中国现代早期至今的一个重要思维定势。这是一种从中国出发、重点关注中国、其他国家都是理解中国的参考,因此顽强地表现出按照中国固有路径来理解世界和定位自己的认知方式。这样的认知方式,之所以成为难以撼动的认知方式,是因为它凸显了中国认知世界的主体性。沿循这样的思路,它很容易与民族国家时代具有主宰性作用的爱国主义挂上钩,因此很容易击退从外部的广阔世界来理解中国的尝试。这是一种显见的利弊共生的认知方式:有利在,它让中国保有了自主地理解现代化的主动权,并且在民族国家林立的世界上保有强烈的国家自我意识,在常态情况下也有利于中国自主地选择其后发外生性现代国家的外部榜样。不利在,这样的认知妨碍中国认识与接受世界发展的大趋势,让中国的现代化以一种自我中心的、例外主义的固化思路来谋划,并塑造出国人井底观天的思维习性,时时处处都以为中国仍然是中央之国、中华之国,别国不过是中国的陪衬。更有甚者,会促使人们形成一种特殊的中国中心论:中国不必接受西方人创制的现代化方案,完全可以独辟蹊径开创另一种现代化。这就在观念上固化了中国现代化转变的认知障碍,在实践上构成认定现代化目标而努力推进的强大阻力。中国现代化之出现"九死一生"的长期曲折,①可以说前述认知理念阻止了中国"理性祛除巫魅"的现代精神成长,后者妨碍了国家成为规范意义的现代国家,让中国的市场经济、民主政治与多元社会长期发育不良。

　　另一种认知方式是"以世界看中国",这是一个完全不同的中国现代化认知取向。以世界看中国,就是将世界作为审视中国的出发点,以世界的现代化发展大趋势理解中国的历史演变与现实处境,以广阔的视野看待世界各国的优缺点,充分吸纳世界各国现代化的经验与教训,促使中国融入民族-民主国家的现代世界,让中国清醒审视历史发展的所得与所失,不拘执于中国在历史上曾经创造的辉煌,而能够将传统中国的面貌刷新为现代中国。

　　　　全球化时代的世界观,跟过去不同,主要是:过去从国家看世界,现在从世界看国家。过去的世界观没有看到整个世界,现在的世界观看到了整个世界。在全球化时代,由于看到了整个世界,一起事物都要重新估价(trans valuation)。全球化时代的世界观包含两个方面:1.自然世界观,就是宇宙观:人对天体构造的理解;古代认为天体是神,神有人性,主宰人类;现代科学证明天体的客观存在形式和宇宙的物理运行规律。2.社会世界观:人对人类社会的理解,核心问题是统治制

① 参见张琢:《九死一生——中国现代化的坎坷历程和中长期预测》,中国社会科学出版社,1992年,第5~7页。

度。古代认为君主和贵族统治人民的专制模式是永恒制度;现代社会学证明了人类社会的发展步骤和统治制度的逐步演进。①

这一概括,继承了新文化运动以来注重科学与民主的传统,对当代世界的概观应是枚举性的,而不是全方位的。但是这已经在相当程度上反映了从世界看中国的健全理念指向。从这一视角看中国,需要一个艰难的视角转换:近代以来中国的国家被动处境,让中国人聚焦思考"中国向何处去"的问题,因此对世界的广泛观察与深入思考,逐渐远离中国人的思考兴奋点。久而久之,站在世界的角度看待中国的发展,成为很奢侈的视角;而顽强地站在狭隘的国家立场看待世界,成为一种思维惯性。但这并不是说,单纯站在世界的立场上看待中国,就是一种绝无瑕疵的进路。以世界看中国,可能因为"乱花渐欲迷人眼",而失去了观察中国的主体视角,陷入一种不知所措的窘态。因此,以世界看中国,需要看清世界大势,需要明确现代世界对中国的引导价值,也需要清醒确定中国的现代化方略。

以中国看世界,催生了近代以来中国的文化保守主义。从积极的角度看,它指出了现代化某些内在的局限性,维护了中国现代化发展中的文化主体性;从消极面向上讲,它成为中国抗拒现代化的托词,成为中国疏离世界的精神依托。在此基础上,催生了以传统拒斥现代、以民族抵抗世界、以保守抵御创新、以情感反拨理性等思维定势。这些理念,尽管有着克制现代化消极性的积极作用,但对现代化进程所发生的减缓甚至是阻碍作用,也是显而易见的。从世界范围来看,由此导出的反现代化理念,在结构上具有高度的相似性。"一种持续的、世界范围的对现代化加以批判,其存在基本上相似的内容,不管批评者个人来自怎样的文化背景或国家。惟一的差别是:在现

---

① 周有光:《从世界看中国:周有光百岁文萃》,生活·读书·新知三联书店,2015年,第29、34页。

代化的中心地区（西欧与后来的美国）不如'非西方'地区，很少采取文化民族主义的形式；在非西方地区，反现代化理论与国家主义理论合流，强调斯土人民的独特性及其文化精神的优越性（阿Q思想并非中国所专有）。"①

以世界看中国，促成了近代以来中国的现代化运动，塑就了中国人睁眼看世界的现代习性。从积极的角度看，它促使中国人作别了井底观天的自恋心态，让中国重新矫正了国家发展方向，促使中国在不断重绘现代国家蓝图的基础上，间有中断但相对持续的推动中国的现代化进程，并逐渐成为一个现代化轮廓比较鲜明的现代国家；从消极的视角看，从世界看中国，让国人局部地丧失了国家的自信，失去了其来有自的国家发展方略，陷入急寻国家典范、模仿他国现代化进路的"病急乱投医"窘态。因此，中国现代化进程中总是出现模仿他国的典范转移现象，这让中国现代化发展付出了不小代价。②可见，为了避免以中国看世界而迷失现代化大目标，也为免除以世界看中国而丧失国家主体性，似有必要发现一个更为健全的现代化认知方式，这就是理性的中国与世界的互观。唯有在这种不断的、理性的互视中，才能矫正单纯的民族主义或国家主义的偏失，才能纠正简单的世界主义、全球主义的偏狭，才能相应塑造一个健全的中国现代化理念。

前述晚清以降的国人对现代化的两种基本看法，其实可以理解为国人对中国现代化蓝图的两类尝试性绘制模式。历史表明，正是在两种认知方式的不同认知点上，绘就了极为不同的中国现代化蓝图：在东西关系的角度，浮现出东方化与西方化的两类方案；在中国出路问题上，凸显了中国本位与全盘西化的两类规划；在中国经济发展的路径上，展现出以农立国与以

---

① ［美］艾恺：《世界范围内的反现代化思潮——论文化守成主义》，贵州人民出版社，1991年，第209页。

② 参见任剑涛：《他者之资：比较视野中的"中国式现代化"》，《广西师范大学学报》（哲学社会科学版），2023年第3期。

工立国的两种思路;在中国意识形态争执中,浮现了资本主义与社会主义的两类谋划。①这些方案,曾经被视为是相互对立、绝无妥协余地的。但从现代化的目标性上讲,这些方案都着意于在世界现代化进程中有效推进中国的现代化,因此都是对中国现代化未来图景的描绘。走出对峙的思维陷阱,人们就会理智地发现,在这些方案之间比较折衷,可能才能凸显最有利于推进中国现代化发展的满意方案。就此而言,在中国与世界之间进行相互理解,才能促使中国明白,绘制中国现代化的蓝图,不是仅仅按照中国自己的一厢情愿,就可以收到预期效果的问题。因为中国是在万国竞秀的处境中推进自己的现代化进程的,因此中国必须以世界现代化的基本规范来确定自己的现代化目标,并且在推进现代化的举措上与世界各国的现代化大体一致,而且能够将中国现代化的目标确定在各国现代化的基本目标上。②这正是中国式现代化的命题阐释中,同时凸显中国现代化的国情与各国现代化的共性的动力所在。没有一种中国与世界相互矫正机制,就很难绘就真正促进中国现代化进程的蓝图。

四、现代化的中国式蓝图

自晚清以来,中国始终保持着融入世界现代化洪流的大趋势,这意味着中国接受了现代化的国家发展方案。中国的现代化,也就此被打上了两个鲜明的烙印:一是它的后发外生特点,也就是说现代化对中国而言始终是一个从外部楔入的发展模式,不宁唯是,中国的现代化还明显晚于原发内生性现代国家;二是它的追赶型特征,这也就是说,中国长期处在现代化发展的

---

① 参见罗荣渠主编:《从"西化"到现代化——五四以来有关中国的文化趋向和发展道路论争文选》相关部分,黄山书社,2008年。

② 参见任剑涛:《从现代化的规范含义理解"中国式现代化"》,《江汉论坛》,2023年第1期,任剑涛:《在现代化史脉络中理解"中国式现代化"》,《西华师范大学学报》(哲学社会科学版),2023年第1期。

二三线位置,总是在追赶现代化的一线引领性国家。前者,让中国现代化以学习型状态定性;后者,让中国现代化发展的紧迫性显著。显然,在这种后发-追赶的处境中,国家现代化战略的筹谋,是具有决定性意义的方面。中国的现代化发展战略得当,就可以呈现后发优势;中国的现代化战略稍有闪失,就会显现出后发劣势。前者的基本思路是,"欠发达国家在按照由本国的技术水平和工资水平所决定的比较优势发展时,只要欠发达国家可以通过从发达国家引进技术并获得比发达国家更快的技术变迁速度,那么欠发达国家不但不会陷入永远生产低技术产品的陷阱,反而使得欠发达国家有着比发达国家更快的经济增长速度,并最终实现欠发达经济向发达经济的收敛"[①]。这一思路被人们通俗地理解为"弯道超车"。

与此不同,后发劣势论强调的是,"落后国家由于模仿的空间很大,所以可以在没有好的制度的条件下,通过对发达国家技术和管理模式的模仿,取得发达国家必须在一定制度下才能取得的成就。特别是落后国家模仿技术比较容易,模仿制度比较困难,因为要改革制度会触犯一些既得利益,因此落后国家会倾向于技术模仿。但是,落后国家虽然可以在短期内取得非常好的发展,但是会给长期的发展留下许多隐患,甚至长期发展可能失败"[②]。这就是人们所指出的一些迅速崛起的国家因制度缺失,大多陷入"中等收入陷阱"的难题。

主张后发优势,主要是一种技术立国的思路;指出后发劣势,推崇的则是"制度立国"理念。两种观点之间,曾经陷入相持不下的争论。其实,在现代化的后发国家显现的经验与教训中,两种看法并不是那么对立的,完全可以在一个发展轴线上加以连贯理解:在解释后发国家追求疾速发展的成效

---

① 林毅夫等:《后发优势、技术引进和落后国家的经济增长》,《经济学季刊》,2005年第5卷第1期。

② 杨小凯:《后发劣势》,《新财经》,2004年第8期。

上,技术立国对发展奇迹的支持是显而易见的;在解释后发国家何以大多数国度的现代化都陷入了中等收入陷阱的时候,制度现代化的关键作用就鲜明展现出来。因此,对任何一个后发现代化国家来讲,从技术支持的疾速崛起,到现代制度的跟随性建立,如果能成为一线拉开的发展过程,而不是一个中断的过程,它就能保持后发优势,而扼制后发劣势。须知,一个后发现代国家,在制度现代化的问题摆在面前的时候,拒绝对改革者自身进行改革,相反被曾经的改革者绊住了深化改革的脚步,那么其现代化就有夭折的危险。唯有从技术模仿突进到制度模仿,后发国家的现代化进程才会顺畅推进,并最终实现其现代化目标。由此可见,一个国家的现代化大战略是否适当,是决定后发外生性现代国家能否最终实现现代化的决定性因素。

只要中国尚未完成现代化的基本任务,后发外生与全力追赶这两个特征,就会一直与中国的现代化进程相伴随。与此同时,后发优势与后发劣势也就会相形而在。这就注定了中国在世界现代化的万国竞争处境中,制定有利于长期推进中国现代化的国家战略的极端重要性。但这是不是就等于将中国安顿在长期,甚至永远尾随现代先发国家的追赶者位置上,让中国总是随世界潮流而动,而永远没有机会引领世界潮流呢?这是一个令中国人面对现代化而感到窘迫的问题。从国家自信心的角度给出这一问题的答案,当然是否定性的。但从各国现代化的经验与教训角度看,审慎对待并处置这一问题,则是更为适宜的态度。

在万国现代化长程历史与百舸争流态势中的中国式现代化,总体上可以说是在与西方现代化模式的竞争理念引导下,展现其国家现代化面目的。这给中国的现代化带来两个关联的目标:一是根据中国国情,完成各国现代化均需完成的、具有现代化共性一面的国家转变。这是一个从低端视角看待"中国式现代化"的角度。所谓低端,不是指它在现代化过程中仅仅处于可有可无、用处不大的底层,而是指它构成一国现代化的基础,是衡量一国是否实现现代化的起码判断标准。从这个端口来看中国的现代化,如其所述,中国的现代化被定位在学习型现代化的位置上。当中国人将自己的现代化建构定位在"学习文明"的位置上时,确实包含有难堪的、后进学生的内涵。这是一个具有何等挑战性的转变?!后来在西方国家的坚船利炮轰击下,一者退而承认需要"以夷长技以制夷"①,二者再退而承认"全变则强,小变仍亡"②。这都是中国现代化谋划时,对现代化的中国变革图景做出的刻画。

二是在中国实现现代化的基本目标基础上,提升现代化的文明水平,升华现代文明发展的品质,从而由中国创制出高于现代化原初典范即西方现代化模式的文明新形态。这是一个从高端理解中国式现代化的角度。所谓高端,指的是中国现代化目标不止于实现西方国家那种现代化目标的更高目标。这样的目标,不只是与现代化先行各国并驾齐驱,而是努力超迈现代化先行国家也就是西方国家,发挥中国引领世界、提升文明的巨大作用。这里可以从中国提出的两个重要国际关系命题来呈现中国发展的两种心境,在中国求存于现代世界的"三个世界划分"、到现代化发展至纵深地带的人类命运共同体命题上,展现出中国完全不同的现代化国家意识。"从'三个世界划分'理论到'人类命运共同体'思想,中国外交的关注点逐步从关注自身利益,到寻求发展机遇向引领世界发展的方向位移,实现了内视视野下关注自我到全球视野下关注人类命运的深刻转变。"③这里虽然是从中国外交的特定角度分析两个命题内涵的国家心态转变,其实反映了中国在现代化进程推进到当下阶段时的巨大雄心。

---

① 魏源在自陈撰写《海国图志》的目的时说:"是书何以作,曰为以夷攻夷而作,为以夷款夷而作,为师夷长技以制夷而作",《海国图志·原叙》。

② 汤志钧编:《康有为政论集》(上册),中华书局,1981年,第211页。

③ 韩旭:《从关注自身到引领世界——中国外交理论变迁视野下的"人类命运共同体"思想》,《党政论坛》,2016年第12期。

这正好给人们理解中国式现代化理念指示了两个方向,中国既可以实现各国现代化呈现出来的基本目标,并且可以具体将这些刻画出来;也可以突破既定现代化模式与文明状态,而实现中国引领世界与文明发展的特殊目标。前者,凸显的是中国实现现代化的基本图景;后者,凸显的是中国现代化突破国情所具有的世界普遍意义。这是表现中国人对现代化全力突破的方面。中国式现代化实现这两个目标的时间节点,前者是2035年,后者是2050年。作为"基本实现现代化"的状态,是一个包揽万国现代化基本目标的蓝图。

经济实力、科技实力、综合国力大幅跃升,人均国内生产总值迈上新的大台阶,达到中等发达国家水平;实现高水平科技自立自强,进入创新型国家前列;建成现代化经济体系,形成新发展格局,基本实现新型工业化、信息化、城镇化、农业现代化;基本实现国家治理体系和治理能力现代化,全过程人民民主制度更加健全,基本建成法治国家、法治政府、法治社会;建成教育强国、科技强国、人才强国、文化强国、体育强国、健康中国,国家文化软实力显著增强;人民生活更加幸福美好,居民人均可支配收入再上新台阶,中等收入群体比重明显提高,基本公共服务实现均等化,农村基本具备现代生活条件,社会保持长期稳定,人的全面发展、全体人民共同富裕取得更为明显的实质性进展;广泛形成绿色生产生活方式,碳排放达峰后稳中有降,生态环境根本好转,美丽中国目标基本实现;国家安全体系和能力全面加强,基本实现国防和军队现代化。[①]

---

① 习近平:《高举中国特色社会主义伟大旗帜,为全面建设社会主义现代化国家而团结奋斗——在中国共产党第二十次全国代表大会上的报告》(2022年10月16日),《人民日报》,2022年10月26日。

这里对中国式现代化基本目标的罗列，涉及现代化理论所指陈的物质器物、制度安排与人的现代化三个层面，可以说将中国从各国现代化共性角度归纳出来的中国现代化概貌，呈现了出来。

在"中国式现代化"之"基本实现现代化"的基础上，这一现代化模式所具有的超越国家的世界发展与人类文明意义，就进一步呈现出来。"在基本实现现代化的基础上，我们要继续奋斗，到本世纪中叶，把我国建设成为综合国力和国际影响力领先的社会主义现代化强国。"[1] 这样的现代化目标，具有两个递进的含义：一是超越西方式现代化，凸显中国式现代化的类型差异意义，"我国不走一些国家通过战争、殖民、掠夺等方式实现现代化的老路，那种损人利己、充满血腥罪恶的老路给广大发展中国家人民带来深重苦难"[2]。二是塑造人类文明新形态。"我们坚定站在历史正确的一边、站在人类文明进步的一边，高举和平、发展、合作、共赢旗帜，在坚定维护世界和平与发展中谋求自身发展，又以自身发展更好维护世界和平与发展。"[3]这里力图展现的是中国式现代化的全新状态，与推动人类文明刷新的目标。"实现高质量发展，发展全过程人民民主，丰富人民精神世界，实现全体人民共同富裕，促进人与自然和谐共生，推动构建人类命运共同体，创造人类文明新形态。"[4]就此可以理解，中国式现代化不仅是要呈现一个对于中国这个"万国一邦"的现代化建设蓝图，而且是要为现代化的模式刷新和人类文明的再造，提供中国智慧与中国方案。这是一幅完全不同于此前中国的现代化蓝图，是一个从学习性现代化的蓝图绘制，到引领性现代化的愿景型勾画。而其间尝试灌注的蓝图绘制先导观念，也从"中国向何处去"转变为中国在世

---

[1][2][3][4] 习近平：《高举中国特色社会主义伟大旗帜，为全面建设社会主义现代化国家而团结奋斗——在中国共产党第二十次全国代表大会上的报告》（2022年10月16日），《人民日报》，2022年10月26日。

界中应当如何，即结合中国国情与各国现代化经验教训绘制中国现代化蓝图的理念。这是一幅尝试超越已有的中国现代化蓝图绘制思路，鲜明表现出一个开辟全新的中国现代化境地的宏图。

在这样一幅中国现代化蓝图中，体现了中国实现并超越既定现代化目标的强烈意图。超越现代化，以实现现代化为前提条件。实现现代化，在民族国家时代只能以国家为依托。民族国家时代，是万国平等打交道的时代，在与先发国家相处时，不至于自惭形秽，能够做到自信自强；在与欠发展国家打交道时，不至于居高临下、倚势凌人。可以发现，这是近代以来中国不断绘制中国现代化蓝图时贯穿着的一个理念。一方面，这是中国现代化发展艰难曲折的过程中一直存在着的一个总体理念。中华人民共和国成立以来，在国家间关系上寻求的正是这种平等观念。这从中华人民共和国在外交上秉持的和平共处五项原则，即"互相尊重主权和领土完整、互不侵犯、互不干涉内政、平等互利、和平共处"上可以得到印证。①另一方面，中国在现代化处境有利与不利时，也总是心存引领全球、提升人类文明水准的强烈意念。而在改革开放过程中，中国就更是表现出在全球或人类高度处理国家战略的气势。"现在世界上真正大的问题，带全球性的战略问题，一个是和平问题，一个是经济问题或者说发展问题。和平问题是东西问题，发展问题是南北问题。概括起来，就是东西南北四个字。"②当改革开放收到国势趋强的效果时，中国提出"人类命运共同体"理念，尝试为全球指引方向、为人类谋划未来。循此线索，可以说，中国式现代化的蓝图，在绘制指导思想的综观性与理想性上，已经表现出鲜明的、胜过此前中国绘制现代化蓝图的雄心。

---

① 参见谢益显主编：《中国外交史：中华人民共和国时期1949—1979》，河南人民出版社，1988年，第151页。

② 《邓小平文选》（第三卷），人民出版社，1993年，第105页。

蓝图诱人,"关键在于落实"①。一个在万国竞争中成就自己的中国式现代化,复加一个在国家的现代化崛起中托起人类未来,这是一个极为诱人的现代化蓝图。自然,蓝图愈是诱人,实现的难度也就愈益增大。

---

① 参见习近平:《关键在于落实》,《求是》,2011年第6期。

认知特殊：
独异性与中国式现代化的国情认知

中国式现代化是中国现代化的近期目标，是中国尝试完成现代化的临门一脚。它是从中国特殊国情与各国现代化普遍共性的交互角度获得定位的。在中国之为中国、中国的现代化之为中国式现代化的特定视角看，它一定具有不同于其他国家的现代化的独异性。独异性，就是一物不同于它物的唯一性质。中国式现代化的独异性，从国情结构的单一性而非重叠性的角度得到呈现。这是一种中国之为自然地理、人文历史、独立国家与发展现状混成的独特性所决定的特点。但也需要看到，中国式现代化作为独异性的现代化，从中国的国情体现出"中国式"特征，而从现代化的一般认知上则体现出"现代化"特质。因此，中国式现代化的独异性，不能作为认知它的独存视角，而必须从各国现代化的相倚视角，才能对之进行准确理解。

认知特殊：
独异性与中国式现代化的国情认知

中国式现代化是在世界各国现代化共性与中国现代化个性之间得到定位的。在强调现代化共性的基点上理解这一命题的同时，有必要针对中国式现代化的国家特色进行分析，以呈现"中国式"现代化的国情独异性。正是由于中国国情不是别国国情，注定了建立在国情基础上的中国现代化，必定是中国式现代化。中国国情在什么范围和多大程度上是独异的，又在何种意义上以其独异性而与各国现代化的共性区别开来，是确认中国式现代化独异性需要辨析的基本问题。无疑，处在世界现代化总体进程中的各个国家，都会因其国情而表现出某种独异性，但也取决于它们都是现代化的组成部分，必然具有某些共性。就此而言，独异性给了中国式现代化以国情认知的方法支持，但普适性也会给其打上现代化的共同烙印。

一、独异性视角

中国式现代化是世界现代化总体进程的一个组成部分。这就注定了中国式现代化必定具有世界各国现代化的共性。但中国式现代化之为中国式，总是在现代化共性呈现出来的另一面，显现出中国这个国家不同于其他国家的现代化的独异性。这正是中国式现代化突出强调它"既有各国现代化的共同特征,更有基于自己国情的中国特色"①的缘由之所在。相比于"既有"的语式而言,"更有"的语式凸显了中国式现代化中的国情与国家这一更加吃重的特点。

独异性,是一个挪用的词汇。它是德国社会学家为了分析晚近现代社会的突出特点而创造出来的词汇。"独异化的意思,要比独立自主和自我完整更多,核心的一点是,独异化要追求独一无二和卓尔不群。"②这一概念与人们一般熟知的另一概念相关,那就是特殊性。特殊性是一个相对于普遍性而言的概念,特殊性着重强调的是一物之为一物的特点,这是旨在区别一物与另一物的差异性的一个常用概念;普遍性旨在强调物与物之间的共同性,是一个重在强调在物的一般性质基础上去认知某类,甚至是所有事物所具备的普遍共性的概念。独异性概念不是一个与普遍性相对的概念,而是一个与普适性、普通性相对而言的概念。这个概念既用来指工业产品趋向于类同情况下的个性化产品,又用来指教育领域各自追求的不同风格,还用于指在趋近于同质化的现代人格之外的寻求自决的状态。

在本论题中,政治性的含义较为突出,"独异化社会形式还包括那些全球各处存在的政治或亚政治的新共同体,这些共同体将自己历史上、空间上或伦理上的独异性当作成员共同的文化想象来维护"③。其所维护的包含共同体身份认同、社团凝聚、宗教信仰、传统理念等。体现出这一特性的事物,具有不可置换、不可比较的特点。它是在社会实践中由认知、评价、产出和

① 习近平:《高举中国特色社会主义伟大旗帜,为全面建设社会主义现代化国家而团结奋斗——在中国共产党第二十次全国代表大会上的报告》(2022年10月16日),《人民日报》,2022年10月26日。

② [德]安德雷亚斯·莱克维茨:《独异性社会:现代的结构转型》,巩婕译,社会科学文献出版社,2019年,第3页。在该书中,"独异性""独一无二""独特性""独异化"这几个概念是同义词。

③ [德]安德雷亚斯·莱克维茨:《独异性社会:现代的结构转型》,巩婕译,社会科学文献出版社,2024年,第4页。

施行四种方式制造出来的。它与社会的普适性，也就是批量生产、面目相近的那些社会事物具有根本区别，但同时又与之紧密相关，普适的社会实践和结构围绕它转。它貌似神秘，但其实体现出社会现实性。它具有某种逆转现代化进程中的、追求与推崇普适性的特征：规范化、程式化、风格一律、表征相似是工业化的基本特征，但独异性呈现出来的是晚近工业化推动的创意性、数字化支持的独异化。这是一种由文化化支撑的独异性。换言之，文化化将曾经似乎是千篇一律的普适性现代化转换成为不同的文化元素，从而为独异性提供了强大驱动力。相应地，曾经在普适性、雷同化的现代化过程中被理性贬低的情感因素，重新回到了社会场域的中心，独异性与以情动人相辅相成。"普适性的规律与社会的理性化和物化相连，独异性的规律与社会的文化化和感性化密不可分。"①

从表面上看，独异性社会是由普适性社会发展而来，是现代化早期阶段向晚近阶段转变的一个结构性征兆。但独异性并不是孑然独立呈现出来的，如果没有早期现代化的背景条件，独异性是无以崭露其面目的。于是，两个相携出场的现象足值人们重视：一是现代社会中独异性与普适性的逻辑处在相互竞争的状态，缺少任何一个方面，都不足以理解现代化，尤其是现代化的演进过程。二是晚近现代阶段，独异性已经成为它的基本特征，这是现代化演进的一个近期结果。就此而言，独异性或独异化已经成为晚近现代的结构特点不说，而且也成为晚近追求现代化的一个价值取向和审美意象。换言之，现代化的近期发展，尤其是在现代社会的深度发展，独异性已经成为现代化的最瞩目特征。尽管独异性大致只能用来概观宪法现代化国家的现代走向，但可以扩展使用：那些现代化发展相对迟滞的地区或国家，也会将独异性作为自己实现现代化的一种理念或追求目标。如此，人们

---

① ［德］安德雷亚斯·莱克维茨：《独异性社会：现代的结构转型》，巩婕译，社会科学文献出版社，2024年，第10页。

便有理由将独异性抽离出来,作为认知后一种现代化态势的一个框架性理念。

中国式现代化在呈现其普适性一面的同时,也表现出它的独异性一面。"中国式现代化"呈现它的普适性一面,正是通过它对其所具有的"各国现代化的共性"一面展现出来的;而它的独异性一面,则是通过它的中国国情体现的"中国特色"一面体现而出。至于中国式现代化独异性的特点从哪些方面表现出来,是一个为党的二十大报告所明确表述的问题。

其一,"中国式现代化是人口规模巨大的现代化"①。人口规模巨大,并不直接成为中国式现代化独异性的特点,是因为人口数量成为现代化战略与政策的考量基点,它才成为其独异性的表现。中国从人口数量的视角来考虑"发展途径和推进方式","始终从国情出发想问题、作决策、办事情",这就具有一种独一无二的特点了。

其二,"中国式现代化是全体人民共同富裕的现代化"。共同富裕本身也不直接构成中国式现代化独异性的特征,而是在共同富裕与中国特色社会主义直接挂钩的情况下,它才成为中国式现代化防止两极分化、寻求共同富裕的独异性体现。

其三,"中国式现代化是物质文明和精神文明相协调的现代化"。同理,两个文明的协调发展也不会直接构成中国式现代化独异性的特点,只有在社会主义需要同时解决物质贫困与精神贫乏的政治条件下,它才构成独异性的表现。

其四,"中国式现代化是人与自然和谐共生的现代化"。人与自然和谐共生,本身是晚近现代化的共性所在,但在五大文明共同发展的中国现代化

---

① 这里关于"中国式现代化"国情特点的五个表述,均出自习近平:《高举中国特色社会主义伟大旗帜,为全面建设社会主义现代化国家而团结奋斗——在中国共产党第二十次全国代表大会上的报告》(2022年10月16日),《人民日报》,2022年10月26日。

框架中,它可以呈现中国式现代化的某种独异性。

其五,"中国式现代化是走和平发展道路的现代化"。这是相对于现代化主流的西方模式而表述的中国式现代化的独异性。后者是"现代化的老路",而中国式现代化在这一点上尝试开拓出一条新路。①这五点是从中国式现代化的方面性特点着眼所做出的表述,一个对体现中国式现代化独异性更为聚焦的表述则是:"中国式现代化的本质要求是:坚持中国共产党领导,坚持中国特色社会主义,实现高质量发展,发展全过程人民民主,丰富人民精神世界,实现全体人民共同富裕,促进人与自然和谐共生,推动构建人类命运共同体,创造人类文明新形态。"②这是一种从意识形态的角度做出的连贯性概括,但从现代化领导权上面体现出中国式现代化的独异性焦点所在。

由上可见,对中国式现代化呈现出独异性的国情来讲,所有五个方面性的表述,加上一个集中化的论断,都是一种具有相对性特点的表述,即相对于现代化的普适性认知,可以呈现中国式现代化独异性的五个方面与一个焦点。这五个方面,如果不将其放置在一个比较的框架中,是很难直接确证它的独异性的;而一个焦点,则是中国式现代化在与其他所有国家相比较时,体现最为集中的方面。因此,只有将之放置在普适性的现代化框架中审视,它的独异性才能呈现出来。这是官方对中国式现代化的表述,是在总体特点上一定要置入一个各国现代化的共性与中国现代化的个性的比较框架中的理由之所在。同时,这五个方面既是关联性的陈述,不是孤立性的陈述,即相互之间是彼此支撑的关系;也不是完全排斥性的阐述,即不是绝对与其他国家的现代化表现不相关联。这也是中国式现代化需要在普适性与

---

①② 习近平:《高举中国特色社会主义伟大旗帜,为全面建设社会主义现代化国家而团结奋斗——在中国共产党第二十次全国代表大会上的报告》(2022年10月16日),《人民日报》,2022年10月26日。

独异性之间来认知的缘由。因为从五个分开的方面来看,如前所述,它们都不足以单独呈现出中国式现代化的独异性,它们在其他国家的现代化进程中也都有体现,譬如印度的现代化面对的人口基数也特别巨大,再如先期已经完成物质器物现代化的国家在以福利社会的名义努力实现共同富裕,又如现代化中的各个国家都追求两个文明的同时发展,而生态现代化也都成为各国现代化的重大主题,如今各国的现代化也都承诺和平与发展的内在勾连。但五个方面交叠呈现,便从中国式现代化的"中国式"一端,展现出中国现代化的独异性。与之相关,那就是前述关于中国式现代化的五个独异性表现,也不是与其他所有国家的现代化特性绝对不同的方面。在不同范围与程度上,各个国家的现代化都在五个方面表现出自己的国家特性,但要说五个方面联系在一起且体现出一个国家现代化的独异性的话,成立的理由便得到明显加强。当中国式现代化独异性的一个焦点凸显出来以后,那么中国式现代化可能是与独异性最相称的命名了。

断言独异性是一个适合于用来观察与定位中国式现代化的概念,可以说是在两个意义上得到支持理由的:一是中国式现代化的主观追求,确实是尽全力展现它与已经和正在实现现代化目标的国家的不同特色。这不仅从现代化的定位上尝试将中国式现代化的独异性呈现出来,而且在现代化的价值理念、制度布局、实施过程与追求目标上,都努力为其打上不同的社会变迁烙印。二是中国式现代化的诸条件与促进这些条件朝向有利于中国现代化发展的方向聚集的方式,也具有某种中国现代化的独异性特征。这不仅从前述五个方面及其关联机制上体现出来,更从中国现代化的独异化领导方式上呈现出来。独异性,确实是帮助人们理解中国式现代化的一个视角。

二、范围与程度

从独异性的角度看,中国现代化因其在处境上的独特性,肯定在现代化的自我定位上,绝对是不同于所有其他国家的。但对中国式现代化独异性本身的认识,不是"独异性"这三个高度浓缩的字眼儿就能让人清楚明白得了的。因为这种独异性需要在具体的阐释中呈现给人们,它才不至于在云遮雾障中让人不明不白。中国式现代化的独异性在五个方面的表现,已经明白地罗列出来。但这类独异性不是自明性的。这五个体现中国式现代化独异性的表现,究竟在多大范围、怎样的程度上体现出来,需要在具体分析中才能得到体察与确认。

中国式现代化独异性五个方面的体现、一个聚焦的概观,究竟与其他国家在相应的主题上存在多大差异,以至于可以对其独异性进行确证?这中间存在一个独异性的比较呈现问题。从理论上讲,独异性的独一无二存在性质,不是比较的结果,而是自然浮现的状态。这是独异性之为独异性的根本理由。但独异性何以是独异的?就是因为在与他者比较的过程中浮现出不同于别的存在物的认知特质,故而人们反过来确信一物与另一物何以是不同之物。于是,一物是否是独异的,才可以得到判别与确认。从比较认知的角度讲,中国式现代化的六个方面的独异性表述,相比于各国现代化的共同性与不同国家现代化的独异性而言,可能会出现四种比较搭配结构:

一是五个方面完全不同,结构上绝对相异。这是就各国现代化是各个具体国家的现代化这一根本规定而言的。就各个国家的现代化而言,首先是它们各自现代化发展的诸要素相互作用的结果。就这些要素的国家属性来讲,一国与另一国的属性肯定是不同的,其物性特征决定了一国与另一国的现代化是完全不同的社会变迁结果。简而言之,这是任何一个国家的现代化都具有独异性特点的物理规定性。这也就注定了任何国家的现代化都具有不可模仿的性质,都是独一无二的。英国的现代化对后起的法国来说,可以在结果上得到后者的艳羡,但却无法机械模仿英国而实现法国的现代化。即便是美国,在现代化上有模仿宗主国英国的嫌疑,但美国蹚出的是一条现代化的新路。在先发的现代化国家之间尚且如此,那么在先发现代化国家与后发现代化国家之间,就更不存在模仿前一类国家的可能了。原因在于,后一类国家的现代化条件,与前一类国家的现代化条件根本不同,即便试图模仿,也不知从何下手。"尽管工业国家从工业革命以来逐步得到发展,并使其社会-经济结构规范化,发展中国家却以其经济和社会的结构异质性为特征。"①基于完全意义上的独异性,任何国家的现代化都是独一无二的。即便从类型上来讲,先发现代化国家、先发现代化国家之间与后发现代化国家、后发现代化国家之间,都找不出完全相同的现代化例证。这无疑是对中国式现代化独异性的最强论证进路。

二是在现代化的结构上基本不同,表现上迥然相别。这是一种相对于前一种即最强的独异性而言的、次强一级的独异性表述。这种独异性将现代化的类型划分及其表现特征综合成一种分析不同国家现代化的进路。其间,在原生现代化的结构上,人们发现英格兰的现代化与苏格兰的现代化属于不同类型,英国的现代化与法国的现代化属于相异的现代化进路,法国的现代化与其他西欧国家的现代化在表现形态上有异,而西欧的现代化与中欧(如德国)的现代化相当不同,中欧的现代化与东欧(如俄国)的现代化迥然相别。推而广之,欧洲的现代化与亚非拉的现代化在结构上也必定是显著不同的。至于在现代化的上述结构类型中,其表现的差异性更是显而易见:不仅在政治、经济、社会、文化、教育、科技诸社会要素上,这些国家的现代化驱动因素很不相同,而且在发展阶段上也显得错落有次、位势交错。一

---

① [美]塞缪尔·亨廷顿等:《现代化:理论与历史经验的再探讨》,罗荣渠主编,上海译文出版社,1993年,第273页。

个令人瞩目的现象是：先进者更先进，后进者赶先进，但先进与后进之差，并不是那么容易拉平的。在现代化的世界进程中，从现象上看上去本就千差万别，而在结构上的区别也令人瞩目。

三是结构基本相同，外部表现不同。这是一个趋近于共同性或普适性的比较现代化结论。各国现代化的外部表现总是相异的，因此世界各国的现代化展现出面目多样、异彩纷呈、琳琅满目的景象。但各个国家的现代化在表现形式上的千差万别，并不等于就预定了它们的内部结构也同样迥然相异。如同前述，起码在先发现代化国家之间、后发现代化国家之间，以及先发现代化与后发现代化国家之间，都会在现代化的基本结构上显现出某种一致性。这是现代化的普适性，即类似于批量生产的现代工业产品一样的特性的一个集中体现。仅就先发现代化国家即西方国家而言，各国之间在现代化进程中表现出来的状态鲜明不同。但在政治、经济与文化结构上的趋同性，则是显而易见的。"西方文化的共同遗产大大有助于各种规范和价值体系的相互渗透"①，因此让西方国家保有现代化结构上的类同性、普适性。同理，非西方国家的后发现代化国家，国情大不一样，现代化的处境与发展状态也殊为不同，但在现代化的结构上也表现出某种类同性或普适性，如这类国家一旦尝试发展现代化的经济，都需要走上市场经济的道路；而要保持市场经济的持续发展，都需要走上民主政治的道路；如果要促成市场经济与民主政治匹配性的发展方式，则需要发展现代化的文化，以便让现代化的发展拥有较为深厚的社会土壤。否则，后发国家的现代化是很难持续下去的。那些跌进"中等收入陷阱"的后发国家，很大程度就是因为没有让现代化的子结构相互匹配，或者政治上有所发展，但经济上不能跟进（如南非、印度的民主政治与计划经济的不匹配运行）；或者是经济上曾经疾速发展，

---

① ［美］塞缪尔·亨廷顿：《现代化：理论与历史经验的再探讨》，罗荣渠主编，上海译文出版社，1993年，第262页。

但政治上终究拖住了经济发展的后腿,导致国家陷入停滞、衰颓,甚至是混乱、失序的状态(如在经济发展上曾经领先世界的委内瑞拉,如今隐形崩盘);或者是民主政治与市场经济都有较好的发展,但却因为社会的撕裂,缺乏现代化必要的文化土壤,导致现代化进程的遗憾中断(如曾经被视为亚洲第五小龙的泰国,红衫军与黄衫军对峙所引发的后果)。这些有成有败的现代化事例说明,一个国家有没有完成现代化,其实是存在一个普适的基本辨认结构的。人们会围绕这一结构,如市场经济、民主政治、多元文化与灵活社会等关联结构,来衡量一个国家的现代化水平。[①]

四是表面现象不同,内在本质相同。这是一个站在共同性或普适性视角得出的比较现代化结论。这一比较结论,其实具有不计各国现代化实际情形的成分,而只计各国现代化内在本质上的相同性、普适性或批量性。之所以这样说,是因为有这样的哲学理解进路:现象不过是本质的一种复杂呈现,而千奇百态的现象背后所隐藏着的东西,才是事物的本质,才是真正体现出一事物之成为一事物的最深刻理由。现代化之为现代化,并不在于它在各国的历史进程中表现各异,而在于它经由这种异彩纷呈的表现,浮现出人类社会现代变迁的总体趋近性。这种趋近性,不仅在地域上表现为从古代的地理区隔性发展,到现代化条件下的全球一致性发展,更为重要的是,这种趋近性体现在经济文明上是由工商经济、市场贸易驱动的全球经济一体化,在政治文明上是由人民主权、立宪民主与分权制衡驱动的现代政治形态,在社会文明上是由民众自主、自治与自律驱动的多元、宽容与相互理解、彼此接受与融洽相处。

总而言之,在古今之变的维度看,各个国家均无法自外于现代化的人类进程而独自保存其源自古代的体制机制。作为从传统到现代的演进,不是

---

① 参见[美]塞缪尔·亨廷顿:《现代化:理论与历史经验的再探讨》,罗荣渠主编,上海译文出版社,1993年,第30~32页。

一个按照地域观念可以抗衡的社会变迁过程,而是一个人类社会均会被卷入其中的总体历史进程。这种卷入,有迟有早、有深有浅、有局部有全部,但没有拒绝卷入的可能性。这正是全球范围内曾经流行过反现代化思潮,这一思潮却仅仅流于一种旁观性的批判思潮,且完全不影响现代化向纵深推进的缘由之所在。更为反讽的是,反现代化本身也已经成为一个现代现象,构成现代化的全球浪潮中的一朵浪花。①

经由上述分析,中国式现代化的六个独异性表现,只能是在综观与总体上的一种归纳或总结,也只能在国家现代化的综合状态中展现给人们。六个独异性的范围罗列,将中国式现代化独异性的基本指认指标,大致胪列其中;六个独异性指标的体现程度,有高有低,并不是在同一水平线上展示给人们的,也不是以同样的独异性面目呈现给世人的。一般而言,在六个独异性指标的范围之外,不是不可以增加新的指标,从而扩大中国式现代化独异性的指认范围。譬如,在传统与现代的角度,可以确认中国的现代化是全球范围内最惊人的巨大转变过程,具有数千年根深蒂固的文明传承的中华文化,要实现现代化,必然经受人难想象的艰难曲折。同时,在中外关系的角度来看,中国的现代转变经历了相当复杂困苦的过程,所谓"弱国无外交"的命题尽管不确,但中国处在弱势国运之中的外交境遇,以及由此遭受的强国的欺辱,一直是中国的现代化发展挥之不去的历史记忆。至于在计划经济的道路上付出的沉重代价,以及对市场经济的艰难认取,在全球范围内也堪称独一无二。但这些指标并没有被列入党的二十大报告中,中国国情基础上陈述的中国式现代化的独异性范围。大概是因为,前述关乎中国式现代化独异性的六大指标,已经足以证明中国现代化的独一无二了,故毋需扩大

---

① 艾恺在考察了全球范围内的反现代化思潮基础上指出,反现代化"正如现代化一样,这也是一个空前的'现代'现象"。氏著《世界范围内的反现代化思潮——论文化守成主义》,贵州人民出版社,1991年,第14页。

范围,将这里指陈的几个中国式现代化独异性的可能指标列入其中。

从程度上来看,中国式现代化独异性的六个方面或表现,也不是在同一程度体现其独异性的。相对而言,六大指标或表现,在体现中国式现代化独异性的程度上,程度最深的莫过于第六条,也就是坚持中国共产党领导。这是这一现代化模式统率其余五点而显出其最为独异的一点。因为这一点,人们会充分觉察到中国式现代化的独异性,就此与中国特殊的国家结构、政体形式、政策制定、政治机制、经济模式、文化特点等相互贯通。如果说缺乏了这最足以体现中国式现代化独异性的国家领导权一面,其他关于中国式现代化独异性五个方面的陈述,就会失去足以显现其独异性的最后依托,以至于无以显现中国式现代化的独异性了。

三、独异与普适

中国式现代化确实呈现出它的独异性特征。独异性、独异化,本来是疏离普适化的一个概念。但中国式现代化是不是单纯呈现出它的独异性,因此与普适的现代化状态绝对区隔开来了呢? 由于独异性与普适性是相互竞争的关系,恐怕离开普适性便无法真正认识清楚独异性,反之亦然。"现代社会中,普适性社会逻辑与独异性社会逻辑在互相竞争。……普适性规律与社会的形式理性化进程联结在一起,独异性规律与文化化进程联系在一起。典型的现代,尤其是工业化现代,普适性占统治地位,独异化和文化化进程表现为它的对立面,并在结构上处于从属地位。而在晚现代,后者成了社会的主导并在结构上塑造着整个社会。同时,理性化也变换着形式,在很大程度上转变成了独异化进程的背景架构。"①这段话不仅将普适性与独异性内在连接起来,而且将普适性与独异性主导现代化的先后顺序确定了下来,更

---

① [德]安德雷亚斯·莱克维茨:《独异性社会:现代的结构转型》,巩婕译,社会科学文献出版社,2024年,第17页。

将现代化从普适性到独异性的发展线索交代给人们。尽管作者的这一表述,是在欧洲现代化的线索内展开的,但并不妨碍人们将之作为观察欧洲与欧洲之外的现代化进程的一个方法视角。作为方法的普适性与独异性关系,一者扩大了人们观察现代化的眼界,帮助人们意识到现代化本身的发展与变化。二者让人们将现代化在欧洲从普适性到独异性的演变扩展开来,观察非欧洲国家现代化的相关进程。三者可以进一步将之用于审视亚非拉的现代化进程相对于欧洲现代化进程所呈现出来的独异性,以及与欧洲普适性现代化所表现出来的显著差异性。第三方面,正是本书以独异性来描述、分析中国式现代化的方法进路。

依照现代化的普适性与独异性的社会逻辑乃是一对竞争性关系的定位,理解现代化的普适性与独异性关系,不仅需要在同时性的框架中进行,而且需要在历时性的线索中展开,进而需要在不同现代化国家的结构之间来区分。在同时性的框架中,现代化的独异性与普适性共在,是人们理解现代化的两个基本面相。在历时性的线索中,现代化的普适性,也就是现代化的规范化、程式化、通用化的物理与政理特点是先行的,是现代化是否实现的先行辨别标准;而现代化的独异性,也即是现代化的特殊、独特与独异这些物理与政理特点则是后发的,是现代化向纵深发展的特点所在。如果说现代化的规范化、程式化与通用化,已经被非常充分地阐述过了,因此人们很容易理解规范就是依据一个可测原则对行为的彼此参照调整,理性化就是对工业生产的效率要求进行的行为协同和行事方式与新型工艺的设计,而程式化便是对技术操控方法的先后秩序的设定。

相比而言,特殊、独特与独异的所指,则需要专门界定:特殊是相对于普遍而言的概念,两者是紧密联系在一起的,双方离开了对方都无法得到理解或认知。在独异性的社会逻辑中,特殊是"普遍性的特殊",即现代化会展现独异性,但却是在现代化这个普遍性框架中展现出来的个体化特点。而独

159

特则是指不能被归类到普适、普遍之中的东西,一物之于另一物,如果没有独特性差异,那么就可以被人视同;如果具有独特性差异,那就不是一类事物。但即便是一类事物,世界上没有两片完全相同的树叶,何况是同归于现代化类型的两个国家在现代化具体状态上的差异呢?至于独异概念,则如前面界定,它是一个位于特殊性与独特性之间的概念,是一个与规范化、程式化、通用化为特点的普适性概念相形而在的概念。它表征的是晚现代社会不再秉行标准化理念的那种寻求独一无二的现代状态。这里,之所以要进一步分辨普适性与独异性的含义,不是要进行概念游戏,而是要对独异性与普适性在差异性基础上的关联关系做更深入的理解。而做这种理解的目的,就是为了将独异性与普适性再次连接起来,并用以观察中国式现代化的深层机理。

为了准确认识中国式现代化的独异性与普适性之间的关系,需要从三个视角着眼:一是独异性的一个更高位的呈现,这是要确证中国式现代化独异性的必须。二是对普适性的归纳,明确中国式现代化的普适性体现在哪些方面、多大程度上在与独异性竞争。三是对独异性与普适性的竞争关系进行勾勒,从而在独异性与普适性的间性关系上获得准确理解中国式现代化的进路。中国式现代化的独异性高位,不是指独异性高于普适性这样的高位,而是指这一现代化定位,首先需要在独异性的视角来认知,因此其相比于普适性而言,使其处在不同于一般现代化模式的、独一无二特性的一个较高位置。中国式现代化无疑强调的是"中国的"而非其他国家的现代化,以及"中国的"现代化具有自己的综合性特征,以至于可以"中国式"而非任何其他"国家式"来命名。这种独异性,已经由党的二十大报告所指出的六个方面而有了独异性具体表现的指认。尽管在范围上有扩大的余地,但也足以反映出中国式现代化的独特性所在。

如果结合中国的历史文化条件来看,可以将这样的独异性换一个方式表述为:作为一个文明不曾中断的历史悠久的国度来讲,中国式现代化需要处理漫长的历史文化传统与输入的现代化方案之间的关系,这是其他任何国家的现代化所不需要处理的巨大难题。因为在传统与现代之间的平衡性关系是否能达成,会极大影响中国现代化的走向与最终效果。与此相关,中国式现代化还需要处理其他国家不需要处理的特殊难题,那就是作为一个东方国家,中国具有根深蒂固的、极度成熟的农业经济优势,非常悠久的帝国政治与帝王政治统治模式,以及渗入社会基层的儒道法诸家文化,这些东西在很大程度上与现代化相左,因此不能不在处置历史遗产的基础上,为现代化拓展必要的空间。再者,中国是在相当晚近的时间段上才启动其现代化进程的,如果将现代化进程的晚清、民国中断算作是一个阶段现代化进程的终止的话,那么1978年才是目前所说的中国式现代化的真实起点,算其奠基起点,最多也就推到1972年中美打破外交坚冰。

恰当此时,西方国家的独异性这种晚现代已经出现,于是中国式现代化不得不竭尽全力跨越现代化的三个时代,也就是跨越现代早期、现代与成熟现代(后现代、晚现代)三个时代。这是一种异常复杂的现代化转变处境,是世界大国中唯一一个遭遇的现代化处境。这些都可以被认作是中国式现代化独异性的表现。如果对之缺乏自觉,可能会对现代化进程的推动产生负面影响。在这几个意义上讲,独异性也成为一个居于普适性更高位置的特性。但也让中国在现代化进程中遭遇难解的、学习西方国家的"理智"与捍卫传统的"情感"之间的巨大矛盾。①

不过,尽管中国式现代化的独异性居于普适性更高的位置,但并不等于就可以置普适性于不顾地谈论它。因为"中国式"突出了这一独异性现代化

---

① 这就是列文森所指出的一种悖谬,"由于看到其他国度的价值,在理智上疏远了本国的文化传统;由于受历史限制,在感情上仍然与本国的传统联系"。氏著《梁启超与中国近代思想》,刘伟等译,四川人民出版社,1986年,第4页。

的国家属性,然而"现代化"却规定了中国现代变迁的社会属性。它不是"中国式传统化",也不是"中国式国家化",而是"中国式现代化"。这就意味着,现代化的普适性是呈现中国式现代化与其他国家的现代化共性的方面。就现代化的社会属性而言,任何试图实现现代化的国家,都不能在拒绝其普适性的情况下,以所谓反现代化的方式实现现代化。现代化所指的工业化、都市化、普遍参与、世俗化、高度结构分殊性、高度的"普遍的成就取向"①是"无问西东"的东西。"现代工业是不问谁是谁的,现代工业所问的仅是'他'(她)是否具有专门的技术功能与特殊的技巧。……操作机械的结果必系如此,因为对于一辆大卡车或钻孔机,其操作者之为一罪犯或圣人,为国王或凡夫,均无丝毫区别……这不像在一手工艺社会,新的工作者常是与一家之主生活在一块的。而机械则无若此之需要……当手工业之经营像现代工业一样,建立在'普遍性'的基础上时,虽然是不大可能的,但亦不足为异;但是,一个现代工业如不建立在一普遍性的基础上,则是不可思议的。"②就此而言,现代化的普适性是检验一个国家趋近现代化的运动是否真是属于现代化范畴的基本规范。基于此,中国式现代化有必要在国家属性之外,接受现代化的普适性指标,并以之作为检验中国现代化成色的标准。

可见,中国式现代化既不能在单纯的独异性视角得到准确认知,也不可能在单独的普适性角度得到准确定位,它只能在独异性与普适性之间,也就是在现代化的国家属性与社会属性或全球属性之间,才能得到准确认知和均衡筹划。间性思维是一种辩证思维,但也容易陷入庸俗辩证法泥淖而不容易把握:在两者之间展开的运思,需要确立谁是主导方面,谁是从属方面,才能有效理解相互关系的精妙之处。就中国式现代化的独异性与普适性的

---

① 这是金耀基对现代化基本共性的一个归纳,参见氏著《从传统到现代》,法律出版社,2010年,第93~98页。
② 同上,第98页。

间性思维来讲，"现代化"无疑是导向、目标与前途，因此现代化的基本价值、基础制度与社会模式，应当对之发挥决定性作用；相比而言，"中国式"则是现象、表征与特色，因此国家属性必须处在普遍属性的低位。就此而言，中国式现代化必须完成中国的古今之变，必须从传统农业、君主政制与分散社会走向现代工业、民主政治与组织化社会的轨道。这正是"中国式现代化"的根本特征。

在现代化的认知框架中，中国式现代化的独异性是必须承诺的特性，因为这一现代化的进路肯定在世界上是独一无二的；但其普适性，也就是与其他所有国家的现代化所具有的共同性，同样是必须确定的基本性质，因为这一现代化模式并不与其他国家的现代化存在什么根本区别。就前者言，中国的国家属性会对现代化进程产生重要影响，重要到决定现代化是实现古今之变还是退回不古不今的胶着状态，这是一个事关国家前途与命运的严肃决断问题；就后者论，中国式现代化的现代化普适性会对中国社会变迁的方向与结构发生制导作用，引导中国社会变迁向着现代化的方向发展，这是一个中国能否走出区域化发展旧局、步入全球化的现代发展新轨的决定性选择。在这两者之间的审慎思考与决断，关乎"中国向何处去"的大问题，因此其重要性毋庸多言。而中国式现代化在各国现代化共性与中国国情特殊性之间的官方界定，就是一个在间性思维的基础上确定的理解进路。

四、存在与认知

中国式现代化以其独异性，展现出现代化的独一无二性质，这是可以得到公认的一个特点；中国式现代化以其普适性，显现出与各国现代化相同的共同性，这是必须得到肯定的现代化属性。在两者之间对对方的理解，则是准确把握中国式现代化的模式特点的必须。从中国现代化进程史角度看，中国式现代化首先是一个存在论层次的社会现象。从中国现代化的认知史角度看,这个定位则是一个认识论层次的解释结果。

在现代化的世界进程中,国情是一个国家的现代化进程呈现其独异性的诸因素的集成状态,也是不同国家现代化状态表现各异的客观驱动力,更是相异国家间辨认其现代化特色的依据所在。这与现代国际体系乃是一个民族国家体系具有密切关系。民族国家本是欧洲历史演进的结果。在罗马建立跨越民族的世界帝国的基础上,基督教致力于建立跨越民族、国家与地域的世界社会。两者将传统的民族在政治社会建构中的地位降低了。其长期的运行,催生了民族意识,有力促进了民族国家这种传统文化聚居群落与政治机制建构内在嵌合的新生政治建制的降临。这也是中世纪社会流行的上帝赐予人间的"两柄剑"之间相争的必然结果:守持世俗权力之剑的国王是趋近于民族国家的,而手握神圣权柄的教皇则是趋近于世界社会的。在中世纪晚期,民族国家挣脱世界社会,也就是基督教会的约束,成为独立自主的主权国家。

于是,民族国家以法国那样的绝对君主主义专制国面目立世。其后则以英国的王在议会、王在法下的方式,确立起现代民族国家的规范政体,让现代国家以大致相同的形式结构与规范建制确立起来。就现代国家的形式要素上讲,领土、主权、人口、文化等成为现代民族国家的形式要件;就现代国家的规范结构上讲,限权、法治、民主、人权等成为现代民族国家的规范要素。[①]民族国家的国家形态,随西方国家向全球范围的强势进取,成为当今世界的主流性国家结构。尽管国家间在形式结构与规范建制之间的差异非常之大,但划分国家界限与区分国家利益的准则,则在形式要素与规范构成两者之间确立起来。于是,国情,即一个国家诸要素的综合结构,就成为人们思考国家自身问题与处理国际关系的基本依托。

---

① 参见[美]迈克尔·罗斯金:《国家的常识:政权·地理·文化》,夏维勇、杨勇译,世界图书出版公司,2013年,第3~8页。

国情的独异性,成为现代国家保证其存续、维护其安全的一个基本支撑点。但国情是不是足以构成一个现代国家的绝对屏障呢?这一问题,需要从两方面来考察:①一方面,现代国家之为民族国家,最重要的国家职能是维护国内秩序,为国内公民(居民)提供生命、财产与自由权利的保障。就此而言,这些涉及国家主权的问题,是不容其他国家干预的。在此意义上,有利于凝聚国民的任何社会要素,诸如历史、传统、文化、经济、政治、社会等,都是国家权力会努力凸显并加以强化的。另一方面,现代民族国家在国家间关系上,会努力维护国家主权,并抵御任何外来侵略。就此来讲,一个国家与另一个国家之间,具有某种彼此区隔开来的国家利益所在。凡是有利于一个国家强盛且有效自我维护的因素,就为国家所敏锐发现并积极捍卫;凡是不利于一个国家强盛且抵御外部侵蚀性影响与侵入的因素,就为国家所敏感防备且全力排拒。从两个方面的整合视角来看,国情既成为一国之为一国的国家基本状态体现,也成为一国之自我维护与对外防备的一个辨认依据。

在现代化的世界进程中,无疑是以国别为推进的基本单位的。这是现代化史以英国现代化、法国现代化或德国现代化这类表述来展开的缘故。这当然是因为现代化是以民族国家为单位的现代化这一结构情形所决定的态势。中国式现代化的限定性国家是中国,这也是一种基于民族国家的现代化命名。自然而然,中国的国情对中国的现代化会产生全方位的塑形作用。如前所述,官方对中国国情的正式表达投射在六个方面。这六个方面是中国国情的重要体现,缺乏这六个方面,中国国情就会处于一个云烟缭绕的状态,就很难针对国情筹划、推进中国的现代发展。循此才能理解,中国在谋划下一步的现代化发展时,何以会强调"坚持和加强党的全面领导""坚

---

① 现代国家的两个基本功能,被通俗地表述为对内保护、对外御敌。参见[英]洛克:《政府论》(下篇),叶启芳等译,商务印书馆,1964年,第2页。

持中国特色社会主义道路""坚持以人民为中心的发展思想""坚持深化改革开放""坚持发扬斗争精神"这几个"重大原则"。①这几个重大原则,都与中国的国情紧密联系在一起:坚持与加强党的全面领导是受中国的国家结构决定的结果;坚持中国特色社会主义道路是由中国的基本制度与国家建制所注定的现代化发展进路;坚持人民中心是受中国作为承诺人民主权原则,也就是宪法所强调的"中华人民共和国的一切权力属于人民"的重要条规所必然要求的;坚持深化改革开放,则是受中国经济疾速崛起的路径所规定的现代化道路;坚持发扬斗争精神,则是受后发的中国现代化处境,以及当下中国所处的现代化紧张环境所要求的精神状态决定的。在中国式现代化的国情与政策之间的直接勾连,由此可以说是清晰可辨的,而中间所展现出来的中国式现代化的国家特色,也是显而易见的。

由于国情是一个国家诸种情况的综合状态,因此一个国家的国情肯定跟另一个国家的国情是不同的。从总体上讲,国情都是独异的,也就是唯一无二的。就此而言,现代化所依据的国情,依托于独异性的基础上。稍加分析可知,国情虽然是独异性的,但并不是壁垒性的。也就是说,国情让一个国家的现代化显现出它的特点,但并不是各自构成一个彼此无法往来,且彼此没有任何共同特点的孤立的社会形态与发展模式。相反,一国国情的独异性,只是在这个国家之为这个国家的现代化表现情形上,具有辨认现代化特殊性的不可替代价值。但在辨认各国现代化之所以是现代化,而不是其他什么社会发展阶段与社会结构之时,现代化的共同性构成相比于国情而言,则是更为重要的辨认标准。就此而言,国情不过是现代化差异性的一个呈现指标,而现代化则是引导国情迁移到某个值得期待的现代状态的演进

---

① 习近平:《高举中国特色社会主义伟大旗帜,为全面建设社会主义现代化国家而团结奋斗——在中国共产党第二十次全国代表大会上的报告》(2022年10月16日),《人民日报》,2022年10月26日。

目标。无论一个国家有什么样的国情，一者它不可能自外于现代化的世界进程，二者它不可能独自开拓现代化的独异模式，三者它不可能呈现与其他已经或将要现代化的国家完全不同的国家面貌，四者它也不可能不以现代化的既有成就与公认指标来确定其现代化的评价指标，而独自建构、自我确定其现代进程的评价体系。基于此，可以说，如果忽视各国现代化的共性，仅仅在国情的视角看问题，是不可能全面理解中国式现代化命题的丰富含义的。这正是党的二十大报告强调中国式现代化总体目标的时候，大致是以各国现代化的共性来确定其构成指标的缘由之所在：诸如国家综合实力、创新体系、现代化经济、法治化、国家软实力、幸福指数、共同富裕、绿色经济、生态环境、国家安全、国防现代化等指标，[①]都是各国现代化追求的共同指标。

于是，需要在哲学的层面上强调，对中国式现代化独异性的理解，不是在存在论层面上展开的，而是在认识论维度进行的。这即是说，中国式现代化在存在论层面，即它作为现代化的一个实体性存在物，是将所有构成要素混合在一起的。在世上不存在被切割成不同要素，并以独立存在物的面目展现给人们的事物。因为一物之为一物，它必然是构成这一物的所有要素的混成物。这就是一个离开人的身体的手臂不再是手臂的原因。[②]所谓部分不能离开整体来理解，便强调的是这个意思。因此，党的二十大报告中所罗列的中国国情的六个方面，都只能在中国式现代化的存在结构中才能得到准确理解。离开中国式现代化的整体结构，这六个方面也就会失去它独立自存的理由。中国式现代化之为中国的现代化，就在总体上与中国国情

---

① 参见习近平：《高举中国特色社会主义伟大旗帜，为全面建设社会主义现代化国家而团结奋斗——在中国共产党第二十次全国代表大会上的报告》对中国到2035年的现代化总体目标的表述。

② 黑格尔明确指出："一只被砍下来的手看来依旧象一只手，而且实存着，但毕竟不是现实的。"氏著《法哲学原理》，范扬等译，商务印书馆，1961年，第280页。

成为同义词。但这是不是说标示中国式现代化的六个方面，都只能在混成的角度去理解，而不能在分别的意义上去把握呢？当然不是。这六个方面都有帮助人们理解当下中国国情的各自价值。但这已经不是在存在论的意义上所做的理解，而是在认识论的意义上所做的理解了。从哲学认识论角度讲，一切被解释为具有独立自存面目的某物的构成要素，都是在某物的认识论维度呈现的面貌。除此以外，独立看待这些要素的理由就会消失，或者说，独立看待这些要素就没有什么实际意义。

对中国式现代化的存在论阐释，促使人们意识到中国式现代化不仅是一个总体性的结构，而且也是一个个关联性的行动才能实现的目标。这意味着中国式现代化紧贴国情而浮现出它的总体特质。受中国式现代化的存在论先在性，即存在物总是先于人的认知特点的影响，人们必须对之进行相应的整体谋划，否则就与它的存在性质不相符。因此，中国式现代化只能是对中国现代化的总体设想，而非对局部的展望。与此同时，中国式现代化的认识论进路，也就是对中国式现代化的六个构成要素的分别分析，有利于让人们深入理解、具体把握这些要素是如何支撑现代化的总体机制与实际进程的。在此基础上，围绕整体结构中的要素局部功能，基于实效地发挥各个要素的作用，从而有效推进中国式现代化朝向它的既定目标前进。两者的依存关系，由此清晰地展现在人们面前。

骛于发展:
现代化的两种方案及其得失

　　现代化是一个复杂的词汇,它既用于界定15世纪以来社会变迁的特定状态,而不是兑现人类理想的崇高目标;又用于展现一种合于人类期望的发展性价值观念,因此成为人类追逐的世间理想。这样的理念,促成了务实改进社会与实现理想目标的两种现代化方案。两种方案,都追求社会的发展。相比而言,前者在承认社会总存在不足的前提条件下,尽力寻求财富的增长、福利的改善与公益的增进;后者则认为社会是可以从根本上重建的,因此希望超越具有缺陷的现代化发展模式,一并解决物质财富增长、福利提升与人性升华的社会问题。前者所取得的现代化成就,成为可模仿的社会发展模式;后者所尝试的现代化跃升,常常导致社会进步的曲折。这是致力于追求实现现代化目标的中国,需要审慎分辨、理性选择的不同现代化进路。

骛于发展：
现代化的两种方案及其得失

一经提出中国式现代化命题，便促使人们从不同维度审视现代化的种种理论命题。现代化是一场旷日持久、复杂无比的社会变迁。从社会变化过程来看，现代化起自中世纪晚期，成于18世纪欧洲，19世纪成为全球潮流；从目标上来看，现代化既包含了资本生产方式、民主法治制度与多元生活方式等内涵，也包含了反资本的社会主义意欲、集权政制与给定生活模式的不同范式；从构成上看，现代化不仅指趋向现代的社会运动，也包含批判现代化与反现代化的社会尝试。如果说面对这场可能永远也难以缕清的社会大变动，人们试图获得一个相对清晰的社会画面的话，那么在寻求发展的既定视角看，现代化与批判现代化，构成了这场社会演进最令人瞩目的两种类型。两者都寻求社会发展或现代化目标，但前者是在社会现实基点上的努力，后者则是力图超越社会现实的理想追求，它们构成了现代化的两种方案，并共同促成了人类的现代发展。

一、两种现代化方案

现代化是一个从欧洲肇始，而后广及全球范围的社会变迁。"（1）欧洲的现代化综合症已经输出到西半球，即南北美洲。在西半球地区，土生土长的经济、社会、政治组织的模式与传统或者全部、或者至少是大部分已被消灭；

(2)东方社会在开始其工业化和现代化进程时,很大程度上必须把这一进程中某些最显著的(如技术的)因素认定为一种输入物,不是从它们自身传统中生长出的。它们所能做的事情,就是设法在下一阶段将这些输入物与自己的传统调合起来。"①以此可以说,尽管现代化始自欧洲、传布全球,但从现代化的国别角度讲,每一个国家的现代化进程都自具特点。因此,现代化乃是难以给予统合观察的社会变迁过程。不过,从现代化的全球视点来看,各国现代化也显现出显著可辨的共同特性。就前者讲,各国现代化没有必要划分类型,仅需要进行个案性的研究,以凸显它的个性。以后者论,各国现代化既然表现出某种共性,那么对其进行类型上的划分,就成为凸显共性的必须。取决于现代化的先发与后发,各国现代化的共性之一,就是先发现代化所具有的自发性进程特点,与后发现代化所具体呈现的批判性谋划特征。这两者,正好相辅相成地构成一个观察现代化共性的窗口。这正是中国式现代化命题中强调"既有各国现代化的共同特征,更有基于自己国情的中国特色"②的理由所在。

先发的现代化与后发的批判现代化之构成现代化的两种类型,是受现代化不同处境促成的结果:先发现代化国家是在"自然历史进程"③中逐渐实现现代化目标的,因此现代化的过程中不存在社会变迁的被迫与故意,这就少了人为压迫感之下推进现代化的奋激抗拒、迫不得已与高度紧张;后发现

---

① [美]塞缪尔·亨廷顿等:《现代化:理论与历史经验的再探讨》,罗荣渠主编,上海译文出版社,1993年,第309页。

② 习近平:《高举中国特色社会主义伟大旗帜 为全面建设社会主义现代化国家而团结奋斗——在中国共产党第二十次全国代表大会上的报告》(2022年10月16日),《人民日报》,2022年10月26日。

③ 自然历史进程是马克思所使用的一个概念。他以此强调,人类历史遵循一个不由人的主观意志转移的客观历史过程,因此可以自然科学的精确眼光加以认识。(参见《马克思恩格斯选集》第二卷所收《〈资本论〉第一卷第一版序言》,人民出版社,1972年,第208页。)这里借用这一概念,表示社会沿循其固有的、而非人为设计的轨迹演进的过程。

代化国家则是在先发现代化国家完成现代化的情景中启动或加速现代化进程的，因此现代化进程依赖于精英人群的倡导和促进，这就显著增加了现代化进程的紧迫感和张力性，让现代化进程成为一场与传统社会模式疏离的观念批判、精英驱动与理想追求。从现代化的可欲性，也就是现代化何以值得人们期望的角度讲，自然演进的现代化当然最值得人们期待。原因很简单，这样的现代化进程呈现出波澜不惊、水到渠成的自然演进状态，它不会让现代化进程付出太过沉重的代价，甚至冒现代化夭折的极大风险。从社会状态上讲，后发的现代化，也就是批判现代化，相比于自然历史进程中凸显的现代化模式，更为激动人心、更加波澜壮阔、更显伟大突破。这样的现代化更值得人们关注，但却在现代化的收效方面令人惊诧：要么它在全力追求经济发展的情况下迅猛崛起，要么它在一心批判原生现代化即自然历史进程中生成的现代化模式时陷入停滞，甚至因为它一心锻造全新的现代化模式而造成现代化进程的中断。其现代化的发展完全受制于它以何种方式对待原生与先发现代化模式——如果它认为这一现代化模式奠定了自己的批判现代化模式的经济发展基础，它会以此推动经济发展；如果它认定原生现代化模式限定了生产力发展，因此必须火力全开地加以批判，从而为生产力发展拓展空间，它会将意识形态事务放置在国家核心事务的位置上。这种左右互搏的状态，既提供给批判现代化模式以两种动力，也让两种动力之间相互消耗。

认定批判现代化模式是一种现代化模式，是需要解释的一个说法。假如以批判现代化自我定位的全面超越现代化来看，似乎就没有理由将其认作是一种现代化的模式，因为它在自我期许上已经超出现代化的框架，需要另外给出一个评价框架。但如果就批判现代化付诸实践的国家，几乎都被迫追赶先发国家的经济发展步伐来看，这些国家的施政目标，常常不得不首先落实经济发展的任务，因此这种所谓补课性的经济发展，让这些国家仍然行走在原生、先发的国家发展轨道上，就此可以有充分的理由说，这些国家依然没有越出现代化的轨道。故而，将其放在现代化的大框架中加以审视，也就是可以成立的做法。加之批判现代化是建立在先发现代化基础之上的理论与实践模式，先发现代化的价值观念、制度蓝图与发展追求，都会对后发的批判现代化发挥影响力。换言之，无论批判现代化的理论火力或实践创意有多强，它几乎是被先发现代化规定了批判方向与改进可能的一种现代化模式。就此而言，批判现代化可以被认定为是不同于原生现代化的另一种现代化模式，尽管其旨在全面克服先发现代化进程中存在的所有缺点并开创一种全新的现代化模式。

对先发现代化与批判现代化两种模式的认识，需要从观念史与社会政治史两个视角切入。从社会政治史的角度看，先发现代化尤其是其中的原生型现代化，乃是一个社会政治顺势而为的结果，其间尽管也充满了社会政治变迁的种种张力，但没有对社会基本结构彻底重造或颠覆。在顺应社会变迁趋势的情况下，社会演进与政治演变相互促进，因此合乎人们意愿地成就了现代化转变。在这里，有必要区分先发现代化与原发现代化。从现代化的世界进程来看，欧洲的现代化均属于先发现代化类型；就现代化领先于所有国家而成型来讲，英格兰的现代化属于唯一的原发性现代化模式。在现代化的强势驱动上讲，欧洲大陆的现代化是受英格兰现代化的驱动而最终成就的，是受惠于英格兰现代化进程的结果。作为原生型现代化典范的英格兰现代化模式，不是一种人为设计与压力驱动的结果，而是各种偶然因素在不断的磨合中成就的业绩。这在历史人类学的观察中得到了全面呈现。英格兰之所以率先实现非凡的现代转型，"头等重要的是，开启现代性大门的钥匙必须丝丝入扣。这不仅是要把每一个零件都弄正确，而且是要把每一个零件和其余零件的关系摆正确。所以，宗教和政治的关系、家庭和经济的关系、游戏与公民社会（civil society）的关系，等等，都必须恰到好处。

这种契合得以首次出现的概率是几千分之一,甚至几万分之一。但是它终究出现了,而且,成功之后它又充当了第一个逃离农耕文明的样板,供其他社会效仿"①。这是一个千年绵延的社会现代转变过程,是一个逐渐将凸显出来的现代个人作为文明根基的演进历程,是现代要素逐渐累积的结果。在全球范围内看,没有其他任何国家办得到这一点。英格兰现代化的原生性就此确立起来。

在比较现代化视野中的先发现代化,包括欧陆尤其是西欧的一些国家,诸如荷兰、法国、西班牙、葡萄牙、德国等国家的现代化,都是悉心效仿英格兰社会发展模式的结果。这些国家的现代化尽管处在全球范围的先发位置,但却不是原生型的现代化,而是早期开启其模仿现代化历程的国家。相比于原生型的现代化国家来讲,先发的现代化国家已经出现了推进现代转变的种种难以克服的矛盾:诸如对原生型现代化国家典范性的欲迎还拒,两类国家之间的观念与利益冲突比较尖锐,在保留传统与接纳现代之间犹疑不决,在现代体系的建构上残缺不全,在国家发展战略上常常贸然行事。其中,法国对英国的爱恨交加,德国对英国的因利仇视,都可以证明这一点。但从总体上讲,先发现代化国家之间的摩擦与冲突不是根本性的,即便这种摩擦与冲突引发了第一、二次世界大战,但最终整合出来的国内与国际秩序,都大致落定在现代秩序的规范范围内。

后发的批判现代化模式,则与原生和先发的现代化迥然相异。本来,对现代化原生模式进行批判,最初是发生在先发西方国家中间的。马克思是批判现代化最系统、深入的阐释者。它所撰写的《共产党宣言》与《资本论》,迄今仍然是批判现代化的思想源泉。在前者,马克思一方面充分肯定了现代经济发展的巨大成就,另一方面又指出这一经济形态在社会化大生产与

---

① [英]艾伦·麦克法兰:《现代世界的诞生》,管可秾译,上海人民出版社,2013年,第7页。

生产资料私有制之间无法克服的矛盾,①并因此指出它必须承受"武器的批判",以进入社会化大生产与公有制相匹配这一无矛盾的优化结构中。在后者,马克思对现代经济形态在商品与资本生产之间谋求增长的特点进行了系统深入的分析,核心命题则是资本主义的现代发展形态之走向社会主义的发展新形态的必然性。②这是对先发现代化模式的一种彻底批判和重构。从表面上看,这似乎是对现代化的彻底否定。但以马克思对资本主义生产方式的先肯定、后批判、再颠覆的思想进路来看,他将现代化的原生与先发模式视为其他所有国家必不可免的一个发展阶段。就此而言,马克思没有否定原生与先发现代化,而是试图在超越这一现代化模式的基础上,寻求一种更值得期待的现代化模式。因此可以说,批判的现代化不是对现代化的简单否定,倒是以对现代化经济发展目标的优先追求而构成了现代化的另一个类型。这一现代化模式,中经列宁的理论改造,在斯大林那里成就了苏联的现代化模式,成为人们理解批判现代化模式的国家样板。

从观念史的角度看,现代化与批判现代化构成一部现代化思想史的主体。现代化与批判现代化同属于一个现代化阵营,它们与反现代化不能等量齐观。反现代化的基本精神表现为敌视现代化、颠覆现代化,试图回到传统,或者直接进入理想状态。它不像批判现代化那样,对现代化是采取一种欢迎态度的。差异明显在于,批判现代化力求实现一种更加合乎期待与理想的现代化目标,而反现代化则对现代化全面加以否定。在现代思想史上,一切围绕现代市场经济与民主政治的整合性模式展开正面阐释或全力辩护的,都属于支持现代化的思想阵营。就此而言,约翰·洛克展示了他的政治

---

① 《马克思恩格斯选集》(第一卷),人民出版社,1972年,第273页。具体分析将在本文第三部分展开。

② 马克思为《资本论》确定的著述宗旨"就是揭示现代社会的经济运动规律",参见《马克思恩格斯选集》(第二卷),人民出版社,1972年,第207页。本文第三部分将展开分析。

思想宗旨,亚当·斯密陈述了他的经济思想旨趣,马克斯·韦伯则对之进行了总体特征的概括。批判现代化尽管严厉指责资本主义经济的残酷、民主政治的虚伪,但它并不打算回到前资本主义社会,也不打算跳过资本主义阶段而径自跃进到理想社会,而是力图在资本主义经济发展的基础上实现社会主义与共产主义的理想目标。这是一种出于现代化而又超出现代化的现代化特殊类型。概括言之,批判现代化就其面对经济社会发展来讲,具有更多的现代化范围内的特性;就其面对社会政治与价值观念而言,则具有超出现代化的更多意涵。

二、寻求实效:先发现代化的特征

现代化与批判现代化是可以在一个现代化框架中理解的社会变迁过程或现代化模式。这不仅是指它们二者在经济发展上的追求目标高度一致,而且也是指二者在相互关系中确定自身的结构关联上具有的不离彼此的特性,更是指在现代化总体进程中它们从相异性辨认向趋同性认知的演进。

这是确认现代化两个类型确实属于现代化范畴的三个基本理由:

从第一个方面来讲,原生与先发的现代化是以经济发展作为主要驱动力的。尽管在政治上限制或规范权力是现代化的第一支撑点,但这个支撑点在缺乏经济基础的情况下,发展一直缓慢。这就是英国从1215年《大宪章》到1688年光荣革命的长期政治转变所显示的现代化状态。直到18世纪后期工业革命的兴起,给予现代政体建构以强大支持,促成了工商经济与民主政治的强强联手,才向欧洲社会,进而向全球社会显示了现代化的强大力量与扩展效能。这构成了批判现代化尽管将自己相比于原生与先发现代化显得更为理想的自认,但却扎根于资本主义经济沃土中的深厚理由。旨在克制资本主义市场经济根本缺点的社会主义计划经济模式,不是以否定资本主义生产方式本身,而是以资本主义生产方式取得的经济成就为基础,谋求经济的更公平、更长远的发展。这就是马克思强调"工业较发达的国家向工业较不发达的国家所显示的,只是后者未来的景象"①。这不仅是针对资本主义国家工业发展的先后关系而言的,也可以用来理解资本主义与社会主义国家之间工业发展的关系。

就第二个方面来讲,在批判现代化的理论阐释中,两种现代化模式有一种继起性的关系,即社会主义计划经济的兴起,是以超越资本主义市场经济为前提条件的。但因为资本主义市场经济模式与社会主义计划经济模式呈现出的实际态势,并不是完全替代意义上的继起关系,而是局部相别意义上的共存关系。因此,在理论上界定何谓资本主义经济体系与社会主义经济制度的时候,在实践上理解资本主义与社会主义的运行机制的时候,离开彼此,便无从下手。这便是邓小平所指出的"资本主义也有计划","社会主义也有市场"②的重叠性所展现出的两种现代化模式的内嵌性。

就第三个方面来看,在批判现代化的理论阐释初期,也就是社会主义的现代化模式阐释初期,强调社会主义对资本主义的根本区别,尤其是强调社会主义对资本主义具有全面优越性方面,是批判现代化理论阐释的出发点与根本宗旨。在社会主义实践的早期阶段,也就是苏联草创时期,由于国家建立在必须推翻资产阶级国家的、全新的社会主义国家基础上,在意识形态斗争、经济体制选择、政治机制设计上,都试图鲜明呈现两种现代化模式之间的尖锐对立特性。但在计划经济遭到重创之后,不得不以新经济政策的方式回调,并且在此后不断地引入市场经济的微观运行机制,最后不得不宣布集权的斯大林权力体制的失败,由此走向70年代的全面缓和政策,且在理论上以"发达的社会主义"与"发达的资本主义"相对应。结果就是两种现代化模式,也就是资本主义与社会主义的趋同,展现出其愈来愈小的差异性和

---

① 《马克思恩格斯选集》(第二卷),人民出版社,1972年,第206页。
② 《邓小平文选》(第三卷),人民出版社,1993年,第373页。

越来越明显的相似性。①

现代化的两种模式既然具有如此紧密的联系,而且表现出某种趋同的特点,那是不是就有理由将其合二为一、等量齐观,不必要进行类型上的划分与特点上的甄别呢? 答案是否定的。原因很简单:尽管在现代化的经济发展目标与工业化的机制上,两者具有明显的趋同特点,但两者之间的差异性还是非常显著的。这样的差异性,不仅体现在经济、政治、社会、文化、教育诸方面,也体现在现代化两种模式的总体特征上。就前者言,尽管计划与市场的内嵌性被双方承诺,但资本主义市场经济与社会主义计划经济的模式并没有彻底融合;在政治上的分权机制与集权机制之别,社会体制上的国家支配与公民自治之异,在文化发展上的国家主导与社会自主之分,在教育上的启发式机制与灌输型分流,都提醒人们两种现代化模式不能混为一谈。就后者论,其总体特点可以一言以蔽之,原生与先发的现代化模式具有非常显著的现实主义特点,而批判的现代化具有格外明显的理想主义特点。基于此,两种现代化模式仍然需要在各自的框架中加以认知。

一般而言,现代化是人类社会漫长进程中的一个特定阶段,现代化也是人类社会漫长进程中生成的一个特殊结构。就其作为人类历史中的一个特定阶段来看,现代化与前现代、后现代是相对而在的,没有对前现代和现代化的比较分析,就无法理解现代化之作为古今之变的结果何以成就;没有对后现代的展望,就无法构想现代化的未来命运与发展趋势;自然,不在现代化的特定时空中去确认现代化究竟为何物,现代化就可能成为一个缺乏实指的空洞名词。就现代化之作为一个特殊结构而言,它以解决经济的持续发展、政治的合理秩序与社会的自治自律为基本目的,方式上尽管有别,但目的上没有不同。这是观察现代化及其不同类型的存在方式与运行机制的

---

① [美]罗伯特·海尔布罗纳等:《现代化理论研究》,俞新天等译,华夏出版社,1989年,第123页。

两个基本维度。循此思路可知，各国现代化的共性是自然而然存在并表现出来的。只是在社会发展阶段与特定现代结构两个角度看待这种共性，并不充分。需要从现代化发展阶段与状态的视角进一步审视：原生或先发现代化国家，因为其文化背景条件的相对一致，从总体上讲，都以追求实效的方式，实现了现代化的国家转型目标。而后发尤其是后发的东欧、亚非国家，则以大为不同的批判现代化方式，也就是对原生与先发现代化模式的不妥协批判与超越为预设，寻求实现现代化的国家发展目标，且为国家确定了比原生现代化更为远大的发展目标。

原生与先发现代化模式之成就，依赖于制度的逐渐摸索与思想的自觉阐释。原生现代化的英格兰，确实是在漫长的社会变迁中，逐渐积累起现代化的成就，并在君主立宪制度和工商经济的确立中，完成了现代化的临门一脚，成为现代化的首个成型国家。如前所述，英国的现代化不是那种面对紧迫局面的现代化转型，期望一蹴而就的现代化骤变。1215—1688年的持续推进，英国终于实现了规范王权即国家权力的目标。在这个过程中，不是没有起伏，如1215年签署的《大宪章》，直到1297年、1300年诸宪章与补充条款的确认，才确立其宪政的章程地位；①又如1640—1688年英国共和建国尝试，以克伦威尔的独裁而声名狼藉地终结，②王在议会、王在法下的立宪君主制终于确立起来。英国自13世纪以来的政治史，总体上是缓慢但稳步地迈向立宪制度的历史。这与英国人并不期待一场革命解决所有政治难题的国家耐心具有密切关系。至于英国在18世纪兴起的第一次工业革命，也不是技术含量极高、气势磅礴地席卷而来的社会大潮，而是人们在不经意之间，逐

---

① 1215年的《大宪章》被称之为约翰王敌人的作品，中经一再颁布，和距离80余年的宪制文件的颁发，它才真正具有了宪政的实质意义。参见[英]詹姆斯·C·霍尔特：《大宪章》（第二版），毕竞悦等译，北京大学出版社，2010年，第356页。

② 参见[英]保罗·莱：《英国共和兴亡史》，朱晓辉译，天津人民出版社，2021年，第297~304页。

渐接受不同于传统农业生产方式的工业生产方式。那种期望一次性弯道超车,从落后的农业国家一跃而为强盛的工业国家的强烈意愿,没有出现在英国的工业革命进程中。①至于英国社会领域中的现代转变,也是在一个顺其自然的渐进变化中实现的,并没有出现轰轰烈烈的社会革命,以及经由一场社会革命来解决一切社会不完满的遗憾、缺点与缺陷的社会期盼。

"秩序是世间一切事物的核心"②这一理念,让英格兰人在社会变迁中尊重既有的社会惯习,从而遏制了革命意识的蔓延。在这中间,既无欧洲大陆以种姓制为结局的社会对峙,也没有从臣民社会一跃而成公民社会的遽变,以及因权力的无比颟顸而造成的普遍愤懑。社会在自然进程中不断再生产平等意识,推动臣民演变为公民,促成权力与权利的博弈习性。最终,现代化的"英格兰道路"呈现在世人面前。正是由于英格兰(以及1714年以后并入英国的苏格兰,威尔士、爱尔兰)具备了有效调控生育率与死亡率的恰当人口结构,以及保障人民政治权利的政治自由,基于开放的个人权利的新型社会机制,从农业转型为工业的财富生产方式,以及科学的、世俗的认知方法,英国或英格兰逐渐具备了成为现代化国家的五个条件。这五个条件所具有的共时性存在,在当时世界上除英格兰以外,没有第二个国家具备。这正是英国在全球的现代化转型中一骑绝尘的原因所在。③

与英格兰的现代社会变迁进程相适应,同一时期英国的现代思想成长,虽不泛激进理念,但总体上维持了一种因应社会变迁需要的观念体系。故英国没有遭遇18世纪后期法国现代转变关键时期那种掀动浩大社会革命的激进思潮的洗礼。在英国共和制与君主制的缠斗时期,像霍布斯那样的现

① 参见[英]埃里克·霍布斯鲍姆:《工业与帝国:英国的现代化历程》,梅俊杰译,中央编译出版社,2016年,第3~10页。

② [英]阿萨·勃里格斯:《英国社会史》,陈叔平译,中国人民大学出版社,1991年,第124页。

③ 参见[英]艾伦·麦克法兰:《现代世界的诞生》,管可秾译,上海人民出版社,2013年,第21~22页。

代政治思想开创者,一方面明确无误地为个人主义鸣锣开道,另一方面则半真半假地为君主制辩护,调和的意图明显可辨。洛克的分权观念对君主制所具有的挑战性显而易见,但他并不倡导革命,而是将革命限定在守约的范围内,并且以政府解体来缓解国家崩溃的危机。在18世纪法国发生政治与社会大革命之际,伯克以保守主义自由的立场对法国革命进行了抨击,并明确张扬了英国在保守基点上维护人民自由权利的主张。即便是在19世纪后期的哲学激进主义运动中,由边沁、詹姆斯·密尔与约翰·斯图尔特·密尔等人表达的激进社会改革主张,也都自觉限定在议会运动的范围内,而没有诉诸向法国那样的暴力化社会革命。这是英国原生现代化模式在思想与社会变迁上有效互动的表现,是一个现代化转变的社会维持了基本的社会理智的体现,也是英国能够在全球范围内率先成为一个现代化国家的特殊理由所在。

英格兰的现代化是寻求实效的现代化。这与明确逃避哲学的美国式实用(实效)主义具有较大的差异。英格兰得到明确阐释的现代观念,是以道德哲学的信念为基础的,自然法在其中发挥着确立现代价值的导向作用。为此,甚至有人明确指出,洛克在表达社会政治理念时的自然法预设,与他的经验主义哲学主张存在明显的不一致。但这恰恰可能是洛克的高明之处:没有必要强行将哲学与政治统合在一种知识立场上。倒是后来苏格兰学派以经验立场统合了哲学与政治表述,结果却由经验立场导出历史主义,走向了反现代的另一面;且因为主张幸福就是快乐,而导出了功利主义,走向了颠覆自身的社会主义一端。可以说,英国之寻求实效的现代思想,乃是一种在哲学、政治学、经济学与社会学不同视角去解释并解决实际问题的思想与行动方式的体现。它不以一种人为设定的理想目标来强行推进某种现代化方案,也不以务虚的理想主义来应对现实需要解释和解决的问题。英国的现代化总是在遭遇社会挑战的当下,去努力发现一条有利于解释与解决问题的切实进路。尽管仍然需要承认,英国在现代化进程中也不断地出现乌托邦理念,但这些理念并没有左右英国的现代化进程。

这与欧陆在现代化进程中走了一条长长的弯路之后,才回到现代化的正轨有相当大的不同。走上这条弯路,是因为这些如今被称为先发现代化国家的国度,大都在政治变革、法律制度、社会演进与实际处境上与英格兰的情况迥然相异:"13—18世纪,几乎所有的欧陆国家都走上了另一个方向。……其一,国家和教会之间结下了盟约(pact),最生动的例证是十字军圣战(Crusades)、野蛮镇压阿尔比教派(Albigensians)、成立宗教裁判所。……欧陆对各种背离(deviation)行为的控制已经非常强硬。但是英格兰没有发生这种情况。其二,各身份群体或各等级(estates)之间的法律越来越严格,越来越制度化。于是,欧洲有了制度性的世袭贵族阶层、受过良好教育的布尔乔亚阶层、专职的僧侣阶层,以及人数众多的农民阶层……国王成为绝对君主,贵族阶层成为高高在上的种姓;男人比女人优越;父亲是子女的绝对统治者;城市和农村分离,宫廷和全国分离。"①因此,因为实施中央集权、豢养庞大常备军、沉重地课税、设立大型的中央官僚机构,阻碍了欧陆的现代化转变进程。这不仅让欧陆在现代化发展上明显落后于英格兰,而且也让欧陆国家,尤其是德法等国经历了严重的国家曲折,才终于进入现代化的正轨。不过即便如此,相比于其他国家来讲,欧陆这些国家仍然跻身于先发现代化国家的行列,成为后发现代化国家学习与效仿的对象。这与欧陆国家主要都是文化同源国度、都存在强弱不同的现代化内源驱动力,而且因为地理上的相邻关系所注定的紧密磨合等因素相关。这些是中东欧以及亚非拉国家所不具备的现代化转变条件。

---

① [英]艾伦·麦克法兰:《现代世界的诞生》,管可秾译,上海人民出版社,2013年,第350~351页。

三、追求理想：批判现代化的旨趣

就后者即批判现代化的现代化模式来看，之所以这一现代化模式会以一种看上去似乎悖谬的样式出现在世人面前，是因为它一方面对原生或先发的现代化采取了严厉的批判甚至是拒斥的态度，因此表现出对现代化的严重不满，有一种抵制现代化的倾向；另一方面它又对现代化取得的成果诚心承认、欢喜接受，表达了一种在此基础上进一步扩大现代化成就的强烈意愿。这把批判现代化的矛盾性特征突兀地呈现给人们。也正是这一特征，让人们意识到批判现代化与原生或先发现代化在模式上的构成差异性：后者是基于务实解决问题以求得实效而成就的现代化模式，前者则是在批判后者的基础上谋求的一种理想性现代化模式。因此，后者对前者的批判与超越，成为它令人瞩目的特征。这是两个不同的指向：批判主要是一种思想取向，超越则是一种社会行动的目的。前者为后者奠基，后者试图实现前者的思想谋划。

批判现代化的理想性特征，首先与这一现代化模式的思想先行关联在一起。从历史角度看，现代化先行，批判现代化随之而起。这不仅促成了两种现代化模式的先后关系，也注定了批判现代化总是针对原生或先发现代化的弱点进行针对性批判与理想性超越而展开。批判现代化的思想发源几乎与现代化的初期同一时间。但这样的批判，在初期并没有击中现代化的要害，它们主要在表达现代化经已引发的对贫富差距的不满，以及因为对此的不满而对私有制的强烈指责。这一时期的批判，从16世纪开始到19世纪达到高潮的空想社会主义那里，得到了系统呈现。但直到一个不仅诉诸"批判的武器"，而且倾向于"武器的批判"的新阶段，也就是1848年马克思、恩格斯发表《共产党宣言》时，批判现代化在思想上的成熟形态才呈现在人们面前。不同于早期的批判现代化思潮，马克思、恩格斯有力推进的批判现代化思想,不是仅仅着力指责资本主义生产方式的私有特性与导致的贫富不均,而是全力从社会发展的规律角度,揭示这一新的生产方式的必不可免性质,并且以当时正取得知识显著优势的科学奠基,来对之进行有力的社会科学论证,从中引发出资本主义向社会主义发展的历史趋势论。这就不仅系统揭示了原生或先发现代化的资本主义属性,而且对之进行了科学的分析,进而对制度前途与命运进行了诱人的刻画。在时间向度上,马克思、恩格斯对现代化的研究,完整呈现了过去、现在与未来的时间推移情形;在空间向度上,他们对资本主义之被社会主义所取代的方式方法与进路,进行了系统描绘。基于此,批判现代化开始进入一个全新的阶段:从道德批判所支持的虚幻的空想性试验,发展到社会批判支持的政治经济结构重造。批判现代化模式架起一座通向实践模式的桥梁,横架在思想与实践的鸿沟之上。

批判现代化的思想建构与批判现代化的实践探寻,就此在两个方向上向同一个着力点接近。不过,在苏联建立起来以前,批判现代化显现出强于思想批判而弱于现实批判的特点。直到苏联建立并稳定呈现出它的现代化样式以后,它才展现出现实批判胜于思想批判的新特点。然而如果不是先在的思想批判,也就是以"批判的武器"对原生或先发现代化根本弊病的揭示,那么批判现代化就可能永远停留在空洞指责原生现代化的状态。就此而言,马克思、恩格斯对现代化原生模式的深入研究与击中要害的批判,构成批判现代化的真正理论基础与行动指导思想。

这一批判现代化思想值得注意的特点,一是对现代化生产方式或资本主义生产方式推动历史进步的作用进行了充分肯定。"资产阶级在它的不到一百年的阶级统治中所创造的生产力,比过去一切世代创造的全部生产力还要多,还要大。自然力的征服、机器的采用,化学在工业和农业中的应用,轮船的行驶,铁路的通行,电报的使用,整个大陆的开垦,河川的通航,仿佛用法术从地下呼唤出来的大量人口,——过去哪一个世纪能够料想到有这样的生产力潜伏在社会劳动里呢?"①这是批判现代化一个非同小可的思想转向标志:从空想社会主义的批判现代化对资本生产方式的一味指责,转向了对现代化的生产方式所产出的财富的惊叹与礼赞。这也是批判现代化在相当程度上承接了原生现代化的一个重要体现,批判现代化仍然将生产力的发展作为自己谋求社会进步的基础性事务。

二是对资本生产方式遭遇的不可克服的内在障碍进行了揭示,由于社会化大生产与资本的私人所有制之间的矛盾,"社会所拥有的生产力已经不能再促进资产阶级文明和资产阶级所有制关系的发展;相反,生产力已经强大到这种关系所不能适应的地步,它已经受到这种关系的阻碍;而它一着手克服这种障碍,就使整个资产阶级社会陷入混乱,就使资产阶级所有制的存在受到威胁。资产阶级的关系已经太狭窄了,再容纳不了它本身所造成的财富了——资产阶级用什么办法来克服这种危机呢? 一方面不得不消灭大量生产力,另一方面夺取新的市场,更加彻底地利用旧的市场。这究竟是怎样的一种办法呢? 这不过是资产阶级准备更全面更猛烈的危机的办法,不过是使防止危机的手段愈来愈少的办法。"②换言之,资本主义生产方式自己不足以解决自身的危机问题了。这就为批判现代化谋求不同于原生或先发的现代化模式确立了现实理由。

三是以彻底解决社会化大生产与资本主义私有制之间的矛盾为鹄的,设想一种与之完全不同的现代化体制。"资产阶级生存和统治的根本条件,是财富在私人手里的积累,是资本的形成与增值;资本的生存条件是雇佣劳动。雇佣劳动完全是建立在工人的的自相竞争之上的。资产阶级无意中造成而又无力抵抗的工业进步,使工人通过联合而达到的革命团结代替了他们由于竞争而造成的分散状态,于是,随着大工业的发展,资产阶级赖以生

---

① 《马克思恩格斯选集》(第一卷),人民出版社,1972年,第256页。
② 同上,第257页。

产和占有产品的基础本身也就从它的脚下被挖掉了。它首先生产的是它自身的掘墓人。资产阶级的灭亡和无产阶级的胜利同样是不可避免的。"①唯有批判现代化的替代方案,才能解决原生或先发现代化在生产力发展上的根本弊病。这三方面的批判,在《资本论》中有更加深入系统的展开,但在基本方向上,《共产党宣言》为《资本论》确定了思考基础。至于现代化最终指向的理想社会目标,则以物质极大丰富到按需分配、个性全面而自由的发展两点为要。但那已经是现代化范畴之外与之上的最高理想定位了。

马克思对批判现代化做出了两个杰出贡献:一是将批判现代化的思想水平推向了一个高峰,从而确定了后起的相关思潮的思想方向。这样的批判,最近的标志性成果就是法国经济学家皮凯蒂的《21世纪资本论》。②二是将批判现代化从书斋推向了社会,最终促成20世纪这一现代化模式实践的滚滚洪流。其中,最具示范效应的是苏联的相关现代化尝试。如果说批判现代化作为一种社会思潮当纳入思想史另做专门考察的话,那么后一方面对人们理解现代化的两种方案,就更具有事实的比较呈现作用。促成这种转换的有两个关键人物,一是领导十月革命的列宁,二是塑就苏联计划经济体制的斯大林。列宁对批判现代化之成型的重要贡献,主要有三个方面:首先是他将马克思重在理论分析的批判现代化转换为重在组织行动的批判现代化,并以国家与革命的理论建构确立起推翻旧的国家体制的大思路。其次是将马克思在现代经济生产方式显现出巨大能量的发达资本主义国家建立社会主义的进路,转换为在生产力落后国家也可以先建立支持先进生产关系的国家体制,从而打开了俄罗斯进行社会主义革命的大门。最后是在社会主义革命胜利以后,在推进国家主导的刚性计划经济受阻的情况下,以

---

① 《马克思恩格斯选集》(第一卷),人民出版社,1972年,第263页。
② 参见任剑涛:《落单的批判——从马克思〈资本论〉到皮凯蒂〈21世纪资本论〉》,《学术研究》,2022年第6期。

"新经济政策"的制定,将经济发展的事项确立为新生国家的重要事务。[①]相比马克思而言,列宁对批判现代化模式走出书斋而具有现实性品格,做出了决定性的贡献;三个贡献相比而言,前两者主要是突破原生或先发现代化模式、尝试突入崭新的社会机制的转换,而第三方面则是新生的社会主义国家仍然坐实到现代化经济建设上面来的标志。这是批判现代化在现实运作形态上可以被认定是现代化类型的基本理由之所在。批判现代化的理想性品格在现实中需要以其现实性品格来共同呈现。

尽管列宁对批判现代化模式的实际落实发挥了关键作用,但因为他在苏联建立后不久即去世,因此无以实现批判现代化模式的完型任务。斯大林接续列宁打造现实版的批判现代化模式的旗帜,以"一国可以率先建成社会主义"为指引,以铁腕手段推进苏联的工业化,强力塑造出批判现代化的完整模式。这一模式具有它的突出特点:一是以公有制也就是国家所有制作为实行计划经济的强有力保证,二是在政治上以强有力的单一政党规划、部署与落实勿需商议的发展意志,三是以国家机器为保障的一整套工业化与农业集体化强硬举措,四是建立起集权政治、指令性经济与垄断性体制相匹配的特殊体制以保证政党-国家意志的落实。[②]正是以国家权力作为强有力的后盾,苏联在非常短暂的时间内就实现了从农业国向工业国的转变。

在斯大林的论述中,这种现代化模式已经完全超越了原生或先发的现代化模式,或者说社会主义的现代化模式已经超越了资本主义的现代化模式。"现代资本主义基本经济规律的主要特点和要求,可以大致表述如下:用剥削本国大多数居民并使他们破产和贫困的办法,用奴役和不断掠夺其他国家人民的办法,以及用旨在保证最高利润的的战争和国民经济军事化的

---

① 参见周尚文:《列宁政治遗产十论》,上海人民出版社,2018年,第二、三、七章。

② 参见陆南泉:《苏俄经济改革二十讲》,生活·读书·新知三联书店,2015年,第25~26页。

办法,来保证最大限度的资本主义利润。"①与此不同,"社会主义的基本经济规律的主要特点和要求,可以大致表述如下:用在高度技术基础上使社会主义生产不断增长和不断完善的办法,来保证最大限度地满足整个社会经常增长的物质和文化需要"②。在这样的对比陈述中,似乎两种现代化模式有了根本的对峙性特征,但实际上,不管是追逐利润,还是满足需要,都必须以现代化生产方法奠基。这就促成了工业化作为两个现代化模式的最大共同点。只不过批判现代化模式并不止于工业化所生产的巨量物质财富,而且还寻求生产方式革命之外的社会政治革命,进而寻求一场洗心革面的道德革命,以此将人类推进到几无缺点的完美状态。但这已经不是在现代化这个特定的社会发展阶段与特殊的社会结构意义上所要面对的问题了。

四、现代化的复位

作为一个社会发展的特定阶段与特殊结构,现代化不是一个合乎人类理想的社会机制,不过是人类社会演进的漫长过程中的一个阶段性和暂时性的机制。因此,现代化需要人类务实地解决之前需要解决的问题,前现代化之进入现代化的理由在于此。在前现代化的漫长历史中,人类对诸如限制或规范权力,满足人类需要的物质生产方式,以及在日常生活宽容或接受相异的宗教信仰与价值信念等方面,都显出重大的缺失。专制暴君的出现、物质匮乏造成的暴力征服、价值偏狭引发的公众对峙,都是前现代化社会的一些难以克制的根本缺陷。现代化让人类在务实的状态中,以"野心对抗野

---

① 《斯大林选集》(下卷),人民出版社,1979年,第568页。
② 同上,第569页。

心"①,即以权力限制权力的方式解决了规范或限制权力的问题,而不是耽于想象如何以道德的软力量规范政治的硬力量;同时以自由的财产权安排来促进物质生产的飞速发展,而不是以"义以制利"的道德设防来宥限人们对财富的追求;再者以宽容的理念与制度安排,来解决人们在价值上的对立与纷争,确立起不同信仰与信念的人群彼此融洽相处。这是人类历史发展的一个伟大突破。这也是现代化替代前现代化,成为势不可挡的人类社会发展趋势的深厚理由。

现代化并未穷尽人类的发展前景,相反,由于现代化在诸多方面彻底突破了人类在前现代处境中的想象力与行动力,因此开拓出一个让人类有希望逼进理想境界的发展新阶段。因此,循现代化的路径前行,必然出现各种各样的、试图超越现代化的理想主义设想。批判现代化便是其中一种。批判现代化的确定,是限于它在承诺工业生产方式的基点上对其理想主义取向的现实面相的认知。这是在现代化是人类历史发展的一个必经阶段的意义上所做出的确认。当批判现代化在展现其逼进人类理想目标的面相时,它实际上已经超出了现代化的范围。在这个意义上,批判现代化具有两个相宜的构成部分:属于现代化的部分与超越现代化的部分。后者不是在寻求物质财富增长与社会福利改善的基点上所说的现代化范畴。只是在前者的角度讲,现代化与批判现代化才在追求发展,甚至是一心谋求发展的意义上,构成现代化的两种类型。

在现代化过程中凸显出的两种基本类型,让人们知晓,现代化在其演进中出现了分流而为的态势。原生与先发现代化模式,是在历史演进中纳传

①　汉密尔顿或麦迪逊明确强调,"防止把某些权力逐渐集中于同一部门的最可靠办法,就是给予各部门的主管人抵制其他部门侵犯的必要法定手段和个人的主动。在这方面,如同在其他各方面一样,防御规定必须与攻击的危险相称。野心必须用野心来对抗"。[美]汉密尔顿等:《联邦党人文集》,程逢如等译,商务印书馆,1980年,第264页。

统于自身的现代形态,它与传统的紧张,并不像今天一些学者所理解的那么尖锐,因此需要在克制现代弊端的前提条件下回归古代或古典。这样的说辞,只是在后发现代化处在尾翼位置的国家,尤其是在批判现代化国家中才显得尖锐与突兀。由于在这些国家中,现代化是在毫不妥协地批判原生现代化不可克服的弊端的基础上开启的,因此将传统与现代兀自对立起来,从而凸显出一个要么捍卫传统,要么接纳现代的对峙状态。分析起来,在批判现代化进程中的先发国家与后发国家,也会因之出现重要的差别:先发的批判现代化国家,因为地缘政治、经济往来与文化传统与先发现代化国家的关联度较强,因此相对比较容易接受先发现代化贡献的工业化生产方式,并在相当程度上接受这一基础上的现代文化;而批判现代化进程中后发的国度,由于地缘距离、经济贸易与文化传统都与先发国家明显疏远,又有自己顽强的历史文化与政治统治传统,故而在接受现代化的工业化、民主化与生活方式上,出现显著加大的差距。由此可以推知,批判现代化中后发的国家,会与原生现代化国家构成现代化进程中高度发达与有欠发展的两极。这就会让两极之间的国家呈现出维护现代与拒斥现代的两个极端。但这并不等于说后发现代国家就可以自外于现代化进程,而不受现代化世界进程的影响。相反,由于后发的批判现代化国家在发展上的愿望是相当明确的,因此它总是试图在追赶现代化步伐中与先发现代化国家平起平坐。这让现代化呈现出一派你追我赶的生动景象。

　　不同现代化模式会将现代化曾经非常明确的内涵模糊化。一方面,原生与先发的现代化国家,一直处在发展的锋线位置,因此也一直在处理现代化的前沿问题。这让现代化不会成为一个静态的结果,故而它总是构成现代化世界进程的一个前沿组成部分。这也让批判现代化的国家心态难以平衡,不仅会加剧它们对原生与先发现代化国家不义行为的批判,而且会引发它们弯道超车的极度热情,要么推动疾速崛起,要么引发现代化的夭折。前者可以英美及其招人愤恨佐证,后者可以苏联的国家崩溃为证。另一方面,原生与先发的现代化国家因其不断向现代化的纵深处推进,故遭遇的现代化难题,已经跟批判现代化国家迥然不同。在某种意义上,由于批判现代化国家在发展经济的过程中,总是处在欲迎还拒、被批判与建设的矛盾所困的状态中,因此在解决经济发展方式并不顺畅。于是,现代化发展中浮现的原生现代化与批判现代化两种类型之间自始存在的差距很难被弥合。这就会导致原生与先发现代化国家总在处理现代化的前沿问题,而批判现代化国家总在尾随前者处理经济发展方式问题而无暇处置或处置不好其他问题(如社会福利问题)。再一方面,由于批判现代化是建立在观念上全面批判原生与先发现代化模式的基础上,因此在发展中两者的外在对立情景一直会以不同的面貌呈现在世人面前。由于两者由此会呈现出现代化的务实推进与理想追求两极态势,因此很容易将现代化固化为务实型与理想型两个类型。这就会将人们关于现代化的思维推向两个端点:任何务实的现代化发展成就,值得肯定但却不值得推崇,因此必须接受不断的批判甚至颠覆,才有望得到改进;而任何理想型的现代化发展追求,值得推崇但却难以实现,因此必须回归到现代化的平实状态。在两极之间,会存在光谱不同的种种现代化转变形态。这就让人对现代化究竟为何物的认知变得茫然了。

现代化出现型变,也许是社会发展进程中一种必然现象。这是与现代化是承接传统、开启未来的一个特殊阶段与一种特殊结构内在联系在一起的。既然现代化是承前启后的一个社会阶段,那么就免不了在瞻前顾后的社会思维中,将非现代化因素引入现代化场域,这就给现代化带来了模糊视听的诸多杂质;而由于现代化也是一个有别于前现代与反现代的特殊结构,它就必然在这些相异结构中确证自己,结果就是前现代与反现代的价值因子与制度要素趁机切入现代化结构之中,让现代化在结构上呈现出不纯的状态。加之承诺现代化基本目标的原生与批判现代化本身,已经楔入了相互冲突与对立的因素,故而现代化在演进中不是愈来愈清晰,相反是愈来愈含混。

那么现代化还能以较为清晰的面目呈现在人们面前吗?必须让现代化复位,才足以让现代化以较为清晰的面目呈现在世人面前。而为了让现代化以较为清晰的面目呈现在人们面前,就需要以凸显现代化的总体特征来划定现代化、非现代化与反现代化之间的界限,以免相互混杂、鱼目混珠。简言之,前现代是以追求权力稳定为主要目的的,而现代则以追求发展为基本目的,反现代则是以恢复浪漫传统为目标的。如前所述,现代化的原生类型与批判类型,尽管在观念、制度、远期目标等方面有很大差异,但在追求发展的目的上则是高度一致的。何谓发展?简而言之,经典的表述便是,"经济增长就是发展"①,这在"发展是个硬道理"的命题中可以得到更具现实性的理解。没有经济增长,政治发展与社会改善就会缺乏物质支撑,就会陷入一个经济、政治与社会问题都得不到很好解决的恶性循环。但发展远不止增长这一个孤立的指标,"增长本身是不够的,事实上也许对社会有损害:一个国家除非在经济增长之外在不平等、失业和贫困方面趋于减少,否则不可能享有'发展'"②。以发展来确定现代化的核心含义,既是一个免于意识形态之争的做法,也是一个将不同现代化取向的国家所呈现出来的现代化尝试的共性展现出来的有效聚焦点。更为重要的是,原生-先发现代化与批判现代化所共享的现代化目标,可以"发展"二字来概观。重中之重的是,要避免陷入现代化的各种迷雾之中,那么"发展"二字完全可以发挥拨开云雾见青天的功用。一旦将现代化复位到发展主题上,现代化便可以呈现出它在各国现代化进程中个性表现之外的最大共性。

---

① [美]塞缪尔·亨廷顿等:《现代化:理论与历史经验的再探讨》,罗荣渠主编,上海译文出版社,1993年,第67页。

② 同上,第68页。

"现代化"由现代化理论进行了最为深入系统的阐释。就此有必要探问,现代化理论的兴衰是不是标志着现代化自身的兴衰? 回答是否定的。现代化理论是对现代化社会变迁所做的理论概括与提炼,它在现代与传统的二元划分基础上所做的一系列理论概观,确实将复杂的现代化社会变迁简单化、教条化了。由此衍生的不同二元思维框架,招致方法与理论上的共同诟病:农业-工业、农村-城市、宗教-世俗、受过教育-未受到教育,[①]以及西方-非西方这些二元区分,确实简单明了,但确实很难反映现代化的真实性与复杂性。现代化理论的批判性重构是必要的。现代化则是一个社会变迁过程,是指经济增长、政治民主与社会多元等趋向于人们期望的变化过程。如果将现代化理解为社会要素方方面面的发展,那么现代化便是一个人类所必须经历的文明跃升过程。这一文明跃升过程,不受现代化理论的范围与约束,而受社会变迁自身逻辑的影响与左右。现代化仍然是当今人类社会变迁的主流。因此,发展也仍然是全球社会所共同致力处理的主题。"发展是人类社会的永恒主题。"[②]现代化的最初定位确实是追求发展,因此让现代化复位到发展主题上面,会再次展现不同国度一心追求发展的共同性。所谓鹜于发展,宗旨在此。这正是各国现代化的最大共性。

需要承认,现代化总是与社会缺陷相携出场的,这是它呈现发展主题的理由所在。不存在没有缺陷的社会,也就不存在拒斥发展的国家。发展就是要面对缺陷、解决问题、寻求进步、实现改善。现代化致力于解决社会既成的缺陷,但也不可避免地需要面对新的社会缺陷。这是原生现代化体现为一个一个问题、一步一步地加以解决的特点的原因。人类无法从根本上

---

① 参见[英]彼得·华莱士·普雷斯顿:《发展理论导论》,李小云等译,社会科学文献出版社,2011年,第164~166页。

② 习近平:《构建高质量伙伴关系,共创全球发展新时代——在全球发展高层对话会上的讲话》,《人民日报》,2023年6月25日。

一揽子解决所有问题与缺陷。但人类也总是会想象从全局上、根本上解决所有问题与缺陷，这是批判现代化总是以不同面目不断出场的原因之所在。一种骛于理想的现代化总会撞上南墙而不得不回头追求务实的发展目标。这就是现代化终究让人类社会学会共同追求发展的价值之所在。

无论是对现代化的礼赞，还是对现代化的批判，都将现代化提升到与人类处境等量齐观的高度了。这样说也许有些抬高批判现代化对人类现代发展所做出的贡献。但实际上正是因为批判现代化将其对现代化的不满充分表达出来，且诉诸于不同的实践进路，才构成原生现代化致力于改善自身的体外动力。但超出现代化的务实目标，一心追求完美无缺的现代化，是对现代化的一个不适当定位。因为现代化只不过是人类历史漫长进程中的一个阶段，是对特定条件下人类社会活动方式的一个概观。它只能在发展方面对人类社会有所推进，而无法在完美理想的兑现上有何突破。因此，两种现代化围绕发展主题而达成相对一致的现代化认知与行为方案，是现代化取得更大成就的必须。

打开眼界：
现代化研究的世界眼光

　　中国的现代化理论研究伴随中国的现代变迁而起。但对现代化进行知识学的探究，则始自民国，成于改革开放。改革开放后的中国现代化理论研究，"罗荣渠路径"堪为代表：罗荣渠凸显了现代化"一元多线的历史发展观"，刻画了"现代化的概念就是一个世界性的历史范畴"，展示了现代化内、外源两型发展的不同态势，为中国的现代化理论研究确立了"从西化到现代化"的转变基线，总结了东亚尤其是中国现代化的经验教训，从而全面呈现了中国现代化理论研究的知识图景。这是中国现代化理论研究的一个突破：不仅意味着中国现代化理论研究突破了悉心模仿的困境，而且也标志着这一研究开始形成中国独特的问题意识与研究进路。

打开眼界：
现代化研究的世界眼光

罗荣渠的现代化理论研究自具特点，足以让人在中国的现代化知识史上去理解和定位。由于他的现代化理论研究涉及面很广、论题很多、跨越不少学科，为了集中呈现他的现代化理论研究成就，需以罗荣渠路径（Luo-rongqu approach）来做统一观。钱乘旦指出："以罗荣渠的工作为标志，现代化理论研究在中国史学界逐渐展开，终成大势。"[①]这是对罗荣渠的现代化理论研究在历史学界发挥的影响所做的一个概括。但罗荣渠的研究岂止让现代化理论研究催生了史学界的转向，它广泛影响了人文社会科学的所有领域：不仅让各个学科高度关注现代化论题，而且让各个学科将现代化作为自己学科的一个聚焦点。更为关键的是，它让人们充分意识到，现代化是中国人自近代以来面对的国家基本处境，除非在理论上坐实现代化的理性认知，实现现代化的目标，中国没有其他路可走。这便是以世界眼光系统研究现代化的罗荣渠路径所具有的特殊意义。

一、眼光的收放

罗荣渠的现代化理论研究有其前史。这是指，在他之前，中国的现代化

---

① 钱乘旦：《现代化理论研究与中国的世界史学科——此文为纪念罗荣渠先生逝世十周年而作》，《世界历史》，2006年第6期。

理论研究已经经历了相当长的酝酿和积累过程。起自晚清，迄于当下，一百余年的现代化知识积累，已经走到了足以将现代化作为理论研究的专门论域，让他的现代化理论研究可以"站在巨人的肩膀上去进行思考"①，查其得失，实现超越。罗荣渠的现代化理论研究，亦有其特殊的历史背景，那就是它发生于中国再次启动现代化进程之际。这让他的现代化理论研究具有足够的现实驱动力，并且因应与现实的急迫需求，展开具有现实性品格的研究事项。"中国搞了一百多年的现代化运动却没有自己的现代化理论，备尝'摸着石头过河'的艰辛。我认为从世界各国现代化进程的比较研究着手去探索中国的现代化历程，是当前中国史学界面临的一个具有重大现实意义的研究课题。"②这是一个有助于理解罗荣渠现代化理论研究必须重视的双重先在问题。

从历史视角看，中国的现代化进程与现代化理论研究并不同步：中国的现代化进程差不多已近两百年，中国的现代化理论研究则仅有百余年历史。这是一个不太对称的变迁过程：中国的现代化变迁领先于现代化理论研究，现代化理论研究则不仅在起始时间，也在需求反应上落后于现代化进程。这是一个需要界定的说法：在一般意义上讲，需要确认，中国的现代化变迁与现代化理论研究，是双向同时展开的过程。也就是说，社会变迁与思想变迁是相与随形的。所谓现代化变迁早于现代化理论研究是指，在现代化的社会变迁已然启动的情况下，现代化理论研究尚未有效展开；而建立在自觉的学科研究意义上的现代化理论研究，并不是直接应对现代化举措需要而展开的。两者之间的错位，从中国现代化运动起始，一直到当下，总体局面都未曾改变。

回溯中国现代化的进程，从短时段来看，可以概括为"两放一收"：民国

①② 罗荣渠：《现代化新论——世界与中国的的现代化进程》（增订本），商务印书馆，2009年，第3页。

时期与改革开放后,出现过两次推动现代化的开放进程,1949年到1978年间则将现代化眼光收缩到局部世界现代化的范围,甚或自我封闭,关门治国。从长时段来讲,则可以概括为"三收三放":除开前面提及的两放一收,另外的两收,晚明是一收,清代是一收;而晚清改革,算是三放中的一放。所谓收,可以区分为拒斥现代化与接受现代化的两种类型:前者的基本情形是以抗拒现代化为国策,实行闭关锁国的政策,与现代化的世界潮流背道而驰;后者的基本情形则是打开国门,以"一边倒"之姿接受源自苏联现代化非主流方案,拒斥西方的现代化主流方案,并以之推进中国的现代转变。所谓放,则指国家全面开放,主动对接源自西方的现代化主流方案,进行相应的经济、政治体制改革,努力推进中国的现代转变。纵贯地看,晚明以及清早、中期这个时段,可以说是抗拒现代化且与现代化的世界潮流逆向而行的国家全面收缩时期。民国以降,愿意与现代化的世界进程接轨,但却仍然处在一种国家自闭状态的、特殊的收,乃是一种收缩社会与市场空间,将之置于国家权力强力管控之下,因此让整个社会缺乏活力、经济发展迟缓、社会进步有限、民众生活紧促、政治压力巨大。

中国现代化进程的收放,是与中国当政者确立的基本国策紧密联系在一起的。收,则专心内政;放,便注重外交。收,则集中于治国理政中的政治事务;放,则将对外开放作为促进内政改良的动力。收之时,内政导向的不是保障民生,反而推动的是内斗。放之时,外交引导的是开放,不过并不一定通向"现代"[1],最大可能是"师夷长技以制夷"[2],但最值得期望的则是推进

---

① 在汉语中,现代是一个具有复杂内涵的辞藻。一方面,它是一个自然时间概念,如将1919年以降的历史称为现代史。另一方面,它又是一个社会时间概念,即正式掀开中国现代转变大幕的时间。再一方面,就社会时间的特殊含义讲,它还是一个对应于西方规范现代的符合性时间概念。第三方面的含义,较少为人留意。参见任剑涛:《以"现代"理解现代》,《探索与争鸣》,2016年第8期。

② 魏源在《海国图志》的《原叙》中道白,"是书何以作? 曰:为以夷攻夷而作,为以夷款夷而作,为师夷长技以制夷而作"。《魏源全集》(第4册),岳麓书社,2005年,第1页。

中国的现代化进程。相比而言，内政、外交两手的同时施展，会降低国家政治运行中内政的高度紧张，而以外交推动人们放开眼界，重新思考内政。可以说，收紧内政、关闭国门，一般而言都是由掌国者的眼光紧盯当下所致；而让国门洞开、力除积弊，大致都是由于掌国者的眼界开阔使然。但不光是掌国者的眼光如何，他们所采取的国策就怎么样的问题，问题是他们常常很少对中国从传统向现代转变有一个自觉而理性的认识。尤其是起自晚清的中国现代化进程，便几乎呈现为被国家的不利处境牵着鼻子走的被动现代转变定势。这就不是一种得以展开现代化理论研究的社会氛围。

比较严格意义上的现代化理论研究，一是具有相当明确的现代化理论支撑，以此保证对现代化的研究拥有一种理论自觉；二是现代化理论研究既与国家的现代化进程相连，但同时具有引导国家现代化发展路向的理论指引作用。这就与中国的现代化进程本身，构成相互呼应的眼光收放机制：如果对现代化缺乏广阔的理论审视目光，可能研究者就会陷于一个非常狭隘的境地，不仅无以揭示现代化的本质，无法呈现现代化的理论面目，也无力有效阐释现代化的丰富意蕴。假如仅仅将现代化理论研究视为书斋功夫，那么它不仅缺少理论的源头活水，而且因为与国家的现代进程区隔开来，也就势必缺少理论探究与实践需要积极互动的动力，随之将现代化理论研究变成文字游戏。前者需要现代化的理论积累，后者需要现代化进程给研究者提供动力。真正具有学术价值的现代化理论研究，两种动力缺一不可。

中国的现代化真实进程，起自晚清。因为晚明传入中国的西学，大致属于西方的古典学问。晚清进入中国的西学，则是现代学问。它是携西力东渐而出现的、大规模的西学东渐。因此，晚清因为受制于西方的坚船利炮而启动的现代转变，让中国的现代化认知水准处在一个急功近利的低水平上。可以说，当时人们对现代化所做出的观念反应，并不具有多大理论价值：如果说晚清中国人对现代化的认识还停留在如何应对紧张的现实处境上的话,那么这样的现代化认知,远没达到现代化理性认知的研究水平。从总体上讲,这是对中国面临的现代化转变压力做出的行动化反应,而不是理论上的沉潜反思。这不单是当时中国现代化进程的一个缺陷,也是全球现代化进程的一个共同知识缺失现象——这是现代化进程先于现代化理论研究的全球知识局面的一种反映。不唯晚清的情况是如此,民国阶段依然如故。民国建立以后,中国在探寻自己的现代化进路之时,也还没有将现代化的"做法"与"说法"统合起来。面对现代化进程,人们主要还是围绕"做法"在展开思考,而没有让"说法"成为独具意义的事项。这样的情景,也同样体现在寻求实现"四个现代化"目标的中华人民共和国前期这一历史阶段。

中国的改革开放进程,促成了国家的现代化进程与现代化理论研究同步进行的结果。这可以从两个方面得到证明:

一是改革开放扭转了"以阶级斗争为纲"的国家定位,将之转变为"以经济建设为中心"。[①]这就将国家发展方向坐实为实现现代化。由于作别斗争思维,转为发展经济,国人必须认真了解现代化经济发展的范式与方法,以保证中国的现代化经济建设健康发展。于是,以经济现代化驱动的现代化思考开始热络起来,社会科学界围绕经济现代化任务,展开了现代经济学、社会学、法学与政治学的学术研究,由多学科驱动的现代化理论研究在强劲的现实驱动下,开始形成具有学术价值的研究成果。由近及远地看,罗荣渠的现代化理论研究秉承了早期现代中国的相关研究传统,但以"从西化到现代化"进路的凸显,呈现出中国现代化理论研究的一条发展线索,而着眼于现代化来定位从传统到现代变迁的相关研究,正是罗荣渠在中国现代化理论研究上的一个突破,也是他得以在相关研究领域的知识谱系上占据一个

---

① 1978年的中央工作会议闭幕会的邓小平讲话,以及党的十一届三中全会的会议公报,明确推动中国告别以阶级斗争为纲的路线、方针与政策,全力转向社会主义现代化建设。这是一个众所公认的事实,无需繁复的文献征引即可为人认受。

不易撼动的位置的缘故。

二是改革开放以后,中国的现代化理论研究,因为引入西方发达国家以现代化为对象的专门、系统与深入研究的成果,让现代化理论研究的学术规范、基本论题与学者争辩进入中国学术场域,从而极大地推动了中国学术界将现代化作为专门学科或独特论域对待的进程,促使中国现代化理论研究与国际学术界的互动,并构成国家学术界的现代化理论研究总体图景的一部分。恰如郭春生所说:"严格地说,现代化理论是在本世纪60年代最先从西方兴起的。在1960年日本箱根会议之后,现代化理论研究很快在西方国家进入热潮。改革开放以前,中国不存在真正意义上的现代化理论研究。改革开放之初,现代化理论在我国仍被视为西方非马克思主义的一个理论流派。随着改革开放形势的发展,我国的各项现代化建设事业蓬勃展开,许多新现象、新问题相继出现,如何解释这些新现象,解决这些新问题,成为社会科学理论界的重大课题。"[1]罗荣渠应时而起,从诸如现代化的历史进程、比较历史的多维呈现、现代化的共性与个性、现代化转变(即古今之变)的态势、现代化典范的确立、现代化的经验与教训等多个角度审视现代化,形成了颇具理论个性的现代化理论研究成果。这是他自觉接受中国社会发展转变与国际学术界现代化理论研究成果的洗礼,并以这样的双重动力推动,而能够达到的现代化理论研究新高度。

可见,中国学术界关于现代化理论研究的罗荣渠路径之形成,是得益于中国社会以改革开放重启的现代转变进程。这不仅让中国的国门再次开放,让现代化再次成为社会运行与国家发展的主题,也让人们得以充分吸收现代化理论研究的国际同行成果。最为关键的是,国家眼光的开放、社会眼界的拓展与学者研究视野的开阔,三者积极互动,足以促成具有创新性的中

---

① 郭春生:《罗荣渠先生与中国的现代化理论研究》,《廊坊师专学报》,1999年第3期。

国现代化研究成果。这在国家处于收缩状态,眼光狭窄、站位低下、自我封闭、孤芳自赏的情况下,学者在阶级斗争的敌视情绪主导下对现代化的有限了解,具有天壤之别。即便是1949年以后到改革开放之前的中国现代化研究,也因为在中苏友好阶段完全受制于苏联学术界思路的影响,而持一种反对现代化主流方案以迎取现代化的矛盾态度,不仅让中国所取得的现代化成就有限,而且很难真正抓住现代化的精髓,并以之优化中国人的现代思维、塑就国人的现代行为模式、有力推动中国的现代化进程。而罗荣渠恰好处在中国现代化发展最聚精会神的一个阶段,思想解放的精神氛围与学者追求的学术突破相扣合,极大提升了他的现代化理论研究品质,使其成为衡量中国当代的现代化理论研究与现代化快速进程的一个学术标本。

二、范式转变:开拓现代化论域

中国现代化理论研究是在"拨乱反正"的特殊处境中开启它的当代进程的。这就注定了这一研究所具有的某种中国化理论性格:中国的政党-国家意识形态笃定会强有力地塑造它的价值偏好、理论倾向与基本论题。如何在政治力量极强的情况下,为现代化理论研究腾出一块学术创意的生长地盘,是中国的现代化理论研究是否能出新意的一个关键制约因素。与此同时,由于西方国家不仅在现代化进程上大幅度领先中国,而且在现代化理论研究上已经呈献了极具理论竞争力的不同范式,中国学者要进入现代化理论研究园地,就不能不接受由西方学者给定的某些现代化理论研究预设,但同时又不能完全受制于这些研究范式的制约,否则很难提出中国现代化研究的理论论题且予以创新性的阐释。于是,中国的现代化理论研究不仅需要在逼仄的政治空间中为现代化研究寻找落地空间,而且还需要在已经相当成熟的西方现代化理论研究学术密林中为之寻找具有阐释余地的理论论题。这是一种必须突破的既定社会政治束缚与先在学术研究定势的困难处境。

罗荣渠的现代化理论研究,在符合现代化理论研究规范,也就是中规中矩的相关研究方面,给出了一系列需要清理出现代化理论研究地盘的基本论题的明晰答案。这方面不能不说罗荣渠取得了惊人的突破。相反,在各种各样的现代化理论研究的预设命题上,给出合乎人们预期的清晰解释,比之于研究甫一开张,就给出令人瞠目结舌的结论,要来得重要得多。遵循现代化理论研究的基本进路,罗荣渠对何谓现代化、现代化理论研究的历程进行了梳理:对前者即现代化的概念界定而言,他明确指出中国学术界不应照搬日本的近代化概念。相反,日本的"近代化"一词译成汉语,应当是"现代化",否则就不足以凸显现代化的内在本质。如果因近代化而衍生出古代化、中世纪化等概念,那就会让人莫名所以了。① 罗荣渠强调:"'现代化'这个概念是用来概括人类近期发展进程中社会急剧转变的总的动态的新名词。"初期指的就是现代化楷模即西方国家的相应变化状态,"历史发展到今天,西方国家,不论是英、美还是德、法,都不能算是现代化的典范了,于是一个具有广泛涵盖性的新的'现代化'概念逐渐形成,并在政治学、经济学、社会学和历史学的研究中被广泛使用"②。它主要指由工业化推动的工业社会对农业社会的替代,并渗透到经济、政治、文化、思想等各个领域的一场剧变,它是对此前具有显著的历史连续性的社会进程的中止,让人类历史从此呈现出鲜明的、加速性的跳跃。

对后者即现代化理论研究的回溯而言,罗荣渠合乎历史事实地指出,现代化思潮是一种不断变动的社会思潮。这一思潮,在19世纪,以社会进化论

---

① 参见罗荣渠:《现代化新论——世界与中国的的现代化进程》(增订本),商务印书馆,2009年,第3~8页。

② 罗荣渠:《现代化新论——世界与中国的的现代化进程》(增订本),商务印书馆,2009年,第9页。

肇始,以世俗主义和理性主义奠定精神根柢,以乐观主义为之注入新动力,以西方化为其世界进程鸣锣开道。但在20世纪,一战的隆隆炮声开启了现代化反思热潮,二战后塑就了对立的现代化理念,但也凸显了"美国世纪"这一对现代化理论研究产生深刻影响的政治与学术霸权。在这个世纪的五六十年代,"发展热"推动形成了"现代化热",现代化理论研究终于成为一场自觉的学术运动。随着经济发展理论的蓬勃发展,政治发展论述涌动而出。到70年代,现代化既有理论所执意凸显的西方化与美国霸权,促使人们反思这一理论建制在整体上表现出的传统与现代二元对峙、西方化的一元模式、中心与边缘的分析框架。终于自80年代开始,现代化理论研究呈现出多元互动的新局面。① 罗荣渠正是在西方国家的现代化理论研究的基础上,展开其现代化理论研究运思的。这让他相比于此前的中国现代化研究同行来讲,所具有的理论优势,是显而易见的。

罗荣渠之所以能够在现代化理论研究上蹚出一条富有新意的研究路子,从而形成罗荣渠路径,当然有很多需要描述和分析的构成面。但其中尤应注意的两个关键点是:其一,罗荣渠在展开其现代化理论研究之始,就敢于打破政治戒条,突破政治禁忌,从而在大多数人还拘守如仪的政治教条之外,给出富有创意的现代化理论论题与颇富新意的阐释。其中让人印象深刻的,就是他的现代化基本命题所显现出的独具中国特色的研究命意。这是他为现代化理论研究拓展论域的最重要体现:在一个被政治教条充斥的学术天地,他以现代化话语改变了中国现代发展的话语版图,这是一个不可小视的突破。中国的现代化研究长期是被政治刚性原则给定的,因此不在特定的政治话语中言说现代化,就很难展开现代化理论思考。罗荣渠没有回避现代化研究的政治敏感问题,他迎难而上,对马克思主义与现代化理论

---

① 参见罗荣渠:《现代化新论——世界与中国的的现代化进程》(增订本),商务印书馆,2009年,第27~48页。

研究在概念上疏离而实际上切近的关系进行了辨析,对唯物史观的社会发展史论与现代化理论研究中凸显的发展论题的关系加以分析,对马克思主义注重的资本主义发展阶段与现代化理论研究中重视的工业化之间的关系加以剖析。在此基础上,他一方面指出马克思主义有着自己的发展理论,有其在现代化理论研究中得以复兴的动力;另一方面他也认为,马克思主义的现代化理论已经进入一个新的发展阶段,据此他处理了现代化实质、现代化动力,以及生产方式论与现代化理论的关系等重要论题,试图推进马克思主义的现代化理论研究。[①]其间,尤其值得重视的是,罗荣渠认定,20世纪出现的从资本主义向社会主义过渡的各种革命性变革,"并不是马克思设想的那种典型形式的过渡,而是发生巨大变形的过渡"[②],因此对进入社会主义阶段的国家来讲,弥补生产力发展上的弱点,乃是他们必须面对的重大课题。这对世界范围内以社会主义命名的国家来讲,是一个永不过时的提醒,也体现了马克思主义现代化理念的根本精神。正是由于罗荣渠对上述问题的辨析,使他为现代化理论研究拓展出一片独立天地,既不触犯政治戒条,也堂堂正正地进行现代化理论研究。

其二,罗荣渠为现代化拓展论域的另一个表现,就是丰富了现代化的重要论题。这类论题包括现代化的总体观念、现代化的世界进程、"第三世界"的现代化、东亚的现代化等。其中,罗荣渠关于现代化的"一元多线历史发展观"命题,具有中国关怀基础上的独特理论价值。他指出,流行于西方与中国的现代化理论,长期都是一元单线的理论模式。"西方社会科学流行的是一种单线的社会发展理论,即把现代化看成是传统农业社会向现代工业

---

① 参见罗荣渠:《现代化新论——世界与中国的的现代化进程》(增订本),商务印书馆,2009年,第87~115页。

② 罗荣渠:《现代化新论——世界与中国的的现代化进程》(增订本),商务印书馆,2009年,第113页。

社会的单线演进过程。马克思主义是从生产方式演变的新角度来考察人类社会演进的,但过去长期在前苏联理论界的影响下,也是用五种生产方式的单线演进来解释世界历史的。"[1] 这种一元单线的现代化理论模式,显然既与世界历史的事实不符,也在理论上难以自洽地论证。

在此基础上,他尝试建立一元多线的历史发展观,也就是一元多线的现代化发展观:一元,即以人类社会发展的生产力中心为通观世界历史的轴心;多线,即展示世界历史上不同文明的多种发展结局。前者很好理解,后者则具有呈现其多线状态的基本特点:一是自有文字以来的人类文明,显现为原始农业文明、古典农业文明、原始工业文明、发达工业文明四种基本形态;二是各文明发展阶段均以生产力发展来推动社会财富的增长,其中,技术力的增长构成革命性的动力;三是生产方式与交换方式的发展构成社会经济结构发展的基础,其中市场的国际化引起了国际格局和发展方式的重大变化;四是政治结构在世界不同地区呈现出多样性,社会的自治性与社会成员的自主性显著增长;五是基本文化模式在世界不同地区呈现出相比于政治的更大多样性;六是人类从原始文明向发达工业文明演进在结构上日趋复杂,人类挣脱自然约束的自主性趋势显著,社会趋向于多元,世界范围内从农业的多元趋近于工业的一元。[2]罗荣渠的这些分析与断定,是与世界历史的演进状态相吻合的,而且其基本概括是准确而精到的。他对两种历史演进观的比较说明,不仅具有深厚的历史经验支持,也在理论上显得更为自洽和具有说服力。其每一个论题,都是一个具有独立研究意义的话题,都为现代化研究辟出了相应的理论空间。

---

[1]　罗荣渠:《现代化新论——世界与中国的的现代化进程》(增订本),商务印书馆,2009年,第56页。

[2]　参见罗荣渠:《现代化新论——世界与中国的的现代化进程》(增订本),商务印书馆,2009年,第82~85页。

在罗荣渠的现代化理论研究中,一元多线历史发展观具有中心地位。正是在这一理念的引导下,他得以成功挣脱他所拒斥的一元单线历史发展观的约束,从而成功地展现出现代化理论研究的双重线索:一是从现代化的全球进程角度,指出没有一个国家能自外于现代化进程的存在处境。二是从现代化的构成性特点出发,准确勾画现代化的总体蓝图,从而将现代化的政治、经济、文化的基本构成面呈现给人们。仅就前者讲,罗荣渠对现代化的世界历史进程进行了全局性的勾画。现代化的这一面相,是以前面已经提及的人类社会趋于急剧变迁而显现出来的。人类社会之所以从长期的缓慢、微型的变迁,陡然进入现代化阶段的急剧、巨型变迁模式,就是因为技术、经济与社会的关联创新带来了社会变迁的革命性突破。这样的突破,不再像古代社会那样局限在一个国家与某个地区,它携带着冲向全球范围的势不可挡的强大动能。

换言之,罗荣渠据此强调了现代化进程绝对不是一个西方国家的地域性变动,而是一个必然突破现代国家范围的全球性、人类性变局。正是由于他所说的"创新性变革与传导性变革",现代化为自己打上了全球化的烙印。只是由于现代变迁原发内生与后发外生的类型差异,让现代化的世界历史进程显现出某种先后性或继起性。取决于现代变迁的欧洲尤其是英国的内源与先发,它得以成为"原初的现代化",这让东西方社会因此隔离为内源现代化与外源现代化的两个世界。但这并不等于说,东方社会或非西方社会就可以从容地行走在自己所熟络的统一性、连续性、渐进性的古老轨道上,在"原初的现代化"落地英国以后,它就携其革命性的力量向更为广阔的全球空间推展开来。这一推展,形成了罗荣渠所说的现代化的三次大浪潮。

他对现代化的三次大浪潮,有一个清晰明确的推进式描述:"第一次现代化大浪潮是由第一次工业革命推动的,时间是从18世纪后期到19世纪中叶，（大约 1780-1860 年），这是由英国开端后向西欧扩散的工业化进程。"①
"19 世纪下半叶至 20 世纪初，工业化和现代化在欧洲核心地区取得巨大成
就，并向周围地区扩散，越出欧洲向异质文化地区传播，于是形成了推定现
代化的第二次的浪潮。这次大浪潮使'西化'或'欧化'成为鲜明的历史发展
潮流。"②"现代化的第三次浪潮出现在 20 世纪下半叶。这是一次真正全球性
变革的大浪潮。"③ 三次浪潮，从区域性扩展为全球化、从同质性文化扩散到
异质性文化、从西化演进为现代化、从局部变革推展为全局变革。这一现代
化进程，让世界上所有国家都被卷入其中，完全无法置身事外。尽管这一总
体进程中也出现过一战、二战这样的大挫折，但现代化进程并不因此受到阻
挡，更没有出现中断与夭折的迹象。这让后发国家中曾经长期存在的反现
代化思潮愈来愈缺乏公众认同与生存空间。为中国人所熟悉的是，它让中
国的现代化进程中试图以阻止西化为名来阻挡现代化转变的努力，显出逆
世界历史大势而动的悖谬。这不能不说是罗荣渠给国人和世人最醒神的提
点：现代化不是国家范围内的独自变动，而是在国际社会共同空间中经历的
改变。

罗荣渠促成了中国的现代化理论研究范式转变。这从三个方面体现出
来：一是相对于中国既定的政党-国家意识形态范式，他将之扭转到与这一
意识形态体系相吻合但又别有趣意的现代化理论路向上来。二是相对于西
方既成的现代化研究主流范式，他将之扭转为一元多线的现代化理论研究
框架。三是相对于中国现代化思想史呈现的西化基本范式，他将之扭转为
超越西化的现代化进路。这不仅为中国的现代化理论研究指示了新方向，

---

① 罗荣渠：《现代化新论——世界与中国的的现代化进程》（增订本），商务印书馆，2009 年，第
140 页。

② 同上，第 144 页。

③ 同上，第 148 页。

而且为中国的现代化变迁指明了新道路。如果说在现代化理论研究的一般范式上,罗荣渠路径已经显示出它的新颖性,那么在作别现代化第二次浪潮的"西化"或"欧化"模式上,他的研究则对中国、对东亚、对后发国家的现代化转变,具有特殊的意义与价值。

三、超越西化

分析起来,人们认为现代化就是"西化"或"欧化",还是具有支持理由的。正像罗荣渠明确指出的那样,由于现代化的内源形态出自西方,因此现代化与西化的内在勾连,常常让人们有根有据地认为,外源型的现代化进程就是一个西化的进程。因为如果缺少了西方国家所开辟的现代化道路、所形成的现代化原初形态,所谓现代化的全球进程,根本就是匪夷所思的事情。罗荣渠对现代化的世界性进程所做的叙述,也让人们的这一看法在其论述思路中发现支持理由。在现代化的三次大浪潮中,第一、二次浪潮均与非西方的广大地区毫无瓜葛。这里所说的毫无瓜葛,不是说西方国家的现代化没有影响到非西方地区的状态。相反,殖民运动的兴起,让西方的现代化进程成为非西方地区的一次又一次灾变。但是非西方地区极少国家能够迅速华丽转身,跟上西方国家的现代化步伐,进入现代化的世界历史殿堂。如果试图转身为现代国家,就必须经过一个或长或短的、悉心学习或模仿西方的过程。

西方国家与非西方国家在现代化中出现的内源与外源之差、先发与后发之别、先进与落后之异,似乎到今天也还没有得到全局上的突破。这就让现代化与西化长期有理由划上等号。即使全球范围在20世界后半叶进入系统变革的现代化第三次浪潮,但因为社会惯习(social convention)的作用,使现代化即西化的判断还具有一种惯性力量。社会惯习,分开来看,"一项惯

习是一条总体上说来为某个群体所遵循的规则"①,尽管规则常常是指定的,
但人们却可能故意违反。惯习意义上的规则,则是人们实际上遵行并践行
的,它主要依赖某个群体几乎所有成员习以为常的尊崇与实践。由于现代
化发展对后发外生型国家而言,都是外来的规则与行动模式,因此它必然与
异质文化群体的社会惯习相疏离。因此,即便不遭遇这些群体、民族或国家
的精英人群的自觉抗拒,它也会遭遇人们在不经意之中的漠视而带来的消
极抵抗。一旦遭遇精英群体的自觉抗拒,那么非西方地区的现代化进程就
会面对巨大的阻力。恰如艾恺所分析的那样,文化民族主义基点上的精英
型抗拒,"在任何文化或国家,只要是它面对现代化的民族国家的军事力量
与经济优势,而被迫为自卫向外作文化引进时,不可避免的就要发生"②。于
是,在非西方地区的现代化进程中,总会受到精英与平民两股反对力量的
挑战。

非西方地区对于现代化的抗拒,从总体上讲呈现为一种欲拒还迎的态
势。换言之,现代化的世界进程,并不因非西方地区的抗拒而终止,最多会
在一定时间段内反复,或者在一定地区归于短暂的失败,不过都没有能够改
写罗荣渠所说的现代化的世界进程。但非西方地区对现代化的抗拒,造成
这些地区的现代化出现一种比较僵固、对立的局面:现代化必须增强它进入
这些地区的强度,故与这些地区的固有传统与机制形成明显的冲突。于是,
诸如晚清"师夷长技以制夷"一类的现代化观念,既让非西方地区以一种变
异的方式展开其现代化进程,同时也就促成了意图结构性而非功能性实现
现代化转变目标的人群,以一种对传统和当下绝不妥协的姿态为现代化摇
旗呐喊。于是,西化或欧化的现代化认知,也就有了理性与情绪的共同支

---

① [美]安德瑞·马默:《社会惯习:从语言与法律》,程朝阳译,中国政法大学出版社,2013年,
第3页。

② [美]艾恺:《世界范围内的反现代化思潮》,贵州人民出版社,1991年,第206页。

持。罗荣渠以中国现代化思想史为例,对之进行了较为系统的探究。他从"御夷图强""中体西用"的现代化意识的最初萌芽起始,接续性地考察了现代化意识从"中体西用"到"西化""中西互补"的不同主张,进一步对"中国本位"与"全盘西化"的对峙性论述进行了梳理,再则将以工立国还是以农立国的争论铺陈出来,最终落笔在"现代化论"与"中国式的现代化论"的主题上面。

这不是限于中国现代化思想史的简单素描,而是对中国现代史思想史的一次大线条清理。这样的清理,让人们清晰地看到,"全盘西化"的现代化决绝主张,不是空穴来风,不能草率地视为极端言论,它有着深厚的现代化认知基础:如果在后发外生现代化的中国,不对现代化做如此刚劲的主张,它可能根本就立不住脚。但另一方面,旨在保守传统的中国现代化反思或抗拒之思,也并不是无理取闹,全无依托,它也有着如何根据中国国情让现代化扎根的考量;更有着依托国情,让现代化更为健康落地的念想。如此,才能让人们看到中国现代化思想史的全貌。

如果说固守传统的"中体西用"主张、"以农立国"理念是一种局部性接受现代化的观念,那么为了消解其中可能阻碍中国现代化进程的观念的影响力,进而消除中国现代转变的绝对抗拒性观念与行动取向,"全盘西化论"的主张,可能更应受到设定条件情况下的重视。因为这是以最坚定的立场,对现代化进行辩护的主张;也是以最决绝的姿态,对现代化与传统决裂观念的张扬。"现在世界的趋势,既不容许我们重返古代的文化,也不容许我们应用折衷调和的办法;那么,今后中国文化的出路,唯有努力去跑彻底西化的途径。"① 陈序经这一令众多人士哗然的结论,不是故作惊人之论,而是基于现代事实与世界趋势两个理由给出的严肃结论:从事实上看,"目下我们的

---

① 罗荣渠主编:《从西化到现代化——五四以来有关中国的文化趋向和发展道路论争文选》(中册),黄山书社,2008年,第384页。

政治,经济,教育,社会,事实上,都已经采用西洋的方法。这就是不止在思想上,并且在实行上,都已趋于完全采纳西洋的文化"。从趋势上讲,"(一)西洋文化,的确比我们进步得多。(二)西洋现代文化,无论我们喜欢不喜欢去接受,它毕竟是现在世界的趋势"。[①]

这样的陈述,恐怕即使是怀抱极端保守态度的中国人,都无法加以否定。差别可能只是在,西化人士的主张太直接、太不给保守传统的人群留情面,把文化发展现状与未来的主导权都给了西方;而保守人群则会站在历史的立场上,将之归于对中国古代文化的不公平之论,进而将之视为支持西洋霸权的不爱国主张。但在中国现代化思想史上,人们实际上很少看到保守人群完全拒绝改变中国现状的议论,他们推崇的是渐进的、足以兼得传统与现代优势的改良主张。"徒然赞美古代的中国制度思想,是无用的;徒然诅咒古代的中国制度思想,也一样无用;必需把过去的一切,加以检讨,存其所当存,去其所当去;其可赞美的良好制度伟大思想,当竭力为之发扬光大,以贡献于全世界;而可诅咒的不良制度卑劣思想,则当淘汰务尽,无所吝惜。"[②]

相比而言,西化主张对中国传统文化与西方现代文化的尖锐对比,以及由此推导出的中国西化论,确实简洁明了地指出了中国文化的当下处境,以及走出困境的必经道路。而中国本位的文化主张,也颇为在理地看到了西化主张的简单明了,但却失于笼统和草率的缺点。从文化发展兼得古今、中外优势的高位来看,后者的主张可能更有利于中国的健康发展。但不能不看到,一种前迎西方现代文化,后守中国传统的主张,是很难同时实现的文化发展目标。很大可能是,这种主张将中国带入一个引入现代文化而不得、据守传统而不能的窘境。就此而言,西化主张以推动中国接受现代化而言,

① 罗荣渠主编:《从西化到现代化——五四以来有关中国的文化趋向和发展道路论争文选》(中册),第385页。
② 同上,第420页。

乃是一种催逼人们意识到现实处境与未来决断的主张。不过,也不能不看到,这种主张太过刺激国人的文化自尊和民族荣誉,会将国家推向一个理性设定国家发展目标,却与社会公众的心理态势相疏离的尴尬境地。这就需要中国的现代化研究者努力解开这一死结,从而为接受现代化与保守有益传统的兼得结果开辟一条通道。

罗荣渠的现代化理论研究,恰好以其超越"西化",认同"现代化"的进路,有效克制了西化主张对社会心理的挑激,同时满足了国人对现代化目标乐意认同的心理需要。可以说,超越西化,凸显现代化,是罗荣渠在现代化理论研究的宗旨上致力于凸显的精神导向;超越西化,凸显现代化,不唯是现代化理论研究的罗荣渠路径旨在呈现的理论旨趣,而且也是他全力开拓非西方地区的现代化理论研究的基本取向。这就不仅打通了西化造成的中国社会心理非/反现代的精神壅塞,而且也为现代化以一种公众乐于接受的形式贯通于中国发展进程提供了理论动力。

罗荣渠主张的超越西化与认同现代化,可以从两个视角来做进一步的审视。其一,他需要破解人们站在初始现代化的西方归属性上建立起来的一些牢固观念。其二,他需要对非西方地区的现代化做出有效解释,让其"一元多线"的现代发展观念为人们所接受。这是两个关系到是否能够成功解开西化意结的、相互关联与相互影响的构成面:前者涉及解开现代化即西化的观念困惑,从而打开人们超越西化的地域性与原初性去认识现代化的精神大门;后者涉及用现代世界史进程中出现的非西方国家成功实现现代化的案例,说服人们接受现代化确非西化的新观念。

首先,从前一方面,即解开人们很容易形成并固化的现代化即西化的观念圈套来看,如前所述,现代化即西化的观念,并不是一种完全缺乏支持理由的观念。相反,从现代化历程来看,现代化世界史上的第一、二波现代化进程,确实大致限于西方地区。西方国家不仅创制了现代国家,而且提供了现代化的原初范型。现代化的第一波，在西方地区也是限定于更为狭小范围即英国国内的社会剧变，然后才推向欧洲大陆的。由于西方地区对现代化的创生与发扬之功，让非西方地区在第三波现代化的世界进程发生时，有了依照西方样板描画葫芦的现代转变行动。这为现代化即西化的最初认知，提供了一个比较容易为人们所接受的理由。与此同时，到现代化第三波之际，关于现代化的理论论述，主要都是由西方学者完成的。这些完成现代化理论论证的学者，基本上是站在西方文化立场与视角上给出的相关论证。其中一些学者可能是比较开明宽容的，因此对非西方文化不会怀抱一种蔑视与歧视的态度。但也不能否认，总有一些西方学者因于其现代化的领先而形成一种优越感和自负心。因于前者，会出现像孟德斯鸠那样站在民情基点上对各个民族的治国理政方式进行比较客观的叙述；因于后者，则会将非西方地区后发外生的现代化进程，理所当然地视为西化的过程，因此生发一种导师心态，以居高临下的心理看待非西方地区的现代化转变。

面对后一种心态，罗荣渠的现代化理论研究，没有采取一种对峙的进路，即以反对和抗拒源自西方的现代化来抵抗西方那些傲慢的学者的主张，而是采取一种理性分析的方式，将现代化的西方属性与非西方属性区分开来，从而将现代化与西化离析开来，凸显现代化一元多线的结构特点，以此超越现代化即西化的论断。罗荣渠从广、狭二义的现代化定义入手，将广义的现代化定义为一个世界历史过程，用以指工业革命以来人类经历的急剧变革，其以工业化推动，引发农业社会向工业社会的全球性转变，这样的变化渗透到社会各个领域，引发一场全局性的改变。狭义的现代化，则专指"落后国家采取高效率的途径（其中包括可利用的传统因素），通过有计划地经济技术改造和学习世界先进经验，带动广泛的社会改革，以迅速赶上先进工业国和适应现代世界环境的发展过程"①。这就将现代化与西化在开端处的内在勾连关系切割开来，而将现代化用来专指后发外生型现代国家的转变过程。这是一个在现代化知识上需要重视的界定，因为只有将原发内生的现代化与后发外生的现代化作适当的理论分界，前者才不会成为后者亦步亦趋的典范，后者也才不至于成为前者的摹本。

与此同时，需要将现代化置于一个更为广阔的历史图景之中，从而将它看作只是人类社会长期发展的一个特殊阶段，因此不以现代化作为人类社会的发展归宿，而以更远、更高、更值得期待的社会目标来审视现代化的经验与教训。如此，便会将现代化仅仅当作人类社会发展的阶段目标，而不至于将之作为终极目标来对待。这是一个将现代化放置到人类社会历史的适当位置，并予以适当评价的明智的知识立场。假如将现代化视作人类社会的终极目标，那么西方国家势必成为人类社会的永久楷模，非西方社会只能虔信楷模、悉心效仿、一直跟随。这不是一个可以小觑的知识进步：因为它开启了非西方社会与西方社会的竞争性现代化闸门，让非西方社会在现代化的竞争中有可能领先西方社会，而西方社会也不能在凸显现代化原初方案后就一直"躺赢"。不同地区此消彼长的现代化竞争局面，构成推动人类社会持续发展的强大动力。在这个知识视角，罗荣渠动用了马克思主义关于人类社会发展论述的理论资源。马克思主义的发展理论，确实在视野上是比现代化理论更为广阔、更加高远的理论体系，只要不将马克思主义教条化，而坚持它的开放性，是可以在现代化理论研究上指引前路的。②

进而言之，通过对非西方国家，尤其是第三世界国家现代化进程的理论

---

① 罗荣渠：《现代化新论——世界与中国的的现代化进程》（增订本），商务印书馆，2009年，第17页。

② 参见罗荣渠：《现代化新论——世界与中国的的现代化进程》（增订本），商务印书馆，2009年，第87~119页。

解释发现,这些国家并不是仰赖西化而实现现代化的,恰恰是他们致力于结合本国历史文化传统与现代转变,才创造性地走出一条适合自己国家的现代化道路来。之所以会如此,一方面是因为现代化的第三波,也就是前述罗荣渠所说的现代化第三次大浪潮,现代化的原生结构已经变为更加具有多样性的结构,前两次现代化浪潮之"一元",凸显为第三次浪潮的"多线"。这样的现代化结构性改变,让现代化的形态出现了多种多样的表现形式,人们已经不能再以西方国家的现代化作为单一模子来框定一个国家是否实现了现代化目标。[1]另一方面,第三世界的现代化,根本无法模仿西方国家的现代转变进程。这些国家处在相对于西方国家远为落后的状态,他们必须更多地结合自己国家的实际处境与历史积淀,来开辟现代转变的新路。因此,在如今认识已经非常深入的发展型国家推动下,第三世界以"进口替代""出口导向"等具有创新性,当然也具有局限性的做法,闯出了自己国家的现代化路子。[2]尽管第三世界国家开创的大不同于西方国家的现代化进路,在结果上有成有败,但在现代化大趋势中辨认其特点,是不能直接从西化的僵化眼光来衡量其短长的。

其次,从后一方面即非西方国家现代化走出了不同于西方国家的道路来看,它给了罗荣渠超越西化的眼光来审视现代化的世界历史进程以强有力的事实支持。第三世界颇具创新性的现代化尝试,确实修正了原初现代化方案和第二波现代化的西化方案。罗荣渠的这一考察,可以说主要围绕一般意义上的第三世界现代化论题,以及着重解释东亚现代化进程的新意涵两个向度而展开。就前者讲,罗荣渠比较分析第三世界现代化进程的基本结论是,

---

[1]　参见罗荣渠:《现代化新论——世界与中国的的现代化进程》(增订本),商务印书馆,2009年,第123~172页。

[2]　同上,第173~224页。

　　由于时代条件不同,历史文化传统不同,工业化起步时的经济起点不同,各国现代化所面临的难题与解决问题的方式也不同,每个国家和民族向现代工业社会转变的模式和道路都有灵活的可变性。总的说来,大凡现代化起步愈晚的国家,其发展受制于外在因素和力量也愈多,现代化领导的组织性程度也愈高。整个世界发展进程的总趋势是沿着自发性——意向性——主体能动性的方向升进。现代生产力愈发展,人类对自己的社会转变进程的能动的影响力和选择力也愈大①。

　　这一结论的内涵非常丰富,不仅明确指出了第三次现代化浪潮因于各种条件的变化,不可能维持初始现代化的西化方案,而且准确指出了现代化第三次浪潮中的国家因应于国家处境而表现出的应变性与主动性,并且还极为准确地刻画了现代化的世界进程从最初西方的自发性到后来向非西方国家扩展时凸显的意向性与主体能动性特征,这是对现代化世界进程做出的、超越西化图式的系统提炼。这也从旁佐证了中国现代化知识史演进过程中呈现的从西化到现代化的转变,是符合现代化总体进程的一个知性改进。

　　罗荣渠对东亚现代化进程的聚焦分析,是他超越西化的现代化图式的理论探究上落墨甚多、甚重的一个论域。从历史的角度看,东亚现代化并不是一个同时、同程度的统一进程。日本在东亚现代化总体进程中处于领先地位,但日本现代化的曲折众所周知。相对而言,中国的现代化有所谓"九

---

① 罗荣渠:《现代化新论——世界与中国的的现代化进程》(增订本),商务印书馆,2009年,第222页。

死一生"的复杂历程，[①]改革开放属于对东亚现代化总体进程的急起直追。韩国的现代化进程也相当不顺，除了南北对峙发挥的不利于现代化进程的作用之外，韩国自身的军政体制对现代化，尤其是政治现代化发生了极大的阻碍作用。但在跨世纪之际，韩国差不多完成了现代化的临门一脚，最近成功跻身现代化国家行列。虽然东亚现代化不能以同一个进程等量齐观，却在20世纪八九十年代的发展中表现出一些共性，因此成为第三次现代化浪潮的一个典型案例。罗荣渠对东亚现代化在整体上表现出的共同特性进行了比较研究，凸显了东亚现代化进程中经济因素与文化因素的积极互动，对这一地区现代化进程发挥的积极作用。他认为东亚现代化对主流的现代化理论提出了三大挑战：一是传统与现代化关系需重新估价，二是儒家文化发挥的推动现代化作用应予重新评价，三是西方文明中现代性即理性文化、西方中心论需要重新审视。这不是一种基于价值信念的诉求，而是一种基于东亚现代化经验做出的判断。基于这样的分析，罗荣渠没有采取一种"东风压倒西风"的姿态看待东亚现代化的当下与未来，而是特别难得地指出，"随着东亚工业化的高速推进，以大西洋为中心的世界舞台正在向太平洋方向扩展和转移。21世纪会不会是太平洋世纪呢？有人这样宣布。但我看，经济的全球化必将增进不同文化特性中的共同性，因此21世纪不是东方文明的复兴，而将是东方文明与西方文明重新整合的世纪"[②]。这是一个颇有眼光的判断。一种基于国家–文明间你死我活的现代化竞争理念，是不可能与全球化时代各种文明间的互鉴与融汇趋势相匹配的。

超越西化，是西方国家的现代化理论研究者早就在尝试的一个研究进

---

① 张琢指出，中国的现代化历程已经经历了"九死一生"的艰难过程，"即九次受挫和失机，最后终于抓住了发展机会，坚定不移地推进中国现代化事业走向成功"。见氏著《九死一生——中国现代化的坎坷历程和中长期预测》，中国社会科学出版社，1992年，第5页。

② 罗荣渠：《现代化新论——世界与中国的现代化进程》（增订本），商务印书馆，2009年，第246页。

路,一者他们中有人已经明确指出西方现代化的多样性,因此拒斥了现代化单一模式的主张;二者他们确信第一世界与第三世界的现代化,因为历史条件的巨大差异,肯定会在现代化发展的道路上显现出显著差异。①但只有在东、西方学者都站在这样的研究基点上,并且得出了大致同样的研究结论的情况下,才能真正突破现代化即西化的观念窠臼。原因在于,西方学者可能基于先发现代化取得的全球竞争优势,以及反省给非西方地区造成了令人震惊的灾难,因而幡然悔悟,对非西方地区的现代化给予同情性的评价,因此修正其现代化理论模式。这种同情性的理论,可能具有趋近公正的价值。但对非西方地区的现代化可能失于理性评价。只有这样的主张在东亚现代化和第三世界现代化取得相应的成功经验,以及东亚和其他非西方地区学术界关于他们所在地区现代化的研究,取得令西方学者尊重的学术成果的情况下,非西方地区的现代化成就与现代化理论研究结果,才能取得与西方学者所获成就同样的学术尊重,并改写之前学术天平完全倾斜于西方的学术定势。如此,超越西方才会有现实与理论的双重支持力量。

四、世界眼光

毋庸讳言,罗荣渠的现代化理论研究动力,最直接的力量是来自中国以改革开放推动的现代化进程。这一进程,从历史长时段来看,是在晚清、民国、中华人民共和国初期的现代化尝试归于终止的情况下,再次启动的中国现代化进程;从现实状态来看,这一进程是基于将近30年"以阶级斗争为纲",而将国民经济推向崩溃边缘的紧迫情况下开启的现代化。因此,由远及近的两种历史性动力,让他既心生一种推动中国现代化发展的强烈意愿,也让他心怀一种以更为健全的现代化认知引导中国现代化健康发展的使命

---

① 罗荣渠主编:《现代化:理论与历史经验的再探讨》,上海译文出版社,1993年,第309~330页。

感。相应地,这也就让他树立起现代化研究的两个任务:从现代化理论研究上,揭示现代化的全面意涵,比较现代化进程的得失,揭橥现代化的中国道路;同时,在现代化进路的选择上,择善而从,真正有效地将中国现代化引导到一个兼得各国优势,开辟国家持续发展的广阔道路上来。

罗荣渠的中国现代化研究,成为审视他现代化理论研究的一个现实聚焦点。因为在这里汇集了他的现代化认知与现代化实践方案的创新性想法:中国的现代化知识史,尤其是中国的现代化运动认知史,是罗荣渠高度关注的一个论域。他花费巨大功夫组织编写《从西化到现代化》的代表性文集,着意正在总结、归纳迈入现代门槛之际的中国现代化认知史。在这里,他为我们比较成功地处理了两个重大的研究主题:一是中国何以在古代自认领先世界的情况下,在现代掉入发展陷阱,显著落后于西方先发的现代国家发展步伐,在此基础上,近代以降,中国人对这一处境以及改变这一处境的认识是一个什么状态;二是中国在逆境中开启的现代化进程如何创造出国家发展奇迹,并将国家推向现代化世界进程的前沿。

就第一个问题来讲,罗荣渠的结论是,中国从古代先进到现代落伍的根源在于"自误"。[①]这种自误,既表现为中国对西方从海上侵入的成功抵抗,也就表现为抗拒西方时对现代化时机的误判。这两者之间有一种前因后果的关系。前者让中国在陆权主导的古典大时代拥有一种气定神闲式的封闭自主性,以天朝上国自居,以天下体系待人,因此对海权大时代的到来浑然不觉不说,而且因为明清两朝的"厉行海禁",明显落后于海上贸易时代的种种技术与制度建设的世界步伐。终于,以鸦片战争的失败,宣告了中国传统体制的终结。在其间展开的自强运动,似乎很难打通制度现代化的通道;诉诸革命运动的力量,也未能真正改变中国的现代化被动处境。在西方国家

---

① 参见罗荣渠:《现代化新论——世界与中国的的现代化进程》(增订本),商务印书馆,2009年,第249~361页。

侵入的"人误"面前,强调中国人面对现代化的"自误",乃是罗荣渠总结归纳中国现代化迟滞最启人心智的地方。因为直到当下,还有不少人认为,如果不是西方人打上门来,中国是可以自主地缓慢发展到现代化阶段的。

就中国人认识现代化的历史来看,罗荣渠指出,中国的现代化认知史,乃是一部按照物质器物现代化、到制度现代化、再到全面现代化的进路演变的思想史。在国家失败的悲愤中开启的"御夷图强"运动,一者推动中国走出自满自足的窘境,二者也在物质文明落后、精神文明先进的误判下,塑就了"中体西用"的现代化偏狭理念。经过不断的挫折与坚韧的尝试,中国人的现代化认知迈进到了第二次大浪潮的阶段,形成了今天为人诟病的"西化"和"全盘西化"论。但其实这不过是中国对现代化第二次浪潮的一个应时的回应而已。其时,"现代化"一词也已经出现在相关争论的进程中,不过尚未流行开来,且与来自日本的"近代化"一词混用。但"现代化"这一词汇的出现,已经显露出挣脱中西古今的地域属性与对立定位的苗头。这样的争论,局限性虽大,但对推进中国的现代化认知进程,以及提升国人的现代化理解水平的作用,还是需要加以肯定的。按照罗荣渠的分析,截至20世纪40年代中国的现代化争辩,具有一些需要人们重视的特点:一是从文化层面来看待中国的现代出路,二是呈现出一条从被动适应到主动应接的线索,三是凸显了传统与现代性的矛盾,四是尝试探索中国特色的现代化道路。[①]就此四点而言,那一时段中国的现代化理论争论,奠定了中国现代化的精神基础与研究路向。

如果说罗荣渠对中国现代化史的探究,在历史的向度主要呈现为晚清至民国的现代转变成败,呈现为对同一时段的中国现代化认知史-精神史的重述的话,那么他对中国现代化问题最为关注的重点,则在当代中国的现代

---

① 参见罗荣渠:《现代化新论——世界与中国的的现代化进程》(增订本),商务印书馆,2009年,第362~403页。

化进程。这是因为以改革开放启动的现代化进程,不仅承接了之前中国现代化的遗产,而且是在世界现代化进程的第三次浪潮之中掀动的中国现代化大幕。更为关键的是,这一波中国现代化浪潮,是在"大折腾式的经济突进"框架中展现给世人的,其寻求发展中存在的严重不平衡,造成了长期难以克服的"发展病",让中国陷入"突进—不平衡高增长—暂停调整—新突进……"的恶性循环之中。可见,中国的现代化实践需要总结这种不平衡发展的经验与教训,寻求中国现代化的平衡性发展模式。他不失时机地提醒人们,需要对现代化有一个更为全面的认识,而不能怀抱一种理想化、单兵突进式的现代化念想。"资本主义现代化在西方至少已有两百年的历史,人们对这种发展方式的规律、问题以及存在的危机,已经有相当深入的研究与认识。社会主义现代化至今只有70年的历史,在中国只有40年,对于它的发展规律、问题与潜在的危机,人们还认识得不够。改革应该从对过去发展道路的再认识开始。但改革中又会不断出现新问题,甚至新的危机,各国社会主义现代化的实际进程都显示出这条新的发展道路的复杂性、艰巨性与长期性。"[1]这是一个对处在现代化热潮中的国度中人最有益的提醒,也是罗荣渠现代化理论研究站位很高、能够冷静面对中国现代化进程的结果。

如果说罗荣渠的现代化理论研究最终着眼点在中国的话,那么就大大限定了它相关研究的普遍理论价值。可以肯定地讲,罗荣渠的现代化理论研究是具有丰富现代化理论思想库的意义的,这是对他的现代化理论研究所具有的世界意义的肯定。正如林被甸、董正华所指出的,罗荣渠的现代化理论研究,做出了三方面的突出贡献。"在马克思主义发展理论方面,探讨了现代化与马克思主义的关系,提出了以生产力为中轴的一元多线历史发展观与'中轴原理',这对于我们全面理解马克思主义的发展理论起了重要作

---

① 罗荣渠:《现代化新论——世界与中国的的现代化进程》(增订本),商务印书馆,2009年,第523页。

用。在现代化理论方面,突破了西方社会学的非历史的现代化理论,从宏观史学角度探讨了现代化的实质是向现代化工业社会的全球转变过程,对此总趋势进行了历史论证,并运用多学科方法建立了现代社会发展的宏观理论架构,提出了编写世界史的新思路。在研究中国现代化的历史进程方面,突破了以阶级斗争为纲的史学框架,提出了关于中国社会变革的新思路,对现代化思潮演变的研究,填补了中国现代思想史上的空白。"① 就第一方面来看,罗荣渠的现代化理论研究改写了马克思主义现代化研究的理论面貌,因此足以进入马克思主义现代化研究的思想史;就第二方面而言,他以自己对东西方现代化理论研究的整合性审视,改写了现代化理论的西方既定论断,因此足以进入世界现代化理论研究的观念史;就第三方面来讲,他以自己对中国现代化思想史与实践史的交叠审视,改写了中国现代化的知行图景,因此足以进入中国现代化理论研究的精神史。这确实是一个值得人们不断回顾的现代化理论研究贡献,是中国人涉论现代化绕不过去的一个理论界碑。

罗荣渠的现代化理论研究在中国现代化与世界现代化两个论域上做出的贡献,均引人瞩目。之所以他能够在两个方面同时有所突破,是与他设定的现代化世界史探究路径密切相关的。换言之,罗荣渠的现代化理论研究所取得的学术成就,是他的世界眼光所笃定会取得的成就。如果不是罗荣渠观察与分析现代化理论问题的世界眼光,我们可以比较武断地讲,他是很难达到这样的研究高度的。那么罗荣渠何以形成这样的研究眼光的呢? 一个最直接的回答是,他研究世界史的学科优势,保证了他会有一种不同于研究国别史的学者的广阔视野与比较优势。罗荣渠本是从事拉丁美洲史研究的,后来又从事美国史的专门研究,在转向现代化理论研究的时候,他已经聚集了一般历史学者很难具有的丰厚学术资源。"我先后讲授过世界现代

---

① 林被甸、董正华:《现代化理论研究在中国的兴起与发展》,《历史研究》,商务印书馆,2009年,1998年第5期。

史、世界近代史、拉丁美洲史、美国史、殖民主义史、二次世界大战史和中共党史等通史和专题课，涉猎的面很广，杂七杂八，但也打下了宽广的基础，使我最后走上了开拓宏观历史研究的道路。"① 正是这样的职业经历与对知识的接纳而不是排斥的从业心态，让罗荣渠具备了探究现代化历史与理论这样的宏大话题的必要学术资源。

但这不是罗荣渠在现代化理论研究上有所突破的关键原因。关键原因是，他在世界史的职业教学与广泛研究中，真正形成了与之相适应的世界眼光，让他可以自如地在世界、古今范围内游走，从而充分吸收不同的理论滋养，并且将自己作为"一邦万国"的传统中国人情怀，升华为"万国一邦"的全球心灵，让自己既保有民族国家时代的民族归宿与国家认同，又保有全球化时代、现代化世界进程中必须的人类视野与普适理念。这是关系到罗荣渠现代化理论研究立意高低的大问题，它会直接决定其研究品质的优劣。正所谓"夫取法于上，仅得为中；取法于中，故其为下"②。罗荣渠的现代化理论研究，将各国现代化放置在普遍性与特殊性兼具的理论平台上细加审视，对种种现代化理论进行理性评断，从而真正具有了理论高度和世界眼光。他明确指出，真正具有世界眼光的现代化研究，是基于现代化进程自身就是一个世界化的过程。因此，必须将现代化研究放置到宏观历史学的学术平台上审视，使之显示出现代化的"世界性"。这种世界性，不是没有侧重点的世界性。如果仅仅是对世界各国现代化进程平铺直叙，那么这种世界性就对关注现代化世界进程的人们没有多少启发。因为状描现代化的世界进程，需要考虑点、线、面的周全而精巧的结合，面上当然有必要将现代化的世界各国状态凸显出来，线上则需要凸显世界现代史沿循现代化的线索的发展过程，点上便需要将原生的现代化即西方国家的现代化系统地刻画出来，将

---

① 罗荣渠：《现代化新论——世界与中国的的现代化进程》（增订本），商务印书馆，2009年，第2页。
② 吴云、冀宇编辑校注：《唐太宗集》，陕西人民出版社，1986年，第235页。

后发外生的现代国家的经验与教训展现给世人。如此,现代化理论研究的世界眼光才不会是一种抽象意念,而是一种启人心智的研究实践。

罗荣渠在从各国现代化进程的视角,谈及现代化理论研究的世界眼光时,特别强调,在勾画现代化第二次浪潮之余,应当高度重视的是它的第三次大浪潮。他主持的各国现代化比较研究,"把研究的重点放在第三世界发展中国家,而不是放在西方发达国家。因为第三世界是当今世界发展大潮之所趋,理当成为我们研究的重点"①。这是对现代化的世界历史进程之当下活生生的表现做出一种积极呼应的理论路径,完全是符合现代化理论研究的现实性品格的学术决断。而这中间的一个现实驱动力,自然是罗荣渠透过第三世界现代化的经验与教训,来观察、分析和总结有利于中国现代化发展的经验与教训。因此可知,罗荣渠的现代化研究的世界眼光,乃是切近自身体验的这个广阔世界,而不是离开自己亲证的周遭环境的抽象世界。他对第三世界现代化的高度关注、对东亚现代化总体进程及其特点的聚焦分析、对中国现代化进程的历史总结与当下剖判,都是在这种真切的世界眼光中展示的学术见解。这不是一种以"第三世界"代替"世界"的现代化观察,而是一种从"第三世界"出发,投向"第一世界"(英美发达国家)的现代化如何可以实实在在地世界化的真实世界眼光。这中间既透出了罗荣渠世界史研究极高的专业素养,也透露出他将专业研究的涵养转移到更为广阔的研究论域的高度方法自觉。可以说,罗荣渠通过自己对现代化富有创意的研究,证明了世界眼光对现代化理论研究获得创新性成果所具有的决定性价值。

现代化理论研究的世界眼光是重要的,是研究者应当具备的研究视野,但它不是研究者说有就一定会有的东西。这样的研究视野,依赖于研究者

---

① 罗荣渠主编:《各国现代化比较研究》,陕西人民出版社,1993年,前言,第4页。

在研究实践中尝试的博、约皆具的研究立意与有效实践。在现代化理论研究中，博与约是很难兼得的。原因很简单，对各国现代化的广博研究，让研究者能够具备渊博知识，以其见多识广，不为一偏之见所蔽；但"由博返约"，即在广博的知识中能够抓住现代化的要领、凸显要义，才能将现代化本质性的东西凸显出来，不至于让自己淹没在现代化的知识海洋之中。康有为所强调的为学道理有着普遍的价值，"不阅四方上下，则不知何者为中；不鉴古今中外，则不知何者为宜。……盖物多连贯而成者，不博及群书，不能明一义；不为普通学，不能事专门。但泛滥而当知归，勿流荡而至忘反耳"①。罗荣渠之所以在现代化理论研究上拓展出自具特色的学术路径，正是因为他范围广阔的历史研究与相当深厚的学术积淀，让他足以站在一个学术高位，来审视现代化问题。就此可以说，像罗荣渠那样真正具有现代化理论研究的世界眼光，不仅是因为有了世界眼光的立意，而且还有用这样的眼光来观察世界的知识能力。对于现代化理论研究来说，能真正付诸研究实践的世界眼光，这两者缺一不可。罗荣渠堪称这一研究路径的楷模。

---

① 康有为著、楼宇烈整理：《孟子微 礼记注 中庸注》，中华书局，1987年，第136页。

变动坐标：
"百年未有之大变局"的复式理解

　　"百年未有之大变局"是一个可以在不同坐标中获得复式理解的命题。随着坐标的变动，"百年未有之大变局"分别可以从"自己""中国""亚洲""世界"几个坐标系中得到不同的定位与解释。坐标的变动，自然不是随意的，而是根据空间扩展的原则递进的。不同坐标中对命题理解的变化，不是主观的，而是依托于鲜活的现代经验之多维构成方式转换的。其中，"以中国为方法"构成理解这一命题的核心。这不是一种国家主义的方法视角，而是一种观察大变局的出发点与着眼点；这也是以往观察大变局长期缺失、需要补缺的视角。这样的观察，是为了让中国更了解世界，世界更乐意接纳中国。从总体上讲，"百年未有之大变局"是"古今之变"的一个构成部分，后者是为了在确定性的基础上理解前者的相倚命题。

变动坐标：
"百年未有之大变局"的复式理解

"百年未有之大变局"是人们耳熟能详的命题了。对此，还有就命题本身的含义进行深入分析和解释的必要吗？回答是肯定的。因为这一命题，无论是就它的时间尺度，还是空间尺度，亦或是时空结构尺度来看，都还有许多待解之疑。命题涉及的自然时间与社会时间差异，[①]关联的古今两类社会机制，牵连的现代时空构成，都是需要从微观细节、中观制度、宏观理念上进一步澄清的复杂问题。从理解这一命题必须确立的基本坐标来看，只要不是将之固定在一个僵化坐标之中，而是变动坐标，更是可以看出命题本身的含义出现的重大差异。无疑，"百年未有之大变局"的命题，是要凸显审视"大变局"的中国位置。取决于中国同样处在数百年的"古今之变"大环境中的历史前提，"百年未有之大变局"便是一个在变局中寻找中国与世界互动局面中的"变之中不变"的确定性尝试。

一、坐标即方法

"百年未有之大变局"是一个描述百年时间尺度内的社会结构性变迁的命题。它不是一个单一坐标可以呈现丰富内涵的命题，而是一个可以在不

---

① 参见任剑涛：《社会变迁的时间尺度》，《华中师范大学学报》（人文社会科学版），2020年第4期。

同坐标中获得理解的复杂命题。因此,人们只能以一种复式而非单线的理解,才能明了这一命题的丰富含义。这不是说命题蕴含本身有多么复杂,以至于难以尽显;而是说命题内涵的呈现,必须变动坐标,才能将丰富内涵凸显出来。

确立理解"百年未有之大变局"的不同坐标,其实就是理解这一命题时采用的不同方法。在这个特定意义上,坐标(coordinate)就是方法(approach)。但何以不直接表述为理解"百年未有之大变局"的不同方法呢?理由有二:其一,如果不采纳理解这一命题的坐标说法,直接将之表述为理解这一命题的方法,就有将问题抽象为方法论的嫌疑。这就可能将理解命题内涵的意图转向方法论的讨论。即转向可以采用哪些方法,哪些方法更为适当,是采取规范的方法,还是实证的方法更有利于展现命题的复杂含义这类问题上去了。这就掩盖了理解命题本身内涵的解释任务。其二,如果采用理解命题方法的说法,可能会将凸显不同坐标中的丰富内涵,干瘪化为几个方法论教条,从而遮蔽不同坐标中凸显的时间与空间维度上的复杂内容,并借助这些丰富的内容呈现"百年未有之大变局"的社会变迁方向与社会结构内涵。前者让方法完全主导了命题分析,后者让方法遮蔽了命题内涵的揭橥。

足以帮助人们理解"百年未有之大变局"的诸多坐标,不可能悉数罗列、详尽分析。因为随着描述与分析意图的变化,可以确立的坐标甚多。诸如前述的时间坐标,从十年、百年、千年,乃至于万年,都可以作为审视"百年"的时间横轴值;在空间坐标上,从个体到大小不同的群体,也都可以作为审视"大变局"的纵轴指标;在社会的一定时空结构坐标上,从传统、现代及其转向现代的不同程度上,也可以作为审视"未有"之大变局的参照结构。这里拟从空间大小不同的坐标,来审视"百年未有之大变局"的复杂内涵。从这一坐标系来审视命题含义的理由,一是时间上的明晰性。它让人们可以比较清楚其时间限度,勿需太多的辨析。而空间结构变化相对于时间长短尺度来讲,更易于衡量人类社会所遭遇的变化状态。二是空间坐标中呈现的"百年未有之大变局",能够发挥出连接时间与古今社会结构的作用,让其成为凸显命题丰富含义的最佳坐标。但确定坐标中的时空两个向度呈现出来的命题含义,势必将确定的坐标转换为一种方法:一种引导出在坐标既定的情况下,呈现"百年未有之大变局"特定框架中的内涵的方法。受此方法驱动,人们可以获得这一框架中的"百年未有之大变局"特定含义的认识结果。就此而言,所谓坐标也就是方法,确立一个坐标,意味着限定了一个认识坐标中事物的进路,一种在所确立的坐标中理解"百年未有之大变局"的特殊进路。

从活动着的个体是一切社会运动与变迁过程的主体出发,逐渐扩展开来看,在民族国家时代的人类活动空间,不外乎国家、地区与世界三个逐渐扩展的空间。由此,可以区分出审视"百年未有之大变局"的四个基本坐标:个人、国家、大洲与世界。站在中国人的特定视角看,这四个基本坐标可以表述为个人、中国、亚洲与世界。简单地讲,个人之所以成为"百年未有之大变局"的坐标,是因为个人是任何理解活动的主体。不从个人出发,就等于让理解主体缺席了。理解主体一旦缺席,哪还有什么理解活动呢?!中国之成为理解同一命题的坐标,是因为在民族国家时代,理解者总是站在一定的国家视角,发动自己的理解能力与确定自己的理解意图的。尽管国家视角不是唯一的视角,但却是一个影响理解者偏好相当重要的视角。无国家视角的人文社会科学命题很难被人们呈现出来,这是由强势的民族国家建制所决定的事情。中国学者理解"百年未有之大变局",注定了是从"中国"的存在论与认识论角度出发去理解的命题。但不等于说中国学者种种倾向于"自主的"理解,就会僵化地限定在"中国"的地理范围、政治意指与文化理念之中。它会在国家间、地区间的相互理解中,去寻求"百年未有之大变局"的不同理解,并努力去发现不同理解之间的异同。于是,亚洲或指涉更为广泛的"东亚""东方",就会成为一个空间范围更大、社会文化内涵更为复杂的理解进路。这是因为亚洲是一个自陆权时代以来,就与欧洲相形而在的地区存在与文化理念。

在古代时期,近东与中东对欧洲的关系,构成东西方社会相互碰撞、相互理解、积极互动的文化互融关系;在现代时期,东亚尤其是文化上相近的中国、日本与韩国,伴随三个国家经济实力的明显增长,日益成为亚洲的代表性力量,成为"以亚洲为方法"的大洲实体所指。今日东亚,尤其是中国,以其国家发展奇迹和领导世界的雄心,成为借名亚洲而理解世界变局的重要方法或路径。但无论怎样讲,16 世纪降临的、由西方人创制的这个"世界",还是人类理解古今变局的、最强势的方法理念,以其对人类的"现代"世界的信念、制度与生活方式的认识来讲,它在方法上的支配性影响,是不言而喻的。

稍微具体一些看,作为理解"百年未有之大变局"坐标中的个人,不是指的与群体相对而言的个体,而是指的相对于"我们""他们"这些复数主体的个体一己。这就是项飙所说的"把自己作为方法"。这一方法强调的是,将研究者自己的经历转换为尝试研究的问题,从而让"自我"进入研究之中,而不是像一般的社会科学研究那样谨守超逾自我、自己或个人经历才足以保证研究的科学性的教条,将"自我"视为妨碍科学研究的重要因素。"把个人经验问题化是一个重要方法。我们关心的是世界,不是自己,现在关键就是从哪里开始了解这个世界,同时也更好地了解自己,把个人自己的经历问题化,就是一个了解世界的具体的开始。我都自己不满意,看自己的成长经历,同时也要看自己与这个世界的关系,别人怎么会想到这些事情而自己看不到,这样才能不断地看到很具体的世界。"① 在这里,似乎个人、自我、自己、个体差不多是同义词。其作为方法,就是将个体一己的经历与他人的经历、世界的变迁统合起来看问题,从而既解决个体自己的问题关切,又做出个体一己经验支持的学理贡献。

"把中国作为方法",是一个超过个体范围,进入大共同体范围的方法进路。这首先是外国人研究中国的一个方法突破。在美国的中国学(China Study)研究中,先后流行的研究范式是"冲击–回应说""中心–边缘说""传统–现代说"以及"帝国主义说"等。这都是将中国视为被动的研究对象而确立起来的方法意识与研究模式。柯文则强调一种"中国中心观"的研究理念,倡导一种从中国内部视角、区分为横向地区和纵向层级的多学科研究方法。②在日本的中国研究中,沟口雄三批评"没有中国的中国学"即汉学研究传统,将中国仅仅当作认识古代日本的参照系,而无视当代活生生的中国的一种研究传统。他倡导一种不仅了解中国,而且超越中国范围,向世界主张中国地位的、"以中国为方法的中国学"。这就将中国、欧洲都只作为多元世界的构成要素之一。③这是要改变将欧洲看作世界来审视中国的定势,转而从中国来看待欧洲与世界的新思路。在中国国势发生巨变的当下,这样的方法思路已经成为中国学者自己的一种方法理念。④这样的方法意识,顺接了前述两者的基本思路,但转换成为中国学者自己的研究方法以后,突出的特点是以国家主义的眼光,重新衡量中国的国家历史与世界地位。

---

① 项飙、张琦:《把自己作为方法:与项飙谈话》,上海文艺出版社,2020年,第217页。

② 参见[美]柯文:《在中国发现历史——中国中心观在美国的兴起》,林同奇译,社会科学文献出版社,2017年,第109~114页。

③ 参见[日]沟口雄三:《作为方法的中国》,孙军悦译,生活·读书·新知三联书店,2011年,第130~131页。

④ 这一方法理念,其实在中国现代社会学兴起之际就浮现出来了,但当下的自觉程度似乎更高更普遍。参见解为瀚:《吴文藻与中国社会学学术话语体系的构建》,《上海交通大学学报》(哲学社会科学版),2021年第6期。

　　"把亚洲作为方法"可以说是"把中国作为方法"的扩展版。这是在针对欧洲中心的"世界"理解中,亚洲长期丢失而尝试重建的一种方法。"亚洲这个地理区域当然没有丢,不过发生在这个地理空间内的历史过程,却饱含着各种'丢失'。近代以来,亚洲经历了一个被殖民被侵略的过程,丢掉的不仅仅是领土主权、物质资源,还有精神文化传统乃至主体尊严。"①在亚洲尤其是东亚的中、日、韩三国经济社会发展状况有了极大改善的前提条件下,一个以多样性和开放性为特点的世界观,促使人们找回一个不被欧洲化约的亚洲,重现不同于欧洲的亚洲地域、风土、空间与认同、理念、意识形态,便成为一种重新审视世界的方法。这与前述沟口雄三吁求以中国为方法时的主张,具有一致性。这既是沟口雄三的诉求,也是中国学者受其影响的结果。②

　　"以世界为方法"是1500年以来主导全球的方法意识。这是一种从"世界"的视角审视、认知国家、民族、历史与文化的特定视角。但这个"世界",如前所述,长期以来是具有特殊含义的,那就是由欧洲人,尤其是西欧人所开拓的那个"世界",其不仅是"地理大发现"意义上的实体世界,而且是人权、民主、法治构成的那个制度世界,更是自古希腊罗马、中世纪和文艺复兴运动以降呈现的那个精神世界。这个世界以其广被实体世界的殖民运动,以及文化的全球性互动,塑造了"现代"世界的面貌。但在前述的中国、亚洲获得方法意涵之后,既定的"世界"开始动摇,其方法指引或塑造作用开始下降,人们致力于将此一"世界"还原为"多元"世界。于是,以审视不同国家与民族实体的多元"世界"理念,开始主导认识"世界"的认知活动。

　　①　孙歌:《寻找亚洲:创制另一种认识世界的方式》,贵州人民出版社,2019年,第ⅰ页。
　　②　参见孙歌:《寻找亚洲:创制另一种认识世界的方式》,贵州人民出版社,2019年,第Ⅷ页。

二、坐标的变动

由上可见，理解百年未有之大变局，不是一个可以直接给出人们期待的某种状态的描述就能够了事的。在认识论（epistemology）的意义上，人们究竟如何准确把握这一命题的发生机制与演变过程，可能比给出实在论（Realism）意义上，即"百年未有之大变局"是何种情形存在的结论要更有意义。既然确定不同的坐标，就会发现很不相同的"百年未有之大变局"的命题含义，那么拒斥那种在一个僵化的固定坐标中理解这一命题的尝试，就应当获得鼓励与赢得赞赏。

理解"百年未有之大变局"的如上四个坐标，可以从两个向度来做进一步的分析：

一是理解这一命题的坐标的可变动性。人文社科学的任何命题，都需要安置在一定的坐标系中，才能获得相对准确的理解。与自然科学不同的是，人文社会科学并不在实在的唯一性基础上展开运思，也不在研究者寻求的共同体"唯一解"上下功夫。人文学对研究者的个性特点的重视，超过社会科学研究者。社会科学研究者对研究论题的理解，在研究共同体上可望达到的认同程度，要高于人文学科。在与自然科学的亲缘关系上，人文学科是明显比社会科学要疏远的。社会科学试图借助自然科学提供的思维、理念和工具，实现对社会的科学研究。所谓价值无涉的社会科学研究理想，就比较明显地体现出社会科学严格约束研究者主观意欲的特点。科学研究的客观性，正是价值无涉的社会科学研究追求的目标。[1]但从总体上讲，人文社会科学与自然科学成就的是两种文化。"一极是文学知识分子，另一极是科学家，特别是最有代表性的物理学家。二者之间存在着互不理解的鸿

---

① 参见[美]马克·里斯乔德：《当代社会科学哲学》，殷杰等译，科学出版社，2018年，第16~22页。

沟——有时(特别是在年青人中间)还相互憎恨和厌恶。……非科学家有一种根深蒂固的印象,认为科学家抱有一种浅薄的乐观主义,没有意识到人的处境。而科学家则认为,文学知识分子都缺乏远见,特别不关心自己的同胞,深层意义上的反知识(anti-intellectual),热衷于把艺术和思想局限在存在的瞬间,如此等等。"①尽管这是两种文化,即人文文化与科学文化之间的误解,而且随着相互之间了解的增进,这种误解的程度已经明显下降,但两种文化的基本界限仍然是清晰可辨的。正是因为如此,包含社会科学在内的人文文化,总是会以研究者视角或坐标的变动,促成迥异其趣的研究结果。如前所述,从研究者或思考者总是真实个体出发,在国家(民族)、大洲与世界的不同坐标中审视社会变迁,就一定会是一个研究的基本态势,也一定会因此得出大不相同的结论。倒是如果人们假设面对社会变迁时,都处在同一个坐标中,轻易就达成完全一致的认知结论,那反倒是让人惊异、奇了怪哉的事情。正是由于理解"百年未有之大变局"的坐标是可变动的,这一命题的人文社会科学属性才得以呈现出来。而相应的多元化(不同个体、民族、国家与世界)认知结果,也才会展示出这一命题的内涵的极大丰富性与内在张力感。

二是理解这一命题在变动坐标中的具体含义。这就需要对四个坐标中呈现"百年未有之大变局"的丰富内涵进行疏解。在"以自己为方法"的坐标中理解这一命题,乃是将这一命题切近芸芸众生的个体经验,转换为展示百年时间尺度中社会变迁大局的种种实际问题,并在丰富多样的实际问题中展现这一命题中具有超逾个体性的共同性问题向度以及含义。简单讲,每一个个体都处在实际的社会生活中,只要他愿意思考,愿意将自己放置在一个与其他个体积极互动的反思位置上,他就可以获得比较中的理性认识,从

---

① [英]C.P.斯诺:《两种文化》,纪树立译,生活·读书·新知三联书店,1994年,第5页。

而从己身出发、从当下启思,对超逾自己生活时间段的百年变局之百年事务有一个串联性的审视,对远远超出自己生活实际范围的广阔世界的重大事务进行关联性的观察。一个人实际生活于其中的有限时空范围,本来是局限个体认知的无以突破的天堑。百年时长,就成熟的理性思考来讲,至少跨越了三代人以上,这就需要思考百年变局的个体有一种接力的自觉意识;大变局,就人们能够把控的空间范围来讲,起码超出人们能够驾驭事务的边界,这也相应需要思考社会变迁宏观事务的个体,有一种与他人积极互动的意愿与行动。这样一个个体,才能克服认识较长时段与较大空间或宏大问题的无情限制,能够去理解和言说"百年未有之大变局"。

在个体一己的坐标中,理解百年大变局命题的时间尺度可长可短,短至当下体验的一刻,长至跨越世代的百年、千年甚至万年,去交互体验时长的可变性,让不同个体的深刻体验跨越时段地交融,促成一种理解古今连续性与断裂性的变局思维;在个体一己的坐标中,理解百年变局的空间结构可大可小,大到广袤宇宙,小到私密空间。从百年大变局的关联性上讲,则大到整个多元世界,小到街坊邻居,将一己的生活世界与广及国家、民族与世界的空间连接起来,促成一种理解世界的结构变化意识,形成一种适应相异民族、国家在世界中合宜相处的状态。具体说来,在近百年的时间尺度中,个体一己有机会极为深刻地体会世界变迁的广泛性与复杂性,对古今之变的惊心动魄,既有穿透历史的观察,也有透入人心的体验,从而形成了迥然有别的、个人化的社会变迁认知局面:其间,尊重相异民族、国家的个体化理念,已经深入人心;超越个体一己,指向更大范围、更深层次的共同问题,便成为塑就观察百年大变局的真正"世界"眼光。因此,以自己为方法"是一个切入点,一定要运用更广泛的知识,指向更大的存在"①。个体一己眼中的

---

① 项飙、张琦:《把自己作为方法:与项飙谈话》,上海文艺出版社,2020年,第218页。

"百年未有之大变局",显然不应是百年时长和世界结构中定位个人的命题,而是个人经由自己的特殊经历对"百年""大变局"的宏阔认知。

在"以中国为方法"的坐标中去认知"百年未有之大变局",自然是要在百年之前与百年之中的两个时间尺度中,去丈量作为方法的"中国"之根本变化。正像沟口雄三指出的那样,日本"把中国作为方法",主要是在古代时段将中国作为日本自我认识的参照,它对现代日本的认知,缺少方法含义。唯有在现代世界之一元的意义上去"复权中国学",才足以让日本人理解多元世界中一元的中国,对日本认知世界所具有的必不可少的方法效能。这对人们认识中国的独特性,进而认识世界多元性,都具有帮助作用。①至于像柯文那样,为了认识中国的独特性,先是批判性地审视遮蔽中国真实状态的三种流行方法的弊端,倡导"以中国为中心"重建中国历史认识,则主要指向的是对非西洋眼光中的中国面目,如何可以被刻画出来的问题。那是对西方人曾经非常自负地建构欧洲中心、西方中心的"世界观"的一个检讨,是有助于人们对世界变局加以准确把握的一个必要认识论准备。因为只有先突破欧洲或西方中心论,世界的真实面目或世界的多种样态才不至于被欧洲或西方遮蔽,才能够挣脱地区即是全球的认知困扰,把世界还给属于各个民族与国家的"世界"。这可能是人们理解"百年未有之大变局",也就是在时间尺度上大致从第一次世界大战结束至今,空间上以欧洲或西方为"世界"的局面,而对这一时段和世界能够最接近实际情形认知的必要方法突破。

至于中国学者尝试超越欧洲或西方中心论,转而以中国为中心来建构百年世界认知的尝试,说实在的,常常是欧洲或西方近百年认知定势的另一种叙事而已。需要的是为世界或人类的百年变局认知,提供基于中国、日

---

① 参见[日]沟口雄三:《作为方法的中国》,孙军悦译,生活·读书·新知三联书店,2011年,第133页。

本、美国或欧洲、西方的多元认知,从而凸显人类诸民族、国家与地区在"世界"范围内和平共处的观念与方法指向。这才是一种具有超越人类社会单一中心、全方位支配的线性思维的出路。这样的定位,正是"把亚洲作为方法""把世界作为方法"的内涵得以呈现出来的一个基本方向。"总之,通过'世界'来一元地衡量亚洲的时代已经结束了。只要就相对的场域达成共识,我们可以利用中国、亚洲来衡量欧洲,反之亦无不可;我希望通过这样的交流,创造出崭新的世界图景。回顾以往,二十世纪是以欧洲为先进的世纪,而二十一世纪则将在亚洲和欧洲齐头并进之中拉开帷幕。并进并不是指挤入先进行列,而必须是从先后的纵向原理向并列的横向原理的转换。换言之,对过去的各种原理的反思和再审必须和新的摸索与创造直接相关。"①这是沟口雄三最切近"百年未有之大变局"的一个方法表述,他几乎将重新认识百年来世界结构大改变的路向指示给人们了:二十世纪的百年是欧洲主导世界、亚洲随欧洲起舞的百年;二十一世纪将是亚洲脱离欧洲塑就的世界,与欧洲共同起舞的百年。掐头去尾,一战后的百年至今,正好对应"百年未有之大变局"的时空指向。在这个时段里,世界经历的确实不是一般意义上的变局,而是在欧亚关系、现代方案上都大大不同于欧洲现代格局的大变局,也就是世界构成上的变局。

为什么一定要在变动坐标中理解"百年未有之大变局"? 一方面,因为理解这一命题的主体与客体都是多元的,前者从个人、群体到民族、国家与世界,后者从欧洲现代、亚洲现代到多元现代。但这只是一个必要理由,而不是一个充分理由:多元未必需要变动坐标,在一个既定的纵轴与横轴上,也可以多元散点呈现不同主体与客体的差异状态与共同特征。唯有在不同主体与客体的交错互动关系的变迁过程中,从一个纵轴与横轴的既定坐标,

---

① [日]沟口雄三:《作为方法的中国》,孙军悦译,生活·读书·新知三联书店,2011年,第133页。

转向另一个纵轴与横轴的新坐标中,广袤世界中存在的多元主体与客体的不同存在与认知面目,才会展现在人们面前。因此,另一方面,变动四个坐标以理解"百年未有之大变局"的理由,就是因为人们在一个固定坐标中,只能认识到被置于坐标之中的事物的特定面相,而无以认识在不同坐标中的其他面相。如果说前者是在不同坐标中理解"百年未有之大变局"的存在论理由,那么这一方面便是理解同一命题的认识论理由。再一方面,之所以有必要变动坐标去理解"百年未有之大变局",最为主要的还是引导人们意识到,既然不同主体与客体在互动中处在改变面相的状态,那么人们就必须学会如何友善相处,在大变局中相互尊重、互相学习、共同成长、共谋发展。一方对另一方的彻底控制与征服,乃是不可指望的世界局面。这是促使人类心智成熟与行动更为向善的必须,这也是多元理解"百年未有之大变局"的实践论理由。

三、中国中心?

需要看到的是,尽管可以在不同的坐标中理解"百年未有之大变局",并且得到足以让人们心智更为成熟、行动更趋理性的认识结果,但四个坐标并不具有同等的效用。相比而言,在认识主体上讲,最有助于形成理性认知的是"把自己作为方法"的进路,因为互动中的个体在相互竞争中形成的认识,是最为接近认识对象真相的结果。作为群体的认识主体,不管是国家、民族还是其他,都很难达成一种理性的认识结果。原因很简单,群体的认识抽象程度极高,很容易滑入群体的自尊心、自信心与自负感的认识窠臼。一旦群体在对立的情绪中陷入自证优越的相互认识陷阱,那么非理性的认识就成为绝对主导认知的认识进路,得出的认识结果,自然就离无法对象化、已经由认识客体转换为认识主体一部分的那个认识物的真相甚远的状态了。在现代历史上,无论是长期称雄欧陆的法国对自己民族的优越性想象,还是对自己民族历史与文化尤其感到骄傲的德国蔑视其他民族与国家的文化和历史,或是自认具备跨越欧亚、兼得两洲精华不能以欧洲国家或亚洲国家来宥限的俄国,最后都无法真正清醒地认识清楚他们民族和国家百年以上、超出国家范围的大历史与大处境,由国家偿付了认识不清大局而延误发展的沉重代价。

因此,如何将以民族和国家为单位的世界大局认识,安置到一个让其意识到认识大局的竞争必要性与重要性的位置上,对任何一个民族与国家的大局认知,都具有十分重要的意义。而在相关认识活动中,如何让一个民族或国家在认识世界大局的时候,意识到打破国家与民族界限,促使民族、国家向超民族、超国家的更大认识范围扩展,是一个显著影响认识世界大局的理性程度的关键决断。如一个国家将世界收缩进民族或国家的狭小范围内来处置,让"世界"成为民族与国家单方面塑造的对象,那么这个民族或国家就不仅难以认识世界大局的真相,也难以采取适宜的国内国际政策,发挥支持国家健康发展、引领人类理性前行的积极作用。

不过令人窘迫的是,我们处在一个民族国家的时代(the era of nation state)。取决于民族机制与国家建制对人们身置其中的政治社会的显著可辨或潜移默化的影响,人们不得不承诺民族、国家等值性基础上的、理解世界大局的这个前置条件。这就意味着,现代世界形成初期那种世界主义的政治理念,必然会让位于民族国家的政治理念,并以之作为思考世界大局的出发点与归宿点。在早期现代(the early modern)阶段,脱胎于基督教"世界社会"(world society)的、建立在自然法基础上的政治社会即国家设计,明显呈现出对普世主义的政治准则的推崇,并以自由、人权、平等、法治、分权等普适原则作为建构国家的基本信条。这是现代政治学开创者霍布斯明确强调"要统治整个国家的人就必须从自己的内心进行了解而不是去了解这个或那个个别的人,而是要了解全人类"①的缘故,也是洛克一无例外地认定"政治权力就是为了规定和保护财产而制定法律的权利,判处死刑和一切较轻处分的权利,以及使用共同体的力量来执行这些法律和保卫国家不受外来侵害的权利,而这一切都只是为了公众福利"②的依据。

这样的普遍主义理念与普适性的政治社会建构方案,在从第一个规范意义的现代国家即英国,向西欧国家扩展的时候,便遭到了这些国家基于历史与文化理由的顽强抵抗。如果说西欧的法国犹犹豫豫、欲迎还拒、勉勉强强地接受了英国的现代方案的话,③那么在德国那里,它遭遇了极为强势的民族文化与历史的抗拒。德国的浪漫主义运动,将德国的语言与历史文化抬举到空前的高度,并以此抗拒德国的现代转变,最终催生了极为畸形的民族社会主义运动,也就是以简称"纳粹"行世的极端民族主义运动,其不仅给德国自身,也给全人类造成极大伤害。④从绝对普世主义跳到极端民族主义,是欧洲不同国家的现代转轨呈现的两个极点。在两个极点之间,寻找世界体系中的国家位置,并发现与其他国家的理性、和平的相处之道,是世界各国都得面对的极具张力的难题:在世界中发现不了国家的位置,似乎国家的存在价值就消失了;在国家间寻找不到理性的相处之道,战争的灾难就会降临人间。两次世界大战这样的"反复的震荡"⑤,就正是世界失衡的国际关

① [英]霍布斯:《利维坦》,杨昌裕译,商务印书馆,1985年,第3页。
② [英]洛克:《政府论》(下篇),叶启芳等译,商务印书馆,2001年,第2页。
③ 法国启蒙运动时期,像伏尔泰那样的领袖人物,非常清醒地看到了法国向英国学习的重要性。但法国的保守主义势力是很强大的,尤其是法英对抗长达数百年之久,完全可以"世仇"目之。在接纳或是拒斥英国现代方案上,法国经过艰难的争辩与发展起伏,才终于尘埃落定:依照法国方式,接受英国现代原则。参见[荷]伊恩·布鲁玛:《伏尔泰的椰子:欧洲的英国文化热》,刘雪萍译,生活·读书·新知三联书店,2007年,第23~57页。
④ 参见[美]罗兰·斯特龙伯格:《西方现代思想史》,刘北成等译,中央编译出版社,2005年,第472~480页。
⑤ [美]罗兰·斯特龙伯格:《西方现代思想史》,刘北成等译,中央编译出版社,2005年,第509页。

系,尤其是致力于维护霸权与全力寻求崛起的国家之间催生的悲剧。

人类已经意识到了不重视民族、国家因素的负面影响,但更已经自觉意识到了太看重民族、国家因素的危害性。但是在现实世界中,民族、国家仍然是人类社会发挥作用最为引人瞩目的政治建制。如果说在理解"百年未有之大变局"的命题中,个体一己是建构理性知识的绝对主体的话,那么在构造相对自足的国家话语、审视文化-文明话语方面,民族国家就是规模最大、影响最巨的主体。循此,人们便不难理解,在中国经济获得令世人瞩目的增长的情况下,凸显出来的"百年未有之大变局"命题,其实正可以被认读为中国人理解当下世界时,为了发现中国的世界位置,甚至更直接地讲,为了呈现中国的世界重要国家与文化-文明的位置,而提出来的一个相对中性的特别命题。在这个特定的维度看,前述有助于理解这一命题的四个坐标,最吸引人注意力的便是国家坐标,或者说中国坐标。这可能是理解中国倡导的"百年未有之大变局"最为直接而重要的维度。

中国的国家权力方面对这一命题的阐述,是比较克制与中性的。而学界的探索性表述,展现的则是国家崛起的一派欣喜之情。这种欣喜之情以轻盈或沉重的不同情愫,催生了"世界历史的中国时刻"(China's Moment in World History)这一命题。

> moment[时刻]注定要成为我们这个时代的历史标志,这不仅是因为黑格尔用这个词语所标明的世界历史新阶段已经成为中国的经历,或者不易辨识的'马基雅维利时刻'正在向我们抛出难以抵御的媚眼。毋宁说,古老中国的晚近150年历史清楚标明,新中国的崛起的确堪称世界历史的又一个kairos[关键时刻]。①

---

① 刘小枫:《拥慧先驱:走向政治史学》,华东师范大学出版社,2019年,第3页。

　　这段话文约义丰:一是提醒人们,世界历史的中国时刻已经出现了;二是提点人们,这个命题乃是中国近150年历史起伏跌宕运行的最近结果,是一个刻画从国家悲剧到国家崛起,以至于改变世界格局的结果;三是提示人们,这是一个由德国人给出的命题,暗示要到德国人那里获得其原义的理解,同时以其提及的马基雅维利时刻,暗示人们这是一个中国敢不敢动用政治力量兑现的时刻;四是指引人们,这是一个将要改变世界的历史关键时刻,而不是一个维系西方人创制的民族国家局面的不起眼的小小变化。这可以被视为是对"百年未有之大变局"命题所蕴含的、中国改变世界意味的鲜明彰显。既然已经出现"世界历史的中国时刻",那么中国之居于当代世界的中心位置,也就是题中应有之义。这就将前述理解"百年未有之大变局"的中国坐标,置于四个基本坐标的核心位置。这样的评断,不是对其做是非对错的判定,只是对四个坐标的重点位置的变化进行客观确认:相比于个人、亚洲与世界三个坐标,中国坐标的突出位置,反映了国人认识百年大变局的一种新的思路。

　　以中国为认识百年大变局的基本坐标,中国在世界体系中的位置也就应当有相应的改变。或者说,中国就应当成为设计出与当下运行的世界体系完全不同的一个新世界体系。这样,才足以显示出"以中国为方法"重塑世界的力度。其中,学术界的两个提法具有相当的代表性。一是尝试以"天下体系"(the Tianxia system)矫正,甚至取代"国际体系"(international system)。这一尝试的标志性学者是赵汀阳。他明白无误地指出,西方创制的民族国家,以及在民族国家基础上生成的国际体系,是一个建立在各国自私自利基础上的体系,因此完全无力免除战争的威胁,国际秩序的乱局是一个无以改变的定势。"对于世界来说,中国所能够贡献的是成为一个新型大国。一个对世界负责任的大国,一个有别于世界历史上各种帝国的大国。对世界负责任,而不是仅仅对自己的国家负责任,这在理论上是一个中国哲学视界,在实践上则是全新的可能性,即以'天下'作为关于政治/经济利益的优先分析单位,从天下去理解世界,也就是要以'世界'作为思考单位去分析问题,超越西方的民族、国家思维模式,也就是要以世界责任为己任,创造世界新理念和世界制度。"① 这段近乎天下体系"宣言"的论断,一是宣布了民族国家及在其基础上形成的国际体系,已经成为不对世界负责的自私自利体系;二是宣告要以对世界负责的天下体系来取代国际体系,这其实就是以中国来取代西方;三是宣示天下体系是相比国际体系而言的新理念与新制度。这种将中国置于世界中心位置的意欲是毋庸多言的。姑且不评价这种意欲是否值得期待,但起码它尝试打破沟口雄三所说的西方创制的那个"世界"霸权的意图是明显可辨的。代之而起的中国,毫无疑问地成为新世界的中心。这是"作为方法的中国"可能直接导出的激进结论。

二是尝试将"国际政治"(international politics)转换为"世界政治"(world politics)。从字面看上去,国际政治与世界政治似乎不会有多大差别,但在前述超越民族国家、建构天下体系的论述框架中,人们就可以推知,国际政治乃是民族国家之间的政治,世界政治则是现存世界各个国家总和的政治。"世界政治作为一门学科,研究的是世界范围内政治发展的总趋势,各个国家和地区内部的政治、国家之间的关系,比通常理解的国际关系涉及的领域更深更广。"② 国际关系,一般研究的是国家之间的种种关系。国际政治,属于国际关系之一种。国际政治或国际关系,一般不研究国内政治,或只将国内政治作为探究国际政治的背景。但世界政治从国内政治出发,不仅将国内政治作为研究的支点,且以国内政治作为理解国际政治、世界政治的支撑。这就将地理意义上的"世界"都纳入了政治研究的范围,其范围与深度自非国际政治可比。"世界政治"这一命题,被不少中国学者移用作抗拒国际

---

① 赵汀阳:《天下体系——世界制度哲学导论》,中国人民大学出版社,2011年,第2页。

② 王辑思:《世界政治的终极目标》,中信出版社,2018年,第4~5页。

政治霸权,建构平等世界政治的概念。这种意图,有助于人们打破国际政治的学术教条,但同时也反映了中国学者在国家疾速发展之际,挑战西方学者既定学术权威或习见的念想。

由上可见,无论是世界历史的中国时刻命题,还是天下体系的观念重启,或是世界政治观念的倡导,都有一种在前述理解"百年未有之大变局"的四个坐标中突出中国坐标的意味。这样的方法理念之所以在当下成为中国学界不约而同的一种选择,恐怕人们是很容易发现其驱动机制的:一是中国从边缘到中心的腾跃,是这类命题设定了的前提条件。这是认识百年未有之大变局的一个现实驱动力。没有这个现实驱动力,人们是很难有挑战认识百年大变局命题内涵的大洲与世界坐标的勇气的。二是中国坐标的凸显,是国人理解世界大变局的定势的一个最新表现。在古今之变的视角看,个体坐标从来就隐而不彰,中国坐标一直被强国坐标所抑制,世界也只是欧洲的"世界"。但这并不意味着中国坐标彻底隐匿。相反,在国家崛起之际,这一暂时被遮蔽的、认识百年大变局的坐标,会迅速蹿升到绝对主导,甚至单一呈现的坐标位置。但不能不指出的是,即便是中国处在国家坐标的中心位置,这个中心却不是唯一的中心,而是多个中心之一。欧洲中心依然还在,而且在批判中不断重建其中心性。因此,即便中国中心、日本中心,甚至亚洲中心能够证成,它也只是竞争性中心之一。这无疑让"百年未有之大变局"的国家坐标本身,也变成可变动的坐标。

四、约束不确定性

由上可以确信,"百年未有之大变局"是一个可以在四个坐标中得到复式理解的命题。只要变动坐标,就可以分别从个体、国家、大洲与世界的视角,了解这一命题所包含的丰富内容。这是从一个可变性的角度理解百年大变局的结果。换言之,在这个角度,人们很难简单明了地给出一个什么是百年大变局的标准答案。如此一来,一个令人困惑的问题就浮现出来,百年大变局是不是就无法得到一个较为准确的界定了? 答案是否定的。在方法上确定理解"百年未有之大变局"需要变动坐标,拒斥单线理解,寻求复式理解,是要让人们意识到理解这一命题,不是采取一种直接给定标准答案的方式就可以奏效的。但在确定这一进路后,还是有给出百年大变局究竟是一个什么变局的答案要点的必要性。这是约束漫无边际地争辩何谓"百年未有之大变局"的一个必须。

在四个坐标中,关于"百年未有之大变局"究竟是一个什么样的变局,有一些是明显可以琢磨得出来的基本答案。首先,就命题本身来讲,理解它的含义需要重视三个基本要素:一是时间尺度上的"百年",二是结构状态上的"大变局",三是在时空限定条件下的"未有"。这意味着,这个大变局不是一般意义上的变局,而是百年来没有出现过的结构性(大)而非功能性(小)的变化。

其次,就四个坐标而言,一者,这个百年大变局是给予每个人以巨大冲击的深刻体验与重要经历,足以让人去左右旁观,相互取证时代感受,将其提炼成为需要解答的宏大问题,以求有效回答人己间、跨代际的时代基本问题。简单讲,这个百年是一个人人都可以感受到的东西关系、全球状态出现巨大变化的时代,是一个推动人们重思时代、人类与未来等宏大问题的时段。

二者,将这个百年放置在国家层面上来看,起初是创制现代世界的欧洲,陷入了第一次世界大战的泥淖,接着在战后经谈判促成了一种不稳定的国际秩序,落后的东方国家如中国经由这样的秩序进入了国际舞台。取决于德国对一战战后秩序的破坏,二战似乎难以避免。随着同盟国与轴心国的正义对邪恶之战的胜利,二战战后秩序得以建立起来。伴随战后殖民体系的瓦解,长期落后于现代步伐的亚、非、拉国家在赢得国家独立地位以后,逐渐进入现代发展的轨道。尤其是像中国这样的大国,开始进入以党建国、以党治国的历史轨道,最终在政党统辖之下,创造了国家复兴的一波奇迹。这让中国的方法意义在此凸显出来:中国成为理解世界的一个活性坐标,而不是一个历史坐标。这确实是百余年前不敢设想的大变化。

三者,将这个百年置于欧亚两大洲兴衰起伏的关系格局中来看,百余年前的亚洲,在世界政治经济格局中,根本不是与欧洲处在同一个重量级的大洲。除开日本在第二次工业革命期间(19世纪中后期到20世纪初期)崛起为工业强国以外,亚洲的其他地区都是欠发展地区。在近百余年间,东亚三国(日本、韩国与中国)先后取得了国家发展的惊人成绩:日本稳定处在发达国家前列的位置,韩国跻身发达国家行列,中国的国内生产总值跃升为世界第二位。这是一个非同小可的变化。这使得沟口雄三、孙歌所倡导的"作为方法的亚洲",具有了实在的意义。循此方法思路,可以理解陆权时代的欧亚轴心,在全域竞争的全球化时代,[①]又一次赢得了新的赋值:亚洲可以与欧洲一样,作为人们思考世界的方法或路径。那些曾经为人们熟悉的东风西风之喻、东升西降断言,都可以视为是对欧亚两洲竞争世界的主导或对等方法的表象陈述。

四者,把近百年的变局安顿在"世界"的坐标上衡量,这个世界可能指向的三个意思凸显而出:一是欧洲人创制的"现代"世界,二是亚洲人带着历史关怀与政经成就展现的另一个"世界",三是本应由全球各国共享的自然地理意义上的"世界",在近百余年的"世界"史上,前两个世界都是社会意义上的"世界",它们是指示人们理解百年大变局的两个基本框架,但真正的"世

界"，既不是欧洲的，也不是亚洲的，而是自然地理与社会空间重叠意义上的、那个由全球各国共享的"世界"。只有在这个"世界"的坐标中，循竞争路径展开的对抗性的"世界"，才会让位于循合作路径呈现的共享性的"世界"。而"百年未有之大变局"引导出来的，也才会是一个更值得全人类期待的"世界"。

"百年未有之大变局"显然是就人类社会现代结构的变动性而言的命题。将之放在四个设定坐标中来理解，所获得的也是可变性很强的结论。之所以需要在这两重可变性，或者说不确定性的角度理解这一命题，是因为存在一种命题理解的风险：倘若将这一变局的主体确定为某个不变的国家，那么极有可能引发德国给世界带来两次世界大战悲剧的变局结果；假如把百年变局看成是某一种观念力量独自主导的变局，那么很可能会再次诱发观念之间的战争，造成一种意识形态悲壮结局。唯有在不同坐标中理解这一命题，才足以让人们既对社会变迁保持应有的适应性，同时也保有足够的、拒斥单一国家主导世界进程的警惕性。但问题在于，人们肯定不会满足于这种缺乏确定性的活性结论。原因在于，人类总是在危险感知中寻求确定性的。四处存在的不确定性，正是人类在日常生活中都能感受到的危险性。

　　人生活在危险的世界中，便不得不寻求安全。人寻求安全有两种途径。一种途径是在开始时试图同他四周决定着他的命运的各种力量进行和解，这种和解的方式有祈祷、献祭、礼仪和巫祀等。不久，这些拙劣的方法大部分就被废替了。……另一种途径就是发明许多艺术（arts），通过它们来利用自然的力量；人就从威胁着他的那些条件和力量本身中构成了一座堡垒。他建筑房屋，缝制衣裳，利用火烧，不使为害，并养成共同生活的艺术。这就是通过行动改变世界的方法，而另一种则是在感情和观念上改变自我的方法。①

后者在这百年间的突出表现，就是以现代建制的全球推进，让人类生活在一个克制不确定性、把握确定性的相对安全的环境中。

可以说，"百年未有之大变局"强调的虽然是变局，但其实内在应当隐含着对变之中不变的确定性寻求的深意。其中最重要的确定性含义，就是"百年未有之大变局"其实是更大范围的"古今之变"的一个组成部分。"古今之变"的近百年表述，就是"百年未有之大变局"。这中间存在一个时间尺度与空间尺度及其交错关系问题。以"古今之变"来衡量百年大变局，就知道这一变局的现代化确定性内涵：在政治上，它依然是一个全球民主化进程中的组成部分；在经济上，它仍然是工商经济世界化过程中的一个段落；在文化上，它仍旧是尊重人权、平等相处的现代文化成长的一个阶段。百年大变局，改变的只是东西力量的不均衡态势，但未改变的是"古今之变"的基本态势。

"古今之变"的首发区域与成熟地点，均在欧洲。但随着"古今之变"从欧洲推向全球，一种不确定的局面也就从欧洲推向了全球：在"古今之变"意义上的全球化第一波，是从西欧推向中欧和东欧，这就已经引起了轩然大波。全球化的第二波，是从欧洲推向美洲和亚洲。全球化的第三波，则是从亚洲广泛地区和全球其他地区的推广。这里的推广，不是指古今之变的先发地区将现代方案带到其他地区，主要指的是后发地区接受先发地区的现代方案，并作为自己发展的选择，推动国家实现"古今之变"。如果后起的现代国家，在国家的软硬实力有了显著增强，但却没有从根本上颠覆欧洲创制的现代模式，那么理解"百年未有之大变局"的大洲坐标，就不会有替代性的

① 《杜威全集》(第四卷)，傅统先译，华东师范大学出版社，2015年，第3页。

变动;如果在后发国家与欧洲国家都愿意平等相处理念的引导下,优化曾经明显不对等的洲际关系,那么两洲就等于携手推进人类的公平发展。但这不是谁压倒谁的零和游戏,而是一种共赢状态。

同时,"百年未有之大变局"命题与当今社会变迁的全球局面与总体趋势相吻合。当今社会变迁的加速,是一个引人瞩目的现象。"自从文艺复兴后出现了有关'现代'的可以追溯的讨论开始,现代性的维护者和对现代性的蔑视者在一点上就一直是一致的:人们的结构性的基本体验就是世界和生活的巨大的加速,以及因此带来的个体经验流的加速。正如这种包括了直到当下的今天的完整的现代文化历史已被阐明的基本体验,最近共同聚焦于这种基本体验的大量的文化历史研究也指出,现代文化中不言自明的现象正是可以理解为对时间和空间体验的变化的反应。"①技术的加速、社会变化的加速、生活节奏的加速,构成人们感受现代社会加速的三个维度。总而言之,社会变迁不是慢了,而是快了;不仅是快了,而且是愈来愈快。因此,断言人类正在经历"百年未有之大变局"是与现代社会变迁的加速特点完全一致的。但加速的社会变迁,让人类怀着更为巨大的兴趣去寻求疾速变化的世界中的确定性。这种寻求,不会完全淹没在越来越快的变化之不确定性中。因为不管社会如何让人眼花缭乱地变迁,它终究是人的活动展现的变迁。"纵观历史,当人们想到变迁时,他们只是把变迁看作是发生他们身上的事情,而不是他们能左右的事情。然而在现代世界中,随着我们对社会生活的认识不断增长,人们越来越试图按自己希望的方向塑造社会。"②这就意味着人类在疾速的社会变迁中,总是存在按其意志与意愿而理性作为的空间。"百年未有之大变局"既让人清楚意识到社会变化的加速,但同时也

---

① [德]哈尔特穆特·罗萨:《加速:现代社会中时间结构的改变》,董璐译,北京大学出版社,2015年,第43页。

② [美]戴维·波普诺:《社会学》,李强等译,中国人民大学出版社,2007年,第676页。

促使人意识到在变局中适应和引导变局的可能性与自觉性。

五、结语

通过对"百年未有之大变局"变换坐标而浮现的知识景观的考察,我们足以发现,一是对这一命题不能做简单草率的结论性、刚性化、单一式的理解。必须以复式的理解,来探明这一命题的丰富意蕴。从个人、国家、洲际与世界的四个坐标中所浮现的不同内涵上可知,理解"百年未有之大变局"这一命题本身的复杂内容,需要在不同的方法进路中才有可能。二是"百年未有之大变局"凸显的是中国中心的时间观、历史观与世界观,因为正是在这个百年之中,中国自身的现代转型出现了根本性的转变,一个贫弱国家的瞩目发展,不仅改变了中国的国家命运,也改变了世界的政治经济格局。三是"百年未有之大变局"凸显的核心意旨是变,但变之中有不变:变的是,身处中国现代急遽的现代转变进程中的个人观察国运的眼光趋于多元,中国的国家自处之道更加理性,世界看待中国的眼光出现巨大的调整;不变的是,这一变局依然处在现代化的世界历史总体进程之中。更为重要的是,四是理解"百年未有之大变局"的实质性维度,在其中展现出来,这方面的内容不是这里具体讨论的主题,但确实是需要明确指出的命题要领:在中国从帝制演进到共和的政治革命、从落后的农商文明转型为先进的工商的经济发展、从闭关锁国的自美到开放国门的雍容大度、从伦理中心的传统转变为多元互动的文化进步、从国民甚少识字到普及高等教育的教育飞跃,"百年未有之大变局"多维度地呈现了现代变局中一个"旧邦新命"大国的疾速崛起。

中国道路：
普遍论、例外论与"亚细亚生产方式"再思

　　马克思的"亚细亚生产方式"论，一直是人们讨论东方社会的热点。这一概念究竟是在什么意义上使用的，它又经历了什么样的变化，它的"现代"处境如何，都是需要进一步讨论的话题。在马克思社会发展规律的论述中，"亚细亚生产方式"是一个颇有歧义的概念。但无论它是指原始社会、奴隶社会还是独特的东方社会，都指向社会发展的普遍规律与特殊表现的关系问题。对中国而言，亚细亚生产方式不应当用来解释中国历史的特殊性，而应当用来化解普遍论与例外论带来的发展张力。在现代化"中国道路"的解读上，既确认发展的普遍性质，又确证普遍原理与国情结合的特殊性，从而在普遍论与例外论的边际上，为中国的现代转变提供宽松的精神氛围与健全的理性指引。

中国道路：
普遍论、例外论与"亚细亚生产方式"再思

中国的迅速发展所凸显而出的中国道路,再次让人们聚焦马克思提出的"亚细亚生产方式"问题。这一生产方式所具有的特殊性或例外论意味,让人们有理由认定,作为东方社会一员的中国,会像历史上一样,走出一条完全不同于西方国家的现代发展道路。诚然,"中国道路"肯定是具有中国特色的,但是不是这种特色可以例外论目之,则是一个需要分析的问题。从马克思对东方社会的论述来看,他一直审慎对待东方例外论,尽量保持在社会发展普遍论的框架中处理东方社会的发展问题。这是一种具有方法论意义的处理方式。按照马克思主义基本原理,世上没有离开特殊的普遍,也没有离开普遍的特殊,寓普遍于特殊之中,是特殊与普遍的基本关系状态。因此,中国道路,在其具体的表现形态上,确实具有典型的国家特色或例外特征;但从总体上讲,则只是趋同的古今大变局中具有标志性的个案而已。

一、"亚细亚"例外论

马克思的思想明显是普遍论(universalism)取向的。所谓普遍论或普遍主义,是指相信"某种知识、世界观或价值观,普遍适用于全人类或大多数人

类社会"①。以此可知,恩格斯对马克思一生两大发现所做的归纳,鲜明凸显了马克思思想的普遍论特征。"正象达尔文发现有机界的发展规律一样,马克思发现了人类历史的发展规律……不仅如此,马克思还发现了现代资本主义生产方式和它产生的资产阶级社会的特殊的运动规律。"②无论是人类历史的发展规律,还是资本主义的发展规律,因为都具有适应于人类社会总体过程,或所有进入资本主义阶段社会的普遍性。因此,这两个规律都是普遍规律,都属于普遍论观点。只不过在整个人类社会及其特定阶段的不同意义上,后者具有范围小于前者、后者时段不如前者漫长的不同特性而已。

考虑到论题分析的优先性,在进入马克思及马克思主义的普遍主义论述之前,先看看马克思关于人类社会发展状态的一些可能引起人们不同看法的论述。马克思在论及人类社会总体发展的规律时,明确指出,"大体说来,亚细亚的、古代的、封建的和现代资产阶级的生产方式可以看作是经济的社会形态演进的几个时代"③。这里的"亚细亚的"生产方式,显然是在人类社会发展规律的角度给出的概念。这究竟是说人类社会都会经历一个亚细亚生产方式的阶段,还是说"亚细亚的"生产方式仅仅是源于亚洲,是处在人类社会发展最初阶段的生产方式呢? 这是一个需要辨析的问题。如果说人类社会都会经历一个亚细亚生产方式的阶段,那么它就属于普遍论的断言;假如只是说亚细亚生产方式处在人类社会发展的最初阶段,那么它就属于特殊论或特殊主义的断定。涂成林认为,这是马克思受到黑格尔普遍主义历史观的影响,而从历史演进论的角度给出的一般性论断,在这里,"亚细亚的"生产方式不是专指东方社会的独有形态,而是人类社会发展的其中一

---

① 赵敦华:《为普遍主义辩护——兼评中国文化特殊主义思潮》,《学术月刊》,2007年第5期。

② 《马克思恩格斯选集》(第3卷),人民出版社,1972年,第574页。当下引述马克思著作,一般会引用1995年的新版,我特意引用1972年的旧版。相比而言,这一版保有更多的马克思主义革命色彩,比新版旨在适应社会新氛围的翻译,似乎更能反映马克思主义的时代特征。

③ 《马克思恩格斯选集》(第2卷),人民出版社,1972年,第83页。

个普遍形态。^①但恐怕这一分析有些强势。因为这样的分析,无疑会遮蔽马克思这一断论所具有的地域性即特殊性的含义。

在马克思的相关论述中,与"亚细亚生产方式"相关的、差不多是等价的辞藻,还有"东方公社""原始共产制""原始社会"等。从这些辞藻的一般含义上可以推知,这是一个既具有普遍论指向,也具有特殊性含义的复杂概念。普遍性指向体现为,这一概念大致是马克思用来指认人类社会最初阶段社会形态或社会经济形态的概念;特殊性含义表现在,它是出现在亚细亚地区的生产方式,这里的亚细亚,不是亚洲的专指,还包括欧洲东部、广受东方影响的俄国。从稍后的论述可见,在马克思看来,这是一片不同于马克思论述人类社会发展普遍规律的特殊区域:它的发展相当迟缓,甚至可以说陷于停滞。因此,在19世纪西方国家获得长足的现代发展之际,这一地区还处在僵固的前现代定势之中。可以说,"亚细亚生产方式"是马克思用于描述社会普遍规律之例外状态的一个专门辞藻。也可以说,它是马克思在对社会发展规律作纵向刻画时,所认取的人类社会最初阶段社会生产方式在当下仍顽强存在的横向标本。这就让马克思的亚细亚生产方式论,具有了较为鲜明的特殊论(particularism)色彩。之所以说"亚细亚生产方式"是一个特殊论的概念,是因为它既外于人类社会发展的一般规律,也未能表现出人类社会发展的进步性特征。

特殊论或特殊主义,是与普遍主义相对而言的一种理论主张。^②相对于普遍主义而言,特殊论鲜明强调某种知识、世界观与价值观的独特性,认定它仅仅属于某一些地区或人群。特殊论与例外论(exceptionalism)高度关联,

---

① 参见涂成林:《世界历史视野中的亚细亚生产方式——从普遍史观到特殊史观的关系问题》,《中国社会科学》,2013年第6期。

② 无论是普遍主义还是特殊主义,都是从两者的对应性获得界定的。《帕尔格雷夫·麦克米伦政治思想词典》明确指出,"与普遍主义相对的概念是特殊主义"。Roger Scruton,*The Palgrave Macmillan Dictionary of Political Thought*,Palgrave Macmillan,2007,p.712.

但两者不能混为一谈。就差异性上看,例外论与规范论相形而在。后者是指一种基于常态、规范情形建立起来的理论;前者则指一种与常态或规范状态不同的特殊或例外状态,在社会理论中,它用来解释一个国家或地区的例外情形。①但就相关性来讲,普遍主义大致着眼于规范状态,特殊主义重视的则是例外情形。无疑,特殊论在某种意义上就是例外论。

需要确认的是,"亚细亚的"生产方式肯定不是"欧洲的"生产方式,也不是世界其他地方的生产方式,而是"亚细亚的",这是具有某种特定地域指向的定语。只不过这一带有普遍性特征的生产方式,究竟是人类社会总体历史进程的一个阶段,还是亚细亚的独特生产方式,马克思的论述存在需要进一步澄清的空间。正是因为有这样的解释余地,所以才有对亚细亚生产方式到底是原始社会的生产方式,还是奴隶社会的生产方式,甚或是封建社会的生产方式,产生广泛分歧。②但透过马克思对广义的东方社会,即包括俄罗斯在内,更多是指波斯、印度、中国这样的东方社会独特的生产方式的论述,亚细亚生产方式显然是一种马克思论及的具有普遍性特点的西方社会典型的生产方式之外的另一种生产方式。如前所述,尽管就人类社会所经历的普遍化生产方式而言,它处在历史的最早阶段;而就它的"亚细亚"特质来讲,它可能更呈现出东方的地方性特质。这是对马克思提出的"亚细亚的"生产方式概念具有的两种内涵所作的一个必要区分。

详述马克思针对上述几个国家展开的亚细亚生产方式的论述,不是这里的任务。为了凸显马克思亚细亚生产方式论述的理论聚焦点,仅以马克思高度关注的印度来看,可知其论述的基本关注点所在。马克思就英国在

① 参见韦氏词典 exceptionalism 词条,https://www.merriam-webster.com/dictionary/exceptionalism。

② 参见赵家祥:《"亚细亚生产方式"概念历史演变的考察之一》之二、之三,《北京行政学院学报》,2001年第5期、2001年第6期、2002年第1期。这一争论的具体内容不是这里关注的重点,因此存而不论。

印度的殖民行径所产生的破坏作用,明确指出,

　　从纯粹的人的感情上来说,亲眼看到这无数勤劳的宗法制的和平的社会组织崩溃、瓦解、被投入苦海,亲眼看到它们的成员既丧失自己的古老形式的文明又丧失祖传的谋生手段,是会感到悲伤的;但是我们不应该忘记:这些田园风味的农村公社不管初看起来怎样无害于人,却始终是东方专制制度的牢固基础;它们使人的头脑局限在极小的范围内,成为迷信的驯服工具,成为传统规则的奴隶,表现不出任何伟大和任何历史首创精神。我们不应该忘记那种不开化的人的利己性,他们把自己的全部注意力集中在一块小得可怜的土地上,静静地看着整个帝国的崩溃、各种难以形容的残暴行为和大城市居民的被屠杀,就像观看自然现象那样无动于衷;至于他们自己,只要某个侵略者肯来照顾他们一下,他们就成为这个侵略者的无可奈何的俘虏。我们不应该忘记:这种失掉尊严的、停滞的、苟安的生活,这种消极的生活方式,在另一方面反而产生了野性的、盲目的、放纵的破坏力量,甚至使惨杀在印度斯坦成了宗教仪式。我们不应该忘记:这些小小的公社身上带着种姓划分和奴隶制度的标记;它们使人屈服于环境,而不是把人提升为环境的主宰;它们把自动发展的社会状况变成了一成不变的由自然预定的命运,因而造成了野蛮的崇拜自然的迷信,身为自然主宰的人竟然向猴子哈努曼和牡牛撒巴拉虔诚地叩拜,从这个事实就可以看出这种迷信是多么糟践人了。的确,英国在印度斯坦造成社会革命完全是被极卑鄙的利益驱使的,在谋取这些利益的方式上也很愚钝。但是问题不在这里。问题在于,如果亚洲的社会状况没有一个根本的革命,人类能不能完成自己的使命。如果不能,那末,英国不管是干出了多大的罪行,它

在造成这个革命的时候毕竟是充当了历史的不自觉的工具。①

之所以不厌其烦引述马克思这么长一段论述东方公社这一"亚细亚的"社会特质及其现代命运的话，是因为它对人们理解东方社会具有极为重要的价值。在马克思的论述中，人们可以看到，东方社会的"农村公社"构成了专制制度的社会基础；这一社会对其民众采取的是相当残忍的统治方式：社会分等、苟且度日、长期停滞、民众愚昧、安于命运。因此，非经像已经高度现代化的英国侵入者那样的外力破坏，这样的社会不会出现根本的革命，无望完成人类使命。类似的论述，实际上贯穿于他论及波斯、中国和俄国的文字中。正像深得马克思思想精髓的恩格斯所指出的那样，无论是波斯，还是中国，在与英国人的战争中，都表现出落后的亚洲国家的共性。

在波斯，欧洲式的军事制度被移植到亚洲式的野蛮制度上；在中国，这个世界上最古老国家的腐朽的半文明制度，正用自己的方法与欧洲人进行斗争。波斯被打得一败涂地，而被弄到绝望地步、陷于半瓦解状态的中国，"正在寻求抵抗西方入侵的办法。②在自视文明的英国人眼里，波斯与中国都被当作野蛮人看待。这是一种古代野蛮与现代文明的比较框架中形成的国家与文明印象。尽管马克思、以及恩格斯对中国与俄国的关注点不同，尤其是对俄国加入欧洲侵略亚洲的队伍进行了严厉批判，但从社会特质的概观上来看，马克思是将印度、中国与俄国作为一类国家来看待的。这从马克思对俄国之所以得以进入中国，并获得贸易特权的缘由进行分析的基础上推导出的结论。马克思指出，当西方国家得不到与中国贸易机会的时候，俄国人却成功开展了

① 《马克思恩格斯选集》(第2卷)，人民出版社，1972年，第67~68页。
② 同上，第16页。

与中国的贸易,而且居然能够派驻使节到北京,但"据说这种优先权是由俄国人付出屈尊容忍的代价换来的。它只有算做中华帝国的一个朝贡藩属才得到侧身于天朝的朝廷。①

可见,这几个国家在国家品质上的某种一致性:正是某种共同属于东方社会的特质,让他们的国家处境与行为逻辑具有一种内在的相通性。

需要高度重视的是,马克思在这里对社会形态与政治形态的明确区分:东方社会的社会形态是农村公社,经济形态是亚细亚生产方式,而东方社会的政治形态是专制制度。这是一种颇具独特性的社会-政治整合结构。这种社会-经济-政治形态,试图与迅速崛起并拓展世界市场和全球霸权的西方国家,尤其是代表性国家——英国竞争,简直是天方夜谭。古老帝国的垂死挣扎与新兴西方资本主义国家的野蛮征服,构成一幅具有惊人差异的对比图像。

何以英国人统治下的印度,会成为马克思论述亚细亚生产方式,或东方公社制度及其现代命运的重要案例呢?这当然与英国在印度的统治是当时世界上引人瞩目的现象有关。但这里有两个容易被人们忽视的相关因素:一是印度自身社会及其生产方式的独特性,是将自身陷于发展困境之中的决定性因素。这是一个马克思论述亚细亚生产方式难以与时俱进,无法符合社会发展一般规律的内在原因。

> 在亚洲,从很古的时候起一般说来只有三个政府部门:财政部门,或对内进行掠夺的部门;军事部门,或对外进行掠夺的部门;最后是公共工程部门。气候和土地条件,……节省用水和共同用水是基本的要

---

① 《马克思恩格斯选集》(第2卷),人民出版社,1972年,第9页。

求,这种要求,在西方,例如在弗兰德斯和意大利,曾使私人企业家结成自愿的联合;但是在东方,由于文明程度太低,幅员太大,不能产生自愿的联合,所以就迫切需要中央集权的政府来干预。因此亚洲的一切政府都不能不执行一种经济职能,即举办公共工程的职能。这种用人工方法提高土地肥沃程度的设施靠中央政府办理,中央政府如果忽略灌溉或排水,这种设施立刻就荒废下去,……一次毁灭性的战争就能够使一个国家在几百年内人烟萧条,并且使它失去自己的全部文明。①

这不仅让人们意识到东方社会相比于西方国家的特殊性,而且也让人们醒觉到所谓"治水社会"中国家权力的独大与专断性质。这是内在限制亚细亚社会发展的关键性因素。

二是与印度陷于根本困境且被奴役相关的英国发展结构这一外部因素联系在一起。英国呈现了马克思高度重视的、符合人类社会发展的一般规律,尤其是符合从资本主义社会到社会主义社会当下发展规律的样板。英国处在与印度完全不同的国家发展状态中:前者如朝阳一般辉映着人类社会的光明前景,后者在前者映衬之下日薄西山,标志着没落的东方社会正承受象征着人类未来的西方社会的残酷洗礼。在一种人类历史共同发展的关切中,马克思自然会将呈现未来趋势的英国作为观察东方社会的时空坐标,但同时也驱动马克思去分析落后的东方社会是不是可以借助自己对西方国家的反抗,而跟上历史进步的步伐,最后实现"全球同此凉热"的共产主义理想社会目标。这是马克思关心东方社会的旨趣所在。

马克思关于"亚细亚生产方式"及与之相关的"跨越卡夫丁峡谷"命题,何以会引起如此长久的学术兴趣与学术争讼呢? 其间,存在两个需要重视

---

① 《马克思恩格斯选集》(第2卷),人民出版社,1972年,第64页。

的原因:

一是作为现代世界三大思潮的马克思主义,在其经典作家那里,做出关于人类社会发展普遍规律的表述,是不是出现过特殊性或例外论的自我否定。在此,需要强调马克思论述的落脚点是什么的问题。可以说,马克思讨论亚细亚生产方式的目的,并不是基于一种考古学、历史学的趣味,而是基于古今之变也就是基于从传统到现代转变,即从封建社会转向资本主义社会的人类当下处境,以及从现代社会转向理想社会,即从资本主义社会转向社会主义-共产主义社会的人类未来趋势而做出的论述。这是马克思、马克思主义从未改变过的基本判断。对此,是不存在任何例外论断言的余地的。

二是马克思及马克思主义在比较东西方社会形态演进时指出的社会发展一般规律的差异性认知问题。无疑,东西方社会千年竞争的现代结局呈现在世人面前的现状是,西方国家因为资本主义生产方式的出现,带来了生产效率的革命性提高;而东方社会因为一直处在农业公社与专制政治的畸形组合状态,促成了现代条件下的东降西升结果。马克思对之作出的理论反应,或者说尝试解释的基本问题,是西方因何压倒性地侵夺东方?东方在什么情况下才可能翻转,不至于流于被侵夺的被动状态?这中间,资本主义生产方式是理解亚细亚生产方式的一个决定性环节。于是,关乎亚细亚生产方式的三个时间节点凸显出来:历史向度的东方社会与政治形态辨识、当下向度的西方资本主义社会侵夺东方社会的指认与谴责、未来向度的社会主义发展前景与东西方社会共同的远景目标。可以说,凡是将马克思亚细亚生产方式、亚细亚社会形态或亚细亚政治形态视作解读东方古代社会指引的命题,都是轻忽后两者的结果,而后两者恰恰才是马克思论述东方公社及其现代处境的聚焦点。

二、"现代"的普遍论

转出马克思关于亚细亚社会的"例外论"分析,转入马克思以及马克思主义在理论建构上呈现的一般特点的分析,可以说,从一般理论特点上看,马克思或早期马克思主义理论,是带有明显的普遍论特征的。所谓普遍论,不应被理解为普遍有效论,而应被理解为一种确然性的判断。按照黑格尔的分析,确然判断具有普遍性特征。普遍性,就是一种"应该是的东西"。确然判断"是真正客观的,或者说它是一般判断的真理"①。由此可知,马克思与马克思主义关于人类社会发展规律的判断,也就是因为阶级斗争、生产力与生产关系及经济基础与上层建筑之间的矛盾运动,所促成的人类社会从低级到高级、从简单到复杂的演进,乃是一个确凿无疑、客观真实、应当如此的确然判断。这是马克思本人奠定的、马克思主义的思想基调。

从马克思对人类社会尤其是现代社会发展规律的表述上看,确实是属于一种普遍论立场无疑。这可以从三个方面得到确证:

一是马克思关于社会发展规律的表述,是采取全称肯定判断的,就此而言,他是排除了特称否定判断的。这是马克思论述社会发展规律的社会存在本体论特征。人类社会一直按照生产力与生产关系、经济基础与上层建筑的矛盾运动,形成一条呈递进线索的历史演变轨迹。这是从确然判断所具有的应然性、客观性与普遍性视角给出的、关于人类社会发展规律的结论。最能反映马克思及马克思主义普遍论主张的《共产党宣言》这一经典文献,满篇皆是普遍论的断言。正文第一句便极为典型地表现出这一思想特质。"到目前为止的一切社会的历史都是阶级斗争的历史。"②即便后来恩格斯根据原始社会研究的最新进展,对之做出了修正,但在社会发展规律的总

---

① [德]黑格尔:《逻辑学》(下卷),杨一之译,商务印书馆,2001年,第338页。
② 《马克思恩格斯选集》(第一卷),人民出版社,1972年,第250页。

体断定上，前引断言在整体上并没有任何改变。"确切地说，这是指有文字记载的历史。在1847年，社会的史前状态，全部成文史以前的社会组织，几乎还没有人知道。后来，哈克斯特豪森发现了俄国的土地公有制，毛勒证明了这种所有制是一切条顿族的历史发展所由起始的社会基础，而且人们逐渐发现，土地公有制的村社是从印度起到爱尔兰止各地社会的原始形态。最后，摩尔根发现了氏族的真正本质及其对部落的关系，这一卓绝发现把这种原始社会的内部组织的典型形式揭示出来了。随着原始公社的解体，社会开始分裂为各个独特的、终于彼此对立的阶级。"①恩格斯这一注释，将农村公社或亚细亚生产方式也纳入了人类曾经的普遍生产方式范畴，从而强化而非弱化了马克思或马克思主义的普遍论立场。19世纪发现并得到深入研究的原始公社制，并不构成对马克思主义普遍论立场的挑战，相反，它成为支持这一普遍论立场的最新证据。只不过就发展演进的一致性来讲，这样的研究让马克思主义者修正了人类社会发展在时间上的错落性。也就是说，普遍主义的历史断论，并不是整个人类社会同时印证的发展情形：人类社会的普遍规律不变，但具体呈现上的错落有次，显出普遍规律在表现上的差异性、先后性与丰富性。

二是马克思的历史唯物主义，是对整个人类历史发展一般规律做出的概括。因此，它着意于其整体性、总体性、一致性，而不会着意于个别性、局部性、差异性。这是马克思历史唯物主义的社会认识论特征。在具体表述上，它通过两个论域得到阐释，其一是阶级斗争是人类社会演进的基本动力。对前资本主义社会而言，"自由民和奴隶、贵族和平民、领主和农奴、行会师傅和帮工，一句话，压迫者和被压迫者，始终处于相互对立的地位，进行不断的、有时隐蔽有时公开的斗争，而每一次斗争的结局都是整个社会受到

①《马克思恩格斯选集》（第一卷），人民出版社，1972年，第251页。

革命改造或者斗争的各阶级同归于尽"①。换言之,奴隶社会、封建社会的演替,是阶级斗争的结果。对资本主义社会来讲,"从封建社会的灭亡中产生出来的现代资产阶级社会并没有消灭阶级对立。它只是用新的阶级、新的压迫条件、新的斗争形式代替了旧的。但是,我们的时代,资产阶级时代,却有一个特点:它使阶级对立简单化了。整个社会日益分裂为两大敌对的阵营,分裂为两大相互直接对立的阶级:资产阶级和无产阶级"②。也就是说,人类历史演进的普遍规律,在马克思生活的当下,仍然有着强劲的表现。

其二,从人类社会发展的根本动力来看,生产力与生产关系、经济基础与上层建筑之间的矛盾运动,构成人类社会发展的共同动力。在无产阶级出现以前,统治阶级总是以对财富的占有来实现自己的统治目的,这就会驱使他们极力维护现存的生产关系和统治机制,而无产阶级则必须打破这样的僵局,以求真正解放生产力。"过去一切阶级在争得统治之后,总是使整个社会服从于它们发财致富的条件,企图以此来巩固它们已获得的生活地位。无产者只有废除自己的现存的占有方式,从而废除全部现存的占有方式,才能取得社会生产力。无产者没有什么自己的东西必须加以保护,他们必须摧毁至今保护和保障私有财产的一切。过去的一切运动都是少数人的或者为少数人谋利益的运动。无产阶级的运动是绝大多数人的、为绝大多数人谋利益的独立的运动。无产阶级,现今社会的最下层,如果不炸毁构成官方社会的整个上层,就不能抬起头来,挺起胸来。"③人类社会史正是围绕这两对矛盾的运动而不断进步的历史。最终,人类历史在解决私有制与社会化生产的根本冲突中,实现共产主义的理想社会目标。

三是马克思关于历史发展到一定阶段,也就是从资本主义进入社会主义、共产主义阶段时,都是经由社会革命的共同方式,并依靠同时革命才能

---

① ② 《马克思恩格斯选集》(第一卷),人民出版社,1972年,第251页。

③ 同上,第263页。

实现的目标。因此,他不会将那些落后于历史总体进程的落后地区如何跳跃性地进入社会主义革命阶段的问题,作为自己思考的中心问题。这是马克思关于社会革命与社会主义替代资本主义的社会变迁论所呈现的普遍论理论特质。一方面,资本主义的生产方式不仅再生产着这种方式,也在再生产中生产出自己的掘墓人。"随着大工业的发展,资产阶级赖以生产和占有产品的基础本身也就从它的脚下被挖掉了。它首先生产的是它自身的掘墓人。资产阶级的灭亡和无产阶级的胜利是同样不可避免的。"① 另一方面,代表历史进步方向的无产阶级,在其阶级代表共产党的组织下,不仅使无产阶级迅速形成阶级,并且将推翻资产阶级的统治,将消灭私有制作为其组织目标,并成功建立起推动生产力持续发展的公有制,最终实现共产主义的宏伟目标。在这样的社会建设中,无产阶级的普世联合,成为超越民族与国家界限的动力,"环球同此凉热"的普世理想就此成为现实。"随着资产阶级的发展,随着贸易自由的实现和世界市场的建立,随着工业生产以及与之相适应的生活条件的趋于一致,各国人民之间的民族分隔和对立日益消失。无产阶级的统治将使它们更快地消失。联合的行动,至少是各文明国家的联合的行动,是无产阶级获得解放的首要条件之一。人对人的剥削一消灭,民族对民族的剥削就会随之消灭。民族内部的阶级对立一消失,民族之间的敌对关系就会随之消失。"② 这是一个普遍有效论意义上的、关于人类未来社会的普遍论断言,它没有给任何民族、国家或地区的特殊性和例外性留下余地。

人类历史发展的普遍论主张,以强大力量压倒某些国家或地区的例外论主张,是由斯大林完成的。他明确指出:"历史上生产关系有五大类型:原

---

① 《马克思恩格斯选集》(第一卷),人民出版社,1972年,第263页。

② 同上,第270页。

始公社制的、奴隶占有制的、封建制的、资本主义的、社会主义的。"①人们会认为斯大林极大地简化了马克思的论述,将之机械化为几个僵死的教条、干瘪的社会形态。其实斯大林的论述,将马克思关于社会形态的论述简单明了地呈现在人们面前。他所依托的,恰恰是马克思自己的普遍论见解——这就是马克思在《政治经济学批判序言》中明确阐述的普遍原理,"人们在自己生活的社会生产中发生一定的、必然的、不以他们的意志为转移的关系,即同他们的物质生产力的一定发展阶段相适合的生产关系。这些生产关系的总和构成社会的经济结构,即有法律的和政治的上层建筑竖立其上并有一定的社会意识形式与之相适应的现实基础。物质生活的生产方式制约着整个社会生活、政治生活和精神生活的过程。不是人们的意识决定人们的存在,相反,是人们的社会存在决定人们的意识。社会的物质生产力发展到一定阶段,便同它们一直在其中运动的现存生产关系或财产关系(这只是生产关系的法律用语)发生矛盾。于是这些关系便由生产力的发展形式变成生产力的桎梏。那时社会革命的时代就到来了。随着经济基础的变更,全部庞大的上层建筑也或慢或快地发生变革"②。这正是五种社会形态演进的基本动力机制,也是马克思及马克思主义勾画人类历史演变的普遍规律的基本理论框架,这比五种社会形态的概括更为重要,也更为显著地体现出它的普遍论特质。

马克思的社会形态论与社会发展动力论,不仅试图解释一部人类历史的普遍规律,而且这种解释的重点也非常突出:对资本主义的现代变化及其前景进行描述与分析。在这个意义上,马克思思想与马克思主义,乃是作为"现代"社会理论出现在思想舞台上的思潮。正如雷蒙·阿隆所说:"马克思并不像科斯塔·阿克塞洛斯所说的那样是一位技术哲学家,也不是其他人所

---

① 《斯大林文集》(下卷),人民出版社,1979年,第446页。

② 《马克思恩格斯选集》(第二卷),人民出版社,1972年,第82~83页。

认为的主张异化的哲学家。他首先是一位社会学家和资本主义制度的经济学家。"①这是一个非常准确的论断：不是说马克思没有对技术哲学或异化哲学进行有价值的论述，而是说他对资本主义制度的结构与功能及其发展前景，进行了更为系统和深刻的论述。这种论述，并不是针对某一个国家或地区的资本主义制度进行的特殊化探究。相反，马克思勾画了将会在所有国家发生的资本主义状态，并对之进行了深入系统的描述和分析。这在他的代表性经济学著作《资本论》一书中，得到了淋漓尽致的呈现与准确到位的概括。

> 工业较发达的国家向工业较不发达的国家所显示的，只是后者未来的景象。……我在本卷中用了很大的篇幅来叙述英国工厂法的历史、内容和结果。一个国家应该而且可以向其他国家学习。一个社会即使探索到了本身运动的自然规律，——本书的最终目的就是揭示现代社会的经济运动规律，——它还是既不能跳过也不能用法令取消自然的发展阶段。但是它能缩短和减轻分娩的痛苦。②

这显然是站在普遍论立场对人类现代社发展规律做出的预言。正是基于马克思对现代社会运行规律的普遍论断言，人们有理由认定，马克思对资本主义的现代社会之作为人类历史发展的一个不可逾越的阶段的判断，是一个理性看待资本主义对人类历史演进所具有的重要意义的结果。换言之，他对亚细亚生产方式，或者说东方公社、原始共产制、农村公社、原始社会的论断，不过是对东方社会也必然经历资本主义社会阶段所做出的一个回溯式断言。东方社会的这一必然经历，可能是其本身社会很难自发与自

---

① ［法］雷蒙·阿隆：《社会学主要思潮》，葛智强等译，华夏出版社，2000年，第91页。
② 《马克思恩格斯选集》（第二卷），人民出版社，1972年，第206~207页。

主进入的社会形态。但在先发的西方国家,尤其是英国强行的外部推动或压迫之下,东方社会不得不勉力进入这样的社会形态。这正是马克思在考察现代资本主义社会时,专以当时资本主义发展程度最高的英国作为国家典范,来认识资本主义生产方式及其巨大的历史作用的缘由;也是他以英国与东方社会发生的摩擦,作为考察东方社会现代变迁的决定性理由所在。

在中国学术界关于"亚细亚生产方式"的争论中,无论是将其认作为中国的原始社会、奴隶社会还是封建社会的观点,其实都误解了马克思论述这一生产方式的基本指向,使之成为判断东方古典社会性质的一个概念。其实,这不是马克思论及东方社会或亚细亚生产方式的宏旨。马克思论及亚细亚生产方式的主要关怀,在于处在这一生产方式之下的国度,包括波斯、印度、中国、俄国等,它们的现代处境或资本主义发展将会如何的问题。这些国家如何在现代资本主义的紧逼之下,处置要么进入现代,要么被彻底击溃的国家根本难题。这其实是对东方国家现代处境与未来态势的关注。于是,"亚细亚生产方式"的"现代"前景,便与现代化理论关注的东方国家古今之变的问题联系在一起了。东方国家的"现代"处境,就此成为亚细亚生产方式讨论的一个更为宽泛的关联论题。

一般而言,普遍论意义上的"现代"有三个含义:一者它是一个全球机制,自产生就不是限于一国一地的地方性产物;二者它将接受或拒斥的国家分成两类,接受便可能成为发达的文明国家,拒斥便成为欠发展的落后国家;三者它呈现为一个基本模式,对所有尝试进入现代的国家提供基本蓝本,符合则被普遍承认为现代国家,不符合则不成其为现代国家。一切旨在凸显现代转变的例外论,都无法逃出这一定势。马克思对此是持一种积极肯定态度的,其不仅在《共产党宣言》中得到明确的表述,且在《资本论》第一卷中也得到了鲜明的强调。

资产阶级，由于一切生产工具的迅速改进，由于交通的极其便利，把一切民族甚至最野蛮的民族都卷到文明中来了。它的商品的低廉价格，是它用来摧毁一切万里长城、征服野蛮人最顽强的仇外心理的重炮。它迫使一切民族——如果它们不想灭亡的话——采用资产阶级的生产方式；它迫使它们在自己那里推行所谓的文明，即变成资产者。一句话，它按照自己的面貌为自己创造出一个世界。[①]

换言之，人类历史发展到了资本主义阶段，已经形成了普遍的世界历史，而拘执于民族历史和固有生产方式的说辞，都会被资本主义无情地粉碎。资本主义生产出来的无产阶级及其政党——共产党，作为资本主义的掘墓人，乃是这一生产方式自身的结构性矛盾所导致的必然结果。社会主义以及共产主义理想社会目标的实现，由此具有了扎实的物质基础与深厚的社会土壤。这不是相比于资本主义更低级阶段的其他任何社会生产方式所能实现的社会发展目标。可见，试图以马克思的亚细亚生产方式为据，全力证明东方社会可以从前现代社会跨越性地进入现代社会，进而进入社会主义与共产主义社会的论断，乃是一种有违马克思思想旨趣的论断。

三、中国跨越"卡夫丁峡谷"？

"跨越卡夫丁峡谷"是与"亚细亚生产方式"关联的命题。"跨越卡夫丁峡谷"的问题，也就是东方社会跨越资本主义发展阶段，从农村公社之类的原始社会形态、或亚细亚生产方式的经济形态直接进入社会主义社会阶段。向马克思提出这一问题的是俄国人。查苏利奇致信马克思，请求他解答俄国社会发展是否可以不必经过资本主义阶段的问题。马克思对查苏利奇的

---

① 《马克思恩格斯选集》(第一卷)，人民出版社，1972年，第255页。

来信甚为重视,拟订的回信稿件就达四稿,之后才发出最后的回信定稿。在拟订的回信初稿中,马克思似乎确实认为俄国不必要经过资本主义阶段而进入更高级的社会发展阶段。"从理论上说,俄国'农村公社'可以通过发展它的基础即土地公有制和消灭它也包含着的私有制原则来保存自己;它能够成为现代社会所趋向的那种经济制度的直接出发点,不必自杀就可以获得新的生命;它能够不经历资本主义制度(这个制度单纯从它可能延续的时间来看在社会生活中是微不足道的)而占有资本主义生产使人类丰富起来的那些成果。"① 但马克思以俄国实际情况的具体性为由,在作出这一断定时表现出某种迟疑性。

从第二稿起,马克思对俄国是否能够跨越资本主义发展的卡夫丁峡谷,似乎抱有一种趋向审慎的态度。在第二稿中,马克思指出:"从历史观点来看,证明俄国公社所有制必然解体的唯一有力的论据如下:公社所有制曾在西欧各地存在过,随着社会的进步,它在各地都不见了,而在俄国,它怎么能免于这种遭遇呢?"② 第三稿又好像承认了俄国道路的特殊性,或相对于西欧国家的例外性。一方面,马克思认为资本主义对农民的剥夺是一个"明确地限制在西欧各国的范围内"的断言;另一方面则指出,西欧各国是将一种私有制转变为另一种私有制,而俄国农民则是要把他们的公有制转变为私有制。"农业公社既然是原生的社会形态的最后阶段,所以它同时也是向次生形态过渡的阶段,即以公有制为基础的社会向私有制为基础的社会的过渡。不言而喻,次生形态包括建立在奴隶制上和农奴制上的一系列社会。"③ 但究竟是私有制战胜公有制,还是公有制战胜私有制,则取决于具体的历史环

---

① 转引自袁雷、张云飞:《马克思恩格斯"论东方村社"研究读本》,中央编译出版社,2013年,第248页。

② 同上,第255页。

③ 同上,第261页。

境。马克思在分析俄国的历史环境时中断了这一稿的写作。而第四稿只是简短肯定了农村公社是俄国社会新生的自然支点,余则语焉不详,不足以判断马克思究竟是支持还是否定俄国是否能够跨越卡夫丁峡谷。

在回信的定稿中,马克思重申了前面提及的基本观点,"西欧的其他一切国家都正在经历着同样的运动"即对农民的剥夺,将生产者与生产资料彻底分离,这是"把一种私有制形式变为另一种私有制形式。相反,在俄国农民中,则是要把他们的公有制变为私有制"①。同时对俄国是否可以跨越卡夫丁峡谷持一种非常慎重的态度,认为"农村公社是俄国社会新生的支点;可是要使它能发挥这种作用,首先必须排除从各方面向它袭来的破坏性影响,然后保证它具备自然发展的正常条件"②。马克思的正式回信,对俄国跨越卡夫丁峡谷给出的条件是很难满足的:因为摆在人们面前的事实已经是,俄国的农村公社在资本主义全球化进程中已经遭到破坏,不可能满足马克思所说的这一公社按照自然发展过程去发挥其支持俄国跨越卡夫丁峡谷的作用。这起码可以证明两点:一是马克思对俄国现代发展例外论是持一种否定态度的,二是他对源自西欧的现代发展模式所具有的普适性一直保有一种肯定态度。

马克思对俄国农村公社是否可以直通社会主义社会,从而跨越资本主义卡夫丁峡谷的分析,充满了让人求解的复杂问题。其间存在两个需要进一步辨析的问题:一是马克思的回信有着四个拟订稿本,从初拟的第一稿到最后作为回信定稿的第五稿,内容上有相当大的变动,这中间存在的差异性如何解读? 这对理解马克思的东方社会例外论,可能是非常重要的。二是这种变动是不是应当以正式回信稿作为定见,来回看前四稿,并从中寻找马克思论述"跨越卡夫丁峡谷"的变化线索,以确定马克思对这一问题的基本

①② 转引自袁雷、张云飞:《马克思恩格斯"论东方村社"研究读本》,中央编译出版社,2013年,第264页。

看法。就前一个问题来讲,马克思基于经验事实材料对历史必然性的归纳,是一种不完全归纳。因此,马克思对之保有一种审慎态度是值得肯定的,他对俄国农村公社的前景保有一种有条件的支持态度,也是一种非常理智的做法。就后一个问题来看,马克思对卡夫丁峡谷的基本态度是较为明显的,那就是普遍的表现形式是西欧的,俄国有着例外的可能,但这种可能性转换为现实性的条件非常刚性。这就等于事实上否认了俄国跨越卡夫丁峡谷的可能性。①

中国学者基于马克思亚细亚生产方式以及跨越卡夫丁峡谷的论述,对中国古代社会形态的归属展开的长期争论,主要是围绕中国古代社会究竟是原始公社,还是奴隶社会或封建社会论题而展开的,这实际上是针对马克思相关论述的历史向度展开的争论。这样的争论,自然具有帮助人们认识中国古代社会性质的价值,但也显著降低了马克思论述的现实关怀的强烈程度,将马克思的关怀重点从现实转向了历史。这是一种对马克思相关论述的转换性重述,以历史争辩的方式突出了它的过去意涵,相对降低了它的现实品质。② 回归马克思论述来看问题,可以说,就前述马克思以及马克思主义论及的亚细亚生产方式、跨越卡夫丁峡谷问题,经典马克思主义的创始人,尤其是马克思本身,一直是维护着普遍论立场的,对特殊论或例外论报以非常审慎的态度。

简而言之,马克思没有明确支持过东方社会跨越资本主义发展阶段,直接从亚细亚生产方式进入社会主义生产方式。尽管马克思晚年对东方社会发生社会主义革命的期望值升高,但并没有在相关论述上进行明确修正。

---

① 较为详尽的分析可参见文学平:《历史必然性的可能及其限度——解读马克思给查苏利奇复信中的"遗憾"与"深信"》,《当代国外马克思主义评论》(2007年刊),人民出版社,2007年。

② 在20世纪20年代关于中国社会性质的论战中,亚细亚生产方式的争论主要围绕中国社会性质制约下的中国革命性质问题展开。1949年以来,这一争论主要在维护政党-国家意识形态的维度上展开,但以史言事、古为今用的特点还是明显可见的。

这样的主张，在列宁那里才发生了显著转变，这就是列宁主张的社会主义革命可以在帝国主义的薄弱环节首先取得胜利，以及斯大林对社会主义可以在一国率先取得胜利之类的论断。①两者明显修正了马克思关于俄国如何进入现代、怎样取得社会主义革命胜利的前提条件。俄国也确实跳过西方已然经历的资本主义发展阶段，从东方公社直接跳入了社会主义国家建构的阶段。但这是否就在实践上成功修正了马克思关于东方社会发展的理论看法，而真正从农村公社跨越卡夫丁峡谷而进入社会主义社会了呢？起码从苏俄的经验事实来看，缺乏一个资本主义长足发展的阶段，直接依靠上层建筑的革命，取得社会主义政权，并一直推行一种由上层建筑引领的社会主义模式，最终是很难走通一条成功的社会发展道路的。苏联的崩溃，就是最好的证明。一个以资本主义私有制推动的经济发展体系，可能真是现代国家不可逾越的发展阶段？！而一个试图像查苏利奇那样跨越卡夫丁峡谷，从东方社会直接进入社会主义社会的设想，可能必然带给一个自以为例外的国家一种灾难性的后果？！

马克思对俄国能否跨越卡夫丁峡谷的审慎回答，对中国能否在亚细亚生产方式的基础上跨越卡夫丁峡谷的求解，具有启发作用。改革开放以来逐渐展现出的中国道路，是不是一条从亚细亚生产方式跳跃性地进入社会主义阶段的道路？这涉及马克思相关论述的中国有效性问题。以中国改革开放的构成性特点来看，中国正是在社会主义的国家权力结构基础上，恶补发展生产力的课，也就是以国家资本主义的方式提高生产效率与效益，以此促成了中国特色社会主义市场经济，提升了国家经济总量，强化了国家实力。依照马克思回答查苏利奇提问的思路，用以解读中国道路，可以说，中国道路并不构成对现代发展普遍论立场的挑战与颠覆。相反，它倒是印证

---

① 参见俞良早：《马克思主义东方学》第二章第二、三两节关于列宁俄国可以先于西方进行社会主义建设、斯大林一国能够建成社会主义的论述，人民出版社，2011年，第120~133、133~138页。

了马克思现代发展论述中关于资本主义经济发展是人类社会总体发展长过程的不可缺少一环的看法。而中国道路,不过是由中国这个国家以其具体的发展经验,体现出现代发展普遍性特点的一个较为典型的个案而已。

这需要简单重述中国发展所展现出的中国道路这一故事。在中国进入改革开放之前的不短时期,中国大致行走在一条苏俄式发展道路上,其特点呈现为"一大二公"("一大"即人民公社规模大,"二公"即人民公社公有化程度高)。如不是改革开放扭转了中国的发展路线,中国很可能也会陷入苏联崩溃的危局之中。正是由于改革开放确立了补生产力发展课的方针,整个国家致力于发展社会主义市场经济,才逐渐积累起经济实力,并走出一条现代发展的中国道路来。对中国道路究竟是一条什么样的发展道路,国内外学术界存在相当大的分歧。一个认同度比较高的论断是,中国道路是一条"举全国之力办大事"的道路,也就是一条主要依靠国家权力体系,推行举国体制、全心谋求国内生产总值增长的道路。这便是一条人所知晓的发展型国家的道路。这是一个有所见,也有所蔽的看法。有所见,是因为这一看法确实帮助人们看到中国道路中执政党与政府体系的权力介入所发挥的推动国家崛起的重大作用;有所蔽,是因为这一看法没有促使人们看到市场力量的释放对中国崛起所注入的巨大动能。

更为重要的是,中国之所以能够蹚出一条中国道路来,是因为中国官民双方都看到了集中力量谋发展,也就是谋求市场经济发展对中国真正成为现代国家所具有的决定性作用。从"实践是检验真理的唯一标准"讨论起始,中国的决策者与社会公众自觉回归现代国家发展的常识,认准经济发展才是国家发展的坚实基础。因此,"以经济建设为中心"取代了"以阶级斗争为纲"的基本政策,让中国回到了执政党与国家意识形态的马克思主义正常轨道——现代发展不可能跨越市场经济阶段,从公有制为基础的农业经济阶段直接进入经济高度发达的共产主义阶段。

这就有必要将中国道路与邓小平确立的中国现代发展思路相互贯通起来审视。邓小平对毛泽东路线进行了两个根本性的修正：一是重回生产力决定生产关系、经济基础决定上层建筑的马克思主义普遍论轨道，将经济建设作为国家发展的中心任务。"社会主义是共产主义的第一阶段，落后国家建设社会主义，在开始的一段很长时间内生产力不如发达的资本主义国家，不可能完全消灭贫穷。所以，社会主义必须大力发展生产力，逐渐消灭贫穷，不断提高人民的生活水平。"[①]这正印证了马克思审慎处理俄国是否可以跨越卡夫丁峡谷问题的正确性。二是打破社会主义与资本主义绝对对立的僵化思路，指出资本主义也有计划，而社会主义亦有市场的互嵌性，借此开辟了一条在社会主义政权下发展市场经济的通道。社会主义必须确立解放生产力的中心任务，不受"姓社姓资"的意识形态问题困扰。判断一个制度的优劣，"应该主要看是否有利于发展社会主义社会的生产力，是否有利于增强社会主义国家的综合实力，是否有利于提高人们的生活水平"[②]。这是一个符合马克思社会发展普遍论主张的看法，其基本道理就是，"贫穷不是社会主义。……现在虽说我们也在搞社会主义，但事实上不够格，只有到了下世纪中叶，达到了中等发达国家的水平，才能说真的搞了社会主义"[③]。这也印证了马克思的社会主义只能建立在高度发达的生产力基础上的普遍论断言。就此而言，中国道路的呈现，不是对马克思社会发展普遍规律的反证或颠覆，而是对这一主张的注解或确证。

中国道路当然也具有其特殊性的一面，诸如举国体制的动员机制、县域竞争的经济刺激方式、寻求克制贫穷及追求富裕的强烈社会心理等。但这样的中国道路并不构成对现代国家发展普遍进路的推翻。尝试将中国改革

[①] 《邓小平文选》(第三卷)，人民出版社，1993年，第10页。

[②] 同上，第372页。

[③] 同上，第225页。

开放的国家崛起奇迹,归纳或提炼为完全不同于现代国家发展的崭新道路,是很难成立的说法。如果试图将"中国道路"解读为完全由中国一个国家创制的特殊化、例外性的现代模式,那就更是难以自证的说辞。

中国的崛起具有两面性特点。从积极的一端看,中国的迅速发展或快速崛起,是将社会主义与资本主义两种社会经济形态的优势加以整合的结果。因此,它具有局部修正马克思设想的社会发展形态论的效果:在上层建筑先行建构起社会主义机制的情况下,以"补课"方式为夯实社会主义体系而发展生产力,从而不需要一个专门的资本主义发展阶段。这也可以视为局部印证"跨越卡夫丁峡谷"的经验事实,因为中国并没有一个被命名为资本主义发展的特定阶段,而是在社会主义的名义下取得的经济发展成就。但从总体上讲,中国道路是混合了社会主义的政治体制与资本主义的经济发展方式的结果,因此很难将之归结为阶段性明晰的社会发展普遍规律论的例证。就此而言,这也可以说是一种特殊论或例外论的支持理由。

换言之,中国案例,可能不适合用来验证某种具有刚性的社会发展论断。从消极的一端看,所谓"权贵资本主义"的兴起,为人们广泛诟病。经济学家吴敬琏就明确指出,"市场经济最本质的特点是自由的、自主的交换,如果始终有强大的行政力量在控制,如果强势的政府强化到主导经济资源配量的程度,那就不叫市场经济,而叫权贵资本主义了"。为此,吴敬琏明确告诫,"中国还处在非常艰难的转型中,在建设富裕、民主、文明、和谐这个大方向下各方的有识之士,不管是'左'一点的,"右"一点的,还是'中间派',应当捐弃差异,团结合作,致力于共同的事业,警惕权贵资本主义的滋生,才能把中国建设成一个现代国家"①。人们因此呼唤中国建构规范的市场经济。但无论如何,两者都可以让人们明确意识到,中国的发展不可能跳过曾经被视

---

① 吴敬琏:《警惕权贵资本主义》,《IT时代周刊》,2011年第1期。

为资本主义基本特征的市场经济发展这一环。这从另一个侧面提醒人们，由于中国很难"跨越卡夫丁峡谷"，因此如何规范并促进市场经济的发展，已经成为关系到中国是否能够真正成为现代国家的大问题。

四、结语：寓于特殊中的普遍

在马克思主义关于东西方社会知识的政治思想传统中，关于普遍性与特殊性的关系问题，构成一个从马克思到后继者共同重视的论题。从社会发展自有其普遍规律而言，马克思及马克思主义者都强调几种主要的社会生产方式的递进性，这构成了马克思主义关于社会发展的普遍论观点。这就是前引马克思所说的亚细亚的、古代的、封建的和现代资产阶级的生产方式。但马克思强调，这些生产方式并不总是循序渐进、依次出现的。相反，它们的交替是一个相当复杂的社会历史变迁过程。"无论哪一个社会形态，在它所能容纳的全部生产力发挥出来以前，是决不会灭亡的；而新的更高的生产关系，在它的物质存在条件在旧社会的胎胞里成熟以前，是决不会出现的。所以人类始终只提出自己能够解决的任务，因为只要仔细考察就可以发现，任务本身，只有在解决它的物质条件已经存在或者至少是在生成过程中的时候，才会产生。"① 这提示人们，依照人们的意愿去推进或减缓某一生产方式的历史进程，都是不可能实现其意欲的目标的。人们试图按照自己在历史中形成的文化习性或政治无意识，去谋求跨越某种生产方式，一步登天地达到理想社会的目标，那是一定会受到社会自身发展节奏的阻止与嘲弄的。这也是一个颇具普遍论意味的断言。就此而言，无论东方社会具有多么特殊或例外的历史条件，它们也不能免除谋求现代发展时遭遇的某些刚性条件的约束与限制，而必须在具备建构现代社会与理想社会的必不可

---

① 《马克思恩格斯选集》(第二卷)，人民出版社，1972年，第83页。

少的前提条件下,才有希望实现其一心谋求的社会发展目标。

如前所述,马克思自己就曾经明确指出,他并不是执意于单纯的普遍性理论的,在居于普遍性视角对人类发展史普遍规律进行刻画的同时,他对不同政治社会或国家发展所具有的特殊性,保持了知识上的必要警觉性。对马克思的这一思想进路,列宁加以忠实的继承。列宁明确指出:"一切民族都将走到社会主义,这是不可避免的,但是一切民族的走法却不完全一样,在民主的这种或那种形式上,在无产阶级专政的这种或那种类型上,在社会生活的各方面的社会主义改造的速度上,每个民族都会有自己的特点,再没有比'为了历史唯物主义'而一律用浅灰色给自己描绘这方面的未来,在理论上更贫乏,在实践上更好笑的了。"① 这是在强调社会发展的基本规律基点上,对各个国家发展的特殊性予以的肯定。其中两个要点需要强调:一是各个国家都不可避免地向更高级的社会形态发展,这是一种历史必然性的判断,也是一种普遍论断言。二是各个国家向更高级社会发展的具体情形各不相同、各具特色,不可等同视之、等量齐观。尽管这里设定的社会发展线性规律可能会引发争议,但在社会进步的基点上审视社会发展及其普遍共同性和个体特殊性,则不会有太多异议。

按照马克思与马克思主义的亚细亚生产方式理论,也就是包括东方社会、东方公社、原始社会以及跨越卡夫丁峡谷等论题在内的社会发展理论,是在肯定所有社会都必然而无例外地向更高级社会形态发展的普适结论基础上,对东方国家可能的特殊发展情形留下的理论与实践余地。如前所述,马克思从来没有因东方社会的特殊性,而动摇自己的社会发展普遍规律的断言,但也从来没有断然否定东方社会会走上一条具有自己特色的发展道路。因此,没有必要将马克思的相关论断置于要么普遍论,要么例外论的悖

---

① 《列宁全集》(第23卷),人民出版社,1990年,第64~65页。

反境地，并从中推断出俄国、中国或印度、波斯会不会走出一条绝无依傍的现代发展道路的结论。

任何一个国家，在现代发展模式上所具有的普遍性特质，以及在具体的现代发展道路上出现的例外或特殊表现，是一个似乎悖反、实则相辅相成展现出来的趋同性历史现象。就此而言，中国道路确实是一条具有中国特色的现代发展进路，因为这是一条独具中国特色，其他国家很难，甚至根本无法模仿的国家发展道路。但是中国崛起呈现出来的中国道路，并不是从亚细亚生产方式直接导出的一条自足与封闭的现代发展道路，而是在兼综中西方现代国家发展的经验与教训的基础上摸索出的现代发展之路。因此，不管人们将亚细亚生产方式中的中国解读为原始社会的中国，还是奴隶社会、封建社会的中国，都不可能从中直接引导出中国可以避免古今之变的重要环节，诸如市场经济、民主政治、分权机制等，而直接从中国古代社会跃迁到现代社会。这是现代发展的普遍论断言给人们提示的结果：没有任何一个试图实现现代化目标的国家，直接跨过市场经济发展的门槛，轻轻松松地以国家权力带动而进入发达国家的行列。苏俄在这方面的沉痛教训，与中国在这方面的成功经验，都告诉人们，除了将国家现代发展的普遍原理与本国实际紧密结合起来，并艰难摸索出一条适合本国的发展道路，试图实现现代化便只能是黄粱一梦。

抽象普遍论与绝对例外论，都会对现代国家寻求的健全发展目标发生伤害作用。从各个国家现代发展中归纳出的基本经验来看，一个不可逾越的市场经济发展阶段，是不可能让人们轻松幻想一跨而过的社会现代发展的必经阶段。诚如马克思所说，

> 历史中的资产阶级时期负有为新世界创造物质基础的使命：一方面要造成以全人类互相依赖为基础的世界交往，以及进行这种交往的

工具,另方面要发展人的生产力,把物质生产变成在科学的帮助下对自然力的统治。资产阶级的工业和商业正为新世界创造这些物质条件,正像地质变革为地球创造了表层一样。只有在伟大的社会革命支配了资产阶级时代的成果,支配了世界市场和现代生产力,并且使这一切都服从于最先进的民族的共同监督的时候,人类的进步才会不再像可怕的异教神像那样,只有用人头做酒杯才能喝下甜美的酒浆。[①]

这可能是人们继续讨论亚细亚生产方式需要谨记的一点。

---

① 《马克思恩格斯选集》(第二卷),人民出版社,1972年,第75页。

后　记

本书是一本解读"中国式现代化"的专题著作。具体内容已如内文所示，不再赘言。

书的各部分，之前都在刊物上发表过，感谢《西华师大学报》(哲学社会科学版)、《江汉论坛》、《广西师大学报》(哲学社会科学版)、《学术界》、《中央社会主义学院学报》、《探索》、《四川师大学报》(哲学社会科学版)、《国家现代化建设研究》、《上海交大学报》(哲学社会科学版)惠刊拙文。这次结集成书，则要感谢天津人民出版社的郑玥编辑，我跟她提及，拟将我论及"中国式现代化"的几篇文章整理成册寻求出版时，得到她的积极响应。就这样，"意外地"出版了这本小书。

近年很难出版我之前撰写的政治学理论与政治思想史领域的著作，因此才有转向紧贴时政的此书。但此书之作，并不是做政策图解，而是力图在新出台的政策中离析出学术的内容，凸显时政演变中相应的政治学意涵。这是有必要交代一下的著述意图。读者朋友们在字里行间是可以感受到这一点的。

本书承我的博士生李娟、王健舒、吕湛春、沙凡、项杰协助校对,特致谢意。

也许在一个可见的时段里,这样的写作方式还会持续下去。喜以忧矣!

任剑涛

2023年7月28日于双清苑斗室